税收

案例述评

REVIEW OF TAX CASES

史玉峰　著

中国财经出版传媒集团
中国财政经济出版社
·北京·

图书在版编目(CIP)数据

税收案例述评 / 史玉峰著. -- 北京 ： 中国财政经济出版社，2024.7

ISBN 978-7-5223-3061-7

Ⅰ. ①税… Ⅱ. ①史… Ⅲ. ①税收管理－案例－中国 Ⅳ. ①F812.423

中国国家版本馆CIP数据核字（2024）第076914号

责任编辑：孙丛丛　　责任校对：胡永立
封面设计：姚　佳　　责任印制：史大鹏

税收案例述评
SHUISHOU ANLI SHUPING

中国财政经济出版社 出版

URL：http：//www.cfeph.cn
E-mail：cfeph @cfemg.cn

社址：北京市海淀区阜成路甲28号　邮政编码：100142
营销中心电话：010-88191522
天猫网店：中国财政经济出版社旗舰店
网址：https：//zgczjjcbs.tmall.com
北京中兴印刷有限公司印刷　　各地新华书店经销
成品尺寸：170mm×240mm　16开　21.75印张　287 000字
2024年7月第1版　2024年7月北京第1次印刷
定价：88.00元
ISBN 978-7-5223-3061-7
（图书出现印装问题，本社负责调换，电话：010-88190548）
本社图书质量投诉电话：010-88190744
打击盗版举报热线：010-88191661　QQ：2242791300

序言

PREFACE

负笈求学之时，学到西方司法体系和比较法，发现在很多国家都有专门的税务法院或税务法庭，这类司法机构只处理涉税案件。我当时觉得非常奇怪，因为税务执法行为只是诸多行政行为的一种，为什么要“特殊对待”而单独设立税务法庭处理？为什么没有听说“市场监督法庭”或“环保法庭”？我在当时的推测是：西方国家征税机关和纳税人之间的争议比较多，频繁发生，因此才可能需要单独设立专门处理这类案件的司法机构。

大学毕业参加税务工作后，我曾经参与许多有争议的涉税案件处理和协调司法机关的工作。我在工作中发现，纳税人和纳税人代理人、税务执法人员和司法机关工作人员沟通总有隔阂，似乎有一层“看不见的纸”，而且更深的体会是，司法机关工作人员的态度对税务机关执法标准的把握有很大影响：如果相关涉税争议案件以税务机关胜诉而告终，那这个案件就是本地税务机关未来执法的一个有效先例，甚至可能推广到外地乃至全国；如果以税务机关败诉而告终，这个案件也会在税务机关内部被深入研讨，但是与胜诉案例不同，败诉案例对税务机关的参考价值要小得多，后续有可能一而再再而三发生与败诉案件相类似的执法行为。在和法院工作人员交流的过程中，我发现他们对税务机关执法中存在“屡教不改”“下手太重”的问题多有诟病。

为什么胜诉和败诉的涉税司法案例在税务机关执法人员心目中参考价值有如此大的差别？其实这是理性选择的问题。在执法活动中，税务机关的利益是“应征尽征”，是税收利益最大化，这和税务执法人员的利益是不完全一致的——税务执法人员不会因为执法活动获得任何额外增加的、可量化的收益，反而要承担执法风险，因此，他考虑问题的出发点绝不是税收利益最大化，而是自身执法风险最小化。

税务执法中，税务执法人员先作出执法结论，然后纳税人加入博弈，其博弈模型如下表所示。

纳税人 税务执法人员	配合	对抗（发起涉税行政争议）
从宽（更有利于纳税人）	−c −a	−（c+d） 0
从严（更不利于纳税人）	−b 0	−（c+d） 0

a：执法风险；

b：从严处理时的纳税人法律责任；

c：从宽处理时的纳税人法律责任，c<b；

d：纳税人对抗的额外成本。

在这个模型中，税务执法人员总是会倾向于选择从严作出结论。只要不突破“滥用职权”的边界，执法人员将不承担执法风险；而如果从宽作出结论，就有可能在日后的督查中被认为有玩忽职守的执法风险。需要注意的是“从严”或“从宽”完全是执法人员和纳税人的主观判断。因此，执法人员会选择最大化运用实质课税原则和对税法作出尽可能不利于纳税人的解释。

球踢到纳税人这边，如果接受税务执法人员结论，意味着有b的损失；如果不接受而发起涉税行政争议，以求一个更有利的结果（一个小于b的损失c），会产生额外的成本d。

1.如果c+d的成本高于b，则纳税人不会选择对抗；

2.如果c+d的成本小于b，纳税人胜诉的几率为r%，纳税人发起争议的盈亏平衡点是：加权胜诉博弈成本（c+d）· r%+加权败诉博弈成本（b+d）·（1−r）%=b，如果加权胜诉博弈成本（c+d）· r%+加权败诉博弈成本（b+d）·（1−r）%<b，纳税人发起涉税行政争议就是更合算的（中国行政诉讼具有半公益性质，诉讼费是象征性的金额，因此，博弈模型不考虑胜诉与败诉承担诉讼费成本不同的因素）；

3.如果加权胜诉博弈成本（c+d）· r%+加权败诉博弈成本（b+d）·（1−r）%>b，纳税人不会发起涉税行政争议。

值得注意的是，纳税人如果发起涉税行政争议，无论胜诉还是败诉，税务执法人员的执法风险都会归零——如果纳税人败诉则说明执法结论无瑕疵；如果纳税人胜诉，造成税款损失的风险就从税务执法人员转移到作出生效裁判的机构和人员。因此，涉税争议案件多发会造成税务机关的应对成本增加，但对于税务执法人员只有好处而没有坏处——该项成本不会落在他头上，换言之，他不承担税务机关胜诉或败诉的风险，只有对面的纳税人需要承担风险。

当纳税人基于理性考虑而选择发起涉税行政争议时，司法机关就需要以中立者的身份介入，而税收知识的复杂性和税收政策法规的多变性决定了司法人员绝非能够轻易胜任裁判工作，除了一般的法理和行政法知识外，还需要具备财务和税务知识。案件频发且技术含量较高，也就难怪许多国家需要专门设立税务法院应对了。除此以外，纳税义务还会因为转嫁的难易与否影响交易双方的博弈平衡，造成民事纠纷，而中国的涉税争议还因为税务机关对发票使用有监管职责而变得更加复杂。

笔者撰写本书的目的绝不是仅仅铺陈相关的案例和表达一己之见，而是希望能够对税务执法人员、处理涉税案件的司法人员和纳税人、纳税人主管财税业务的工作人员和主管合规的工作人员带来一定的启发。

对于税务执法人员，本书的参考价值在于从既有案例中发现程序瑕疵，规避执法风险。

对于处理涉税案件的司法人员，本书的参考价值在于厘清涉税案件行政执法程序和刑事司法程序的开展顺序，为日后处理类似案例提供参考。

对于纳税人、纳税人主管财税业务的工作人员和主管合规的工作人员，本书的参考价值在于：日常管理中发现和准确评估财税合规风险；发起和应对涉税法律争议和衍生民事争议时，能更准确地预估诉讼风险和收益。

是为序言。

史玉峰

2024年3月

目录

CONTENTS

第一部分　发票违法案件

第二部分　税收征管案件

第三部分 涉税行政行为与刑事司法行为的衔接

第四部分 偷税与逃避纳税义务罪

第五部分 税务行政争议

第六部分　其他涉税争议

第一部分

发票违法案件

导言

发票本来只是承载交易信息、证明交易发生情况的收付款凭证，但因为其带有税收凭证的属性而具备影响纳税义务金额的经济价值，有的时候会蜕变为“奇货可居”的商品。一旦发票本身成为了商品或牟利手段，违法风险则随之而来。但是虚开发票的经济诱惑力过大——对于为他人虚开发票牟利的一方而言，可以根据开票金额收取“开票费”或“手续费”；对于让他人为自己虚开发票或直接为自己虚开发票的一方而言，可以将发票作为税收凭证虚增可抵扣的进项税额、可扣除的企业所得税成本费用、可扣除的土地增值税扣除项目金额等；对于介绍他人虚开发票的一方而言，可以根据虚开金额收取介绍费用。以上种种行为所需要付出的直接成本只是在空白发票上填列一些信息而已，而收益却近乎无上限，其暴利堪比伪造货币。因此，虽然司法机关和税务执法机关对发票违法犯罪行为始终不遗余力地保持高压打击态度，但是发票违法，特别是虚开发票类犯罪仍然层出不穷。当然，这类案件也是随着新业态的发展和税务征管手段提升而不断“花样翻新”的。本部分第2号案件就是比较新型的利用灵活用工平台虚开发票的案例。

有的时候，发票违法只是一种客观上行为人采用的手段，他的目的并不是不法侵占税收利益或牟取开票手续费、介绍费利益，因此，可能不会受到刑事责任追究，如本部分第1号案件，犯罪嫌疑人没有被检察机关以涉嫌虚开发票的罪名求刑。

除了“不应开具而开具发票”的风险，我们也不能忽视“应开具而不开具发票”的风险。后者通常不太引人注目，但仍然是威胁民事交易安全性的因素之一。因为只要付款方是会计主体，就需要按照相关的会计准则、会计制度和税法要求取得发票作为收付款凭证，而收款方如果由于各种原因没有按时开具发票，不但会造成付款方迟迟无法入账和导致财务核算信息扭曲，而且可能影响付款方的税收利益，造成额外多缴税款。这种收款方开具发票方面的“不作为”行为目前缺少有效的强制手段予以纠正（开具发票既不属于民事诉讼强制执行范围，也不属于行政诉讼强制执行范围）。本部分第3号案件就是典型的在民事诉讼中法院支持付款方提出的开具发票请求案件，可供参考。

1. 虚开发票犯罪的行为犯与结果犯之辨

——以职务侵占为目的让他人为自己虚开发票未被认定虚开发票犯罪

【基本案情】

宋某某系某市L有限公司（以下简称“L公司”）法定代表人。2017年1月至2018年9月，被告人宋某某利用职务便利，虚构运输服务、购销服务等，以运输费、购货款方式，将公司钱款汇入多家公司对公账户，收款方开具发票作为收款凭证，并在扣除税点和手续费后，将剩余钱款汇入宋某某和公司文员单某个人账户，或将钱款提现后存入宋某某和单某个人账户，上述钱款共计119万余元。为维持公司运营，宋某某把上述款项以个人借款的方式回流入公司。

【裁判结果】

原审法院认为，被告人宋某某利用职务上的便利，将本单位财物非法占为己有，数额巨大，其行为已构成职务侵占罪。公诉机关变更起诉决定书指控罪名成立，应予支持。综上所述，结合本案犯罪情节以及对社会的危害程度，依照《中华人民共和国刑法》第二百七十一条、第四十五条、第四十七条、第五十二条、第五十三条之规定，以职务侵占罪判处被告人宋某某有期徒刑三年，并处罚金人民币十万元。宋某某不服一审判决，提起上诉，最终被驳回。

【税案评析】

本案值得关注的要点不在于犯罪嫌疑人被定职务侵占罪，而是犯罪嫌疑人未被认定为虚开发票罪。虚开发票罪是目前最常见的涉嫌发票犯罪罪名，包括虚开增值税抵扣凭证和虚开普通发票两种情况。关于何谓虚开行为，在《中华人民共和国刑法》第二百零五条第四款中规定："虚开增值税专用发票或者虚开用于骗取出口退税、抵扣税款的其他发票，是指有为他人虚开、为自己虚开、让他人为自己虚开、介绍他人虚开行为之一的。"对于虚开行为的正列举方式，《中华人民共和国刑法》和《发票管理办法》是一致的。《最高人民法院关于对为他人代开增值税专用发票的行为如何定性问题的答复》（法函〔1996〕98号）又加入了第5种属于虚开行为的情形——自己未进行实际经营活动但为他人经营活动代开增值税专用发票的行为。

《最高人民法院关于适用〈全国人民代表大会常务委员会关于惩治虚开、伪造和非法出售增值税专用发票犯罪的决定〉的若干问题的解释》（法发〔1996〕30号）对虚开行为的具体表述为：

1.无货虚开：没有货物购销或者没有提供或接受应税劳务而为他人、为自己、让他人为自己、介绍他人开具增值税专用发票。

2.有货虚开：有货物购销或者提供或接受了应税劳务但为他人、为自己、让他人为自己、介绍他人开具数量或者金额不实的增值税专用发票。

3.进行了实际经营活动，但让他人为自己代开增值税专用发票。

目前关于构成虚开发票犯罪的条件，存在行为犯和结果犯两种意见。前者认为：刑法对于虚开增值税专用发票罪的描述是简单罪状模式，其中并未规定虚开行为人的主观目的要件与客观结果要件，那么在司法实践中就不应以上述两个要素作为犯罪的构成要件。比如有论者认为虚开增值税专用发票罪是行为犯，即只要实施了虚开的行为，不管有无造成国家税款流失的结果，原则上都要以犯罪认定处理。后者认为如果虚开、代开增值税等发票的行为没有达到骗取国家税款的目的也不具有骗取国家税款的危险，则不宜认定为本罪。

如果以行为犯作为达到犯罪既遂的标准，则只要有达到一定额度的虚开行为即涉嫌犯罪；如果以出现损害结果为达到犯罪既遂的标准，则以涉嫌虚开发票犯罪追诉的前提是嫌疑人有虚开行为，并且造成了损害后果。

当前《最高人民检察院 公安部关于公安机关管辖的刑事案件立案追诉标准的规定（二）》（2022年修订）第五十六条规定："虚开增值税专用发票或者虚开用于骗取出口退税、抵扣税款的其他发票，虚开的税款数额在十万元以上或者造成国家税款损失数额在五万元以上的，应予立案追诉。"这一司法解释提供的第一个标准为"虚开的税款数额在一万元以上"，看似支持行为犯的观点，但第二个标准"国家税款被骗数额在五千元以上"似又支持结果犯的观点。从本案和近年来的其他案件裁判结果来看，应该可以认为司法机关采纳了"结果犯"的观点。其理由可能包括：

第一，刑法既然将该罪名归于"危害税收征管罪"一节之下，可见其保护的客体应当是国家税收征管秩序，因此，造成损害税收征管秩序的结果应当是本节下诸罪名，包括虚开发票罪的犯罪构成必要条件。如果虚开行为没有造成损害税收征管秩序的结果，则因为犯罪构成条件不完整，不构成犯罪。例如，对于下列几种虚开行为，一般不宜认定为虚开增值税专用发票：（1）为虚增营业额、扩大销售收入或者制造虚假繁荣，相互对开或换开增值税专用发票的行为；（2）在货物销售过程中，一般纳税人为夸大销售业绩，虚增货物的销售环节，虚开进项增值税专用发票和销项增值税专用发票，但依法缴纳增值税并未造成国家税款流失的行为；（3）为夸大企业经济实力，通过虚开进项增值税专用发票虚增企业的固定资产，但并未利用增值税专用发票抵扣税款，国家税款亦未受到损失的行为。但上述行为仍然要依照《发票管理办法》承担行政法律责任。

《最高人民法院研究室〈关于如何认定以“挂靠”有关公司名义实施经营活动并让有关公司为自己虚开增值税专用发票行为的性质〉征求意见的复函》(法研〔2015〕58号)中也作出了阐释:虚开增值税发票罪的危害实质在于通过虚开行为骗取抵扣税款,对于有实际交易存在的代开行为,如行为人主观上并无骗取抵扣税款的故意,客观上未造成国家增值税款损失的,不宜以虚开增值税专用发票罪论处。虚开增值税专用发票罪的法定最高刑为无期徒刑,系严重犯罪,如将该罪理解为行为犯,只要虚开增值税专用发票,侵犯增值税专用发票管理秩序的,即构成犯罪并要判处重刑,也不符合罪刑责相适应原则。

第二,虚开发票通常是作为手段出现的,而虚开发票要达到的目的是多种多样的,除了偷逃税款之外,还包括财务舞弊、骗取贷款、职务侵占(如本案)、商业贿赂等。当然,所有虚开发票都会造成受票方偷逃税款的风险,但是单纯的虚开行为如果只是为偷逃税款目的而采取的手段,其社会危害性应该比偷逃税款更轻,法律责任也更小才对。换言之,如果虚开发票罪属于行为犯(不要求造成国家税款流失的客观结果),那么其刑事责任应当低于逃税罪,这与刑法的实际规定相矛盾。

在2020年最高人民检察院印发的《关于充分发挥检察职能服务保障“六稳”“六保”的意见》中,司法机关强调要注意把握一般涉税违法行为与以骗取国家税款为目的的涉税犯罪的界限,对于有实际生产经营活动的企业为虚增业绩、融资、贷款等非骗税目的且没有造成税款损失的虚开增值税专用发票行为,不以虚开增值税专用发票罪定性处理,依法作出不起诉决定的,移送税务机关给予行政处罚。在2023年10月13日,为贯彻落实《中共中央 国务院关于促进民营经济发展壮大的意见》,最高人民检察院制定了《关于全面履行检察职能推动民营经济发展壮大的意见》,意见中也明确了以下几点内容:(1)办理涉民营企业刑事案件,要做到依法该严则严、当宽则宽、宽严相济、罚当其罪;(2)要严格区分行政违法与刑事犯罪的界限。对于法律政策界限不明，罪与非罪、罪与错界限不清的，要加强研究分析，注意听取有关方面的意见，依法慎重妥善处理；（3）针对司法实践中民营企业常见多发的非法集资类、贷款类、涉税类等犯罪，要依照法律和司法解释规定，坚持罪刑法定原则、主客观相一致原则和罪责刑相适应原则，注重实质判断和全面判断，综合考虑企业的实际生产经营状况、行为人主观上是否具有非法占有目的、客观上是否造成重大损失以及资金流向、行为手段是否异常等因素，客观评价行为的社会危害性和刑罚必要性，准确定性处理。

本案中宋某某并没有主观上骗取抵扣税款的故意，之所以虚构业务和让其他公司为自己的公司开具发票，完全是为了套取和侵占企业资金，其资金流向表现为：

L公司（受票方）→开票企业→宋某某

虽然宋某某因维持公司现金流等原因将部分资金回流至L公司，客观上造成了L公司虚假抵扣进项税额和虚列成本费用的结果，但是仅凭这一结果不能构成虚开犯罪。这也给发票违法犯罪案件的侦办工作提出了一个新的要求——不能仅因为客观上存在资金回流（无论是回流至受票方对公账户还是回流至受票方法定代表人、实际控制人、财务负责人或股东的自然人账户）而在不考虑是否存在主观故意的情况下判定其存在虚开发票犯罪行为。本案司法机关提起公诉的罪名不涉及虚开发票犯罪是完全正确的。同理，L公司也不构成虚开发票的单位犯罪。

类似案件的判决也支持上述结论。试举两个例子：

1.中华人民共和国最高人民法院（2016）最高法刑核51732773号刑事裁定书中，陈述了以下基本案情：2004年，被告人张某强与他人合伙成立个体企业某龙骨厂，张某强负责生产经营活动。因某龙骨厂系小规模纳税人，无法为购货单位开具增值税专用发票，张某强遂以他人开办的鑫源公司名义对外签订销售合同。2006年至2007年，张某强先后与六家公司签订轻钢龙骨销售合同，购货单位均将货款汇入鑫源公司账户，鑫源公司为上述六家公司开具增值税专用发票共计53张，价税合计4 457 701.36元，税额647 700.18元。基于以上事实，某州市人民检察院指控被告人张某强犯虚开增值税专用发票罪，判处张某强有期徒刑三年，缓刑五年，并处罚金人民币五万元。张某强在法定期限内没有上诉，检察院未抗诉。某州市人民法院依法逐级报请最高人民法院核准。最高人民法院经复核认为，被告人张某强以其他单位名义对外签订销售合同，由该单位收取货款、开具增值税专用发票，不具有骗取国家税款的目的，未造成国家税款损失，其行为不构成虚开增值税专用发票罪，某州市人民法院认定张某强构成虚开增值税专用发票罪属适用法律错误。据此，最高人民法院裁定：不核准并撤销某州市人民法院一审刑事判决，将本案发回重审。该案经某州市人民法院重审后，依法宣告张某强无罪。

2.编号为旬邑检刑不诉〔2022〕13号的检察院不起诉决定书中陈述了如下基本案情：2020年4月至6月期间，被不起诉人高某、曹某等人合伙向中铁十局旬凤高速二分部供售柴油，因其无资质挂靠在G有限公司名下对外销售柴油，为降低供油成本，高某、曹某二人商议后，由曹某找到N公司的公司法人郝某，让N公司给G公司开具100万元的增值税专用发票，郝某同意后表示需收取10.5%的税点。2020年4月27日、2020年4月29日在两公司未发生真实购销业务的情况下，2020年4月30日，N公司向G公司开具0号柴油196 700升、价税合计金额为1 000 219.5元的增值税专用发票11份。后N公司以还款方式转给郝某849 000元，郝某又通过手机银行分五次转给高某。N公司非法获利90 000元，并将上述发票计入主营业务收入885 150元，销项税115 069.5元，价税合计金额为1 000 219.5元。G公司也对接受发票进项税额115 069.5元进行了认证抵扣。检察院认为：高某尽管实施了让他人虚开增值税专用发票的行为，但其让他人虚开增值税专用发票的目的是取得增值税发票后向客户报取自己供应柴油的货款，不具有骗取国家税款的目的。故其情节显著轻微、危害不大，不构成犯罪，依照《中华人民共和国刑事诉讼法》第十六条第（一）项和第一百七十七条第一款的规定，决定对高某不起诉。

另外，本案还衍生出三个其他问题：

第一，L公司或宋某某是否构成行政法意义上的虚开?

《发票管理办法》第二十二条第一款规定："开具发票应当按照规定的时限、顺序、栏目，全部联次一次性如实开具，并加盖发票专用章。"该条第二款对虚开发票的类型进行了正列举："任何单位和个人不得有下列虚开发票行为:（一）为他人、为自己开具与实际经营业务情况不符的发票;（二）让他人为自己开具与实际经营业务情况不符的发票;（三）介绍他人开具与实际经营业务情况不符的发票。"这一列举方式与《中华人民共和国刑法》规定是一致的。

从《发票管理办法》第二十二条第二款的表述可以看出，行政定性中的虚开发票行为是指违反第二十二条第一款规定，开具"与实际经营业务情况不符的发票"。至于开具与实际经营业务情况不符的发票目的为何，或造成何种损害结果则不问。因此，构成行政法意义上的虚开增值税专用发票有两个构成条件：一是行为人存在为他人虚开，为自己虚开，让他人为自己虚开和介绍他人虚开的主观故意（排除非故意原因导致的发票记载信息与实际交易不符的情况，如因为对货物内容或受票方信息存在错误理解而填错不属于主观故意），二是存在开具与实际经营业务情况不符发票的违法行为。即使行政相对人的目的不是通过虚开以非法获得税收利益或协助他人非法获得税收利益，或没有造成损害结果，也不影响行政定性（如果造成危害税收利益后果，则除了承担虚开发票的行政处罚责任之外，还需要承担少缴税款及滞纳金的补缴责任和因偷税而产生的行政处罚责任。当然，按照“一事不二罚”原则，这一处罚责任可能会被虚开发票的行政处罚责任吸收或吸收虚开发票的行政处罚责任。因此，对L公司和宋某某，税务机关有权按照《发票管理办法》第三十七条规定予以处罚：“违反本办法第二十二条第二款的规定虚开发票的，由税务机关没收违法所得；虚开金额在1万元以下的，可以并处5万元以下的罚款；虚开金额超过1万元的，并处5万元以上50万元以下的罚款；构成犯罪的，依法追究刑事责任。非法代开发票的，依照前款规定处罚。”

第二，L公司是否需要承担补缴税款及滞纳金的责任？

这个问题需要分两种情况处理：

1. L公司取得虚开发票，但是没有抵扣进项税额，也没有按照发票记载金额扣除成本费用，因而没有造成纳税义务减少。这种情况下L公司不需要补缴税款及滞纳金。

2. L公司通过虚假抵扣增值税进项税额和虚假扣除成本费用造成纳税义务减少。这种情况下L公司属于虚假申报的偷税行为，税务机关应当按照《税收征收管理法》第六十三条处理：“纳税人伪造、变造、隐匿、擅自销毁账簿、记账凭证，或者在账簿上多列支出或者不列、少列收入，或者经税务机关通知申报而拒不申报或者进行虚假的纳税申报，不缴或者少缴应纳税款的，是偷税。对纳税人偷税的，由税务机关追缴其不缴或者少缴的税款、滞纳金，并处不缴或者少缴的税款百分之五十以上五倍以下的罚款；构成犯罪的，依法追究刑事责任。”

第三，向L公司开具发票的其他企业是否构成行政法意义上的虚开和涉嫌虚开发票犯罪？

对于向L公司开具发票的其他企业应当承担何种法律责任，其评价标准与L公司是不同的，司法机关不能因为L公司不构成虚开发票犯罪就不追究开票企业涉嫌犯罪的问题。其原因在于：开票企业和L公司具有不同的主观动机。开票企业同样构成行政法意义上的虚开，这是毋庸置疑的，税务机关应同样按照《发票管理办法》第三十七条规定予以处罚。原因前文已述。

至于开票企业是否应当承担刑事责任，我们注意到他们向L公司虚开发票并收取资金之后，是在扣除税点（票面记载的销项税额）和手续费之后，将剩余资金转入宋某某或他人指定账户，在这个过程中开票企业存在利用虚开发票牟利的行为——虚开是手段，牟取非法利益是目的，而且客观造成了L公司虚假抵扣增值税进项税额和虚假扣除成本费用，进而逃避纳税义务的后果或危险（L公司即使没有抵扣进项税额和扣除成本，这项危险也已经发生了）。如果开票企业所开具发票的金额已经触达承担刑事责任的起点，则开票行为的犯罪构成是完满的，应当承担刑事责任。

【政策法规链接】

虚开增值税专用发票、用于骗取出口退税、抵扣税款发票罪。《中华人民共和国刑法》第二百零五条规定：“虚开增值税专用发票或者虚开用于骗取出口退税、抵扣税款的其他发票的，处三年以下有期徒刑或者拘役，并处二万元以上二十万元以下罚金；虚开的税款数额较大或者有其他严重情节的，处三年以上十年以下有期徒刑，并处五万元以上五十万元以下罚金；虚开的税款数额巨大或者有其他特别严重情节的，处十年以上有期徒刑或者无期徒刑，并处五万元以上五十万元以下罚金或者没收财产。”

全国人民代表大会常务委员会对于“出口退税、抵扣税款的其他发票”作出的立法解释为：刑法规定的“出口退税、抵扣税款的其他发票”，是指除增值税专用发票以外的，具有出口退税、抵扣税款功能的收付款凭证或者完税凭证。

虚开普通发票罪。《中华人民共和国刑法修正案（八）》第三十三条规定：“虚开本法第二百零五条规定以外的其他发票，情节严重的，处二年以下有期徒刑、拘役或者管制，并处罚金；情节特别严重的，处二年以上七年以下有期徒刑，并处罚金。”

2. 合法形式不能掩盖非法目的
——灵活用工不是虚开通道

【基本案情】

2020年10月至2021年5月，被告人常某在上海××有限公司（以下简称“××公司”）从事人事工作期间，为降低公司经营成本，为员工、技术人员拆分工资和避税，以灵活用工为名，在未发生真实服务的情况下，常某以支付6.8%开票费的方式，让蓝薪卡公司回流发放薪资，并为××公司虚开增值税专用发票90份，价税合计700余万元，税款40余万元。

另查明，2022年2月22日，被告人常某自动投案，到案后如实供述了犯罪行为。

上述事实，被告人常某在庭审过程中亦无异议，且有同案人陈某的证言、证人李某的证言、《技术开发服务协议》、河南增值税专用发票、国家税务总局上海市××局第二稽查局出具的抵扣证明、上海市公安局宝山分局提供的“工作情况”“人口信息”“营业执照”、被告人常某的在案供述等证据证实，足以认定。

【裁判结论】

法院认为，被告人常某作为公司的其他直接责任人员，让他人为公司虚开增值税专用发票，其行为已构成虚开增值税专用发票罪，应当依法追究其刑事责任。公诉机关指控的犯罪事实清楚，证据确实充分，罪名成立。被告人常某有自首情节，自愿认罪认罚，可依法从轻处罚。辩护人的相关意见可予采纳。据此，依照《中华人民共和国刑法》第二百零五条、第六十七条第一款、第七十二条第一款和第三款、第七十三条第二款和第三款、第五十二条、第五十三条第一款以及《中华人民共和国刑事诉讼法》第十五条之规定，判决如下：

被告人常某犯虚开增值税专用发票罪，判处有期徒刑一年三个月，缓刑一年三个月（缓刑考验期从判决确定之日起计算）。

【税案评析】

本案是一起比较典型的滥用灵活用工法律形式实现减少代扣代缴员工个人所得税、减少缴纳社保费用和虚增可抵扣增值税进项税额三重目的的虚开案件——利用灵活用工平台是手段，逃避税费缴纳义务是目的。

灵活用工的实践起源于20世纪20年代美国经济大萧条时期，旨在解决失业问题与社会保障问题，为降低企业用工成本而产生了临时劳务派遣用工的方式以取代固定期限或无固定期限的雇佣用工模式。但灵活用工概念直到阿特金森于1984年提出的“弹性企业模型”后才逐渐清晰。2018年，冯喜良等人在《灵活用工——人才为我所有到为我所用》一书中，将“灵活用工”定义为：以规定工作任务或固定工作时长为前提，企业根据关于雇佣关系制度的现行法律法规，通过使用兼职、劳务合作、自雇合作、劳务派遣、短期合同、人力资源服务外包等多种工作形式，帮助企业人力资源队伍快速调整、精确匹配、弹性管理和敏捷适应环境变化。

灵活用工方式是一种临时性的劳务或业务承揽用工，劳动者和用工单位之前不存在劳动合同约束，而是由用工单位将某项任务发布至灵活用工平台（本案的开票方，另案处理），然后由劳动者在灵活用工平台承揽该项任务，这样就形成了双重的劳务或业务承揽合同——灵活用工平台承揽用工单位的任务，而劳动者从灵活用工平台承揽同样的业务。灵活用工与过去传统的劳动合同、固定工作最大的区别在于它对劳动者和用工单位的束缚都比较小，特别是对用工单位而言，灵活用工减少了企业实际雇佣的全职用工，进而减少了企业根据劳动法和劳动合同法应该承担的各项义务。而由于《中华人民共和国劳动法》和《劳动合同法》织就的法网日趋严密和日趋对用人单位单方面不利，灵活用工的吸引力大大增加。可以说，如果没有灵活用工方式这一创新的劳资合作模式，目前很多新型业态如网约车、外卖等都不会存在。

2020年，《灵活用工行业研究报告》将“灵活用工”定义为一种区别于传统固定用工模式的新型弹性用工模式，具体表现为劳动者工作时间和工作场所的灵活、企业雇佣形式和管理方式的灵活、服务商服务形态的灵活等，其本质是用工关系的灵活，个人与组织的关系从传统的劳动关系变为广泛的劳务合作关系。灵活用工可以根据企业的需要和实际情况调配人力资源。比如，企业繁忙的时候可以增加员工，不繁忙的时候可以减少员工来节省成本；企业可以根据实际工作成绩为员工支付报酬，并且可以在不需要员工的时候不支付薪水，节省用工成本。企业把任务转包给灵活用工平台，后者按照委托代征协议代征劳动者个人所得税。按照《国家税务总局对十三届全国人大三次会议第8765号建议的答复》，灵活用工人员从平台获取的收入可能包括劳务报酬所得和经营所得两大类。灵活用工人员取得的收入是否作为经营所得计税，要根据纳税人在平台提供劳务或从事经营的经济实质进行判定。然而在实务中，灵活用工交易记录数量巨大，交易服务类型多，一些灵活用工企业在代扣代缴个人所得税时，通常不区分具体服务类型，全部按个人承包经营中较低核定征收率的所得代征个人所得税。

《中华人民共和国劳动法》《劳动合同法》逐步完善后，劳动者权益保障越来越健全，相应对用人单位产生了越来越大的劳动力成本和劳动法合规成本。作为一种人力资源使用方式的灵活用工，因为其独特的税务处理方式，因此还产生了额外的税务规划价值，表现为：同样购买劳动力服务，通过灵活用工方式可以获得相比其他方式更大的税收利益：

1.劳动合同用工。用工企业（用人单位）和劳动者的税务处理是：

（1）支付工资无须取得发票，支付工资，以及支付工资总额的14%以内的福利费、2%以内的工会经费、8%以内的教育经费和1%以内的党组织活动经费可以在企业所得税税前据实扣除。

（2）企业需要按照工资总额的一定比例缴纳社保费用和残保金（符合条件的可以减免缴纳残保金）。

（3）劳动者个人按照工资的一定比例缴纳社保费用。

（4）企业需要按照个人所得税法规定办理全员代扣代缴个人所得税。

2.劳务派遣用工。用工企业和劳动者的税务处理是：

（1）用工单位向派遣单位支付包含派遣费和劳动者工资薪金、社保费用、公积金等在内的全部成本费用（派遣用工工资总额），派遣单位可以向用工企业开具使用简易征收方式的差额发票。

（2）劳动者个人按照工资的一定比例缴纳社保费用。

劳务派遣制度下企业能够取得增值税利益（增加了可抵扣进项税额），而且缴纳派遣用工社保的义务被转嫁到派遣单位。但是，用工单位使用劳务派遣用工岗位的比例不能超过企业全部用工岗位的10%，这一限制制约了劳务派遣方式的推广。

3.人力资源外包。用工企业和劳动者的税务处理是：

（1）用工单位向人力资源外包企业支付包含外包服务费和劳动者工资薪金、社保费用、公积金等在内的全部成本费用，人力资源外包单位可以向用工企业开具使用简易征收方式的差额发票。

（2）劳动者个人按照工资的一定比例缴纳社保费用。

人力资源外包制度下企业能够取得增值税利益（增加了可抵扣进项税额），但是，用工单位不能转嫁缴纳劳动者社保费用和残保金费用的责任。

4.灵活用工。用工企业和劳动者的税务处理是：

（1）用工单位向灵活用工平台支付承揽任务的对价，灵活用工平台向用工企业开具全额发票，进项税额为6%。

（2）劳动者个人自行缴纳社保费用。

可见，灵活用工机制下用工单位的税费负担大大减轻，一是获得了最大的可抵扣进项税额降低增值税纳税成本；二是无须计入工资总额缴纳社保费用、残保金等项目；三是免除了代扣代缴劳动者个人所得税的义务，而灵活用工平台代征劳动者个人所得税通常是按照经营所得核定征收，实际税负率较低；四是劳动者享有是否自行缴纳社保费用的选择权（实务中相当部分劳动者是不愿缴纳自己应负担的社保费用的）。在劳动者报价相同（即劳动者获得税后收益相同）的前提下，用工单位支付的劳动力成本最低。对企业来说，灵活用工产生的节税收益甚至有可能超过人力资源管理方面的成本收益。

通过以上对比，我们可以发现存在这样的可能性：本来应该是先有灵活用工需求，再构建灵活用工交易。但有的企业可能没有实际灵活用工需求，却虚构灵活用工法律形式以掩盖真正的非灵活用工经济实质，进而降低企业支付的劳动力成本。因此，发生类似本案的行为就不足为奇了。

通过本案，我们也可以梳理几种不能使用灵活用工，否则有被认定为虚开发票和偷税的情形：

1.与用工单位有劳动关系的员工，不能再通过灵活用工方式向本单位提供服务（但是他们向其他单位提供灵活用工服务，即使这种服务和他们向本单位提供的服务相同，或者其他单位和本单位之间有关联关系，只要员工具有独立承揽业务的性质，也是可以的）。

2.企业的高级管理人员，即使和企业没有劳动关系也不宜采用灵活用工方式，因为他向企业提供的服务很可能不具有独立承揽业务的性质。

3.企业关键技术岗位人员。理由同上。

4.其他不可能具有独立承揽业务性质的劳务，如单一的流水线工人。但是如果企业把整体业务外包给某劳务群体（如施工队），可以适用灵活用工。

目前，关于灵活用工业务的规制，尚未有具体的税收政策。但国家税务总局对十三届全国人大三次会议第8765号建议的答复中就以下问题有了初步意见，可供征管部门、灵活用工企业和灵活用工平台企业参考：

对十三届全国人大三次会议第8765号建议的答复

您们提出的关于从税收政策和征管方式等方面加大平台经济发展支持力度的建议收悉，现答复如下：

一、关于平台企业存在自然人无法视同登记户享受增值税起征点优惠

《中华人民共和国增值税暂行条例》及其实施细则、《财政部 国家税务总局关于全面推开营业税改征增值税试点的通知》（财税〔2016〕36号）附件1《营业税改征增值税试点实施办法》规定，纳税人销售额未达到国务院财政、税务主管部门规定的增值税起征点，免征增值税；达到起征点的，应全额计算缴纳增值税。按期纳税的纳税人，增值税起征点为月销售额5 000元至2万元；按次纳税的纳税人，增值税起征点为每次（日）销售额300元至500元。目前全国各地均按照最高额度确定起征点。

2019年，为贯彻落实党中央、国务院决策部署，进一步支持小微企业发展，我局会同财政部制发《关于实施小微企业普惠性税收减免

政策的通知》(财税〔2019〕13号),明确2019年1月1日至2021年12月31日,对月销售额10万元以下(含本数)的增值税小规模纳税人,免征增值税。

自然人能否享受小规模纳税人月销售额10万元以下免税政策,需要根据其业务实际情况进行判断。按照上述规定,自然人持续开展经营业务的,如办理了税务登记,并选择按期纳税,履行按期申报纳税义务,则可以按规定享受小规模纳税人月销售额10万元以下免税政策;自然人不经常发生应税行为的,如未办理税务登记,或只选择了按次纳税,则应按规定享受按次纳税的起征点政策。

二、关于允许内控机制完善的平台经济使用内部凭证列支成本费用

《企业所得税税前扣除凭证管理办法》(国家税务总局公告2018年第28号,以下简称《办法》)明确规定了内部凭证作为税前扣除凭证的一般要求和具体情形,在一定程度上与代表所提建议是一致的。如,《办法》第八条规定,税前扣除凭证按照来源分为内部凭证和外部凭证,内部凭证是指企业自制用于成本、费用、损失和其他支出核算的会计原始凭证。再如,《办法》第九条、第十条规定,企业在境内发生的支出项目属于增值税应税项目的,对方为依法无须办理税务登记的单位或者从事小额零星经营业务的个人,其支出以税务机关代开的发票或者收款凭证及内部凭证作为税前扣除凭证;企业在境内发生的支出项目不属于增值税应税项目的,对方为个人的,以内部凭证作为税前扣除凭证。这些规定,能够解决平台企业在一定条件下使用内部凭证作为税前扣除凭证的问题。

如果允许平台企业所有经营活动均使用内部凭证列支成本费用,在企业所得税征管上会造成平台企业与非平台企业之间的差异,不利于营造公平竞争的市场环境。特别是增值税应税项目如果均使用内部凭证作为税前扣除凭证,不利于增值税发票的规范管理,破坏了增值

税抵扣链条的完整性，易引发偷漏税风险。因此，建议平台企业依法依规使用内部凭证和外部凭证列支成本费用。

三、关于明确灵活用工人员从平台获得的收入作为经营所得

根据《中华人民共和国个人所得税法》及有关规定，灵活用工人员从平台获取的收入可能包括劳务报酬所得和经营所得两大类。灵活用工人员在平台上从事设计、咨询、讲学、录音、录像、演出、表演、广告等劳务取得的收入，属于“劳务报酬所得”应税项目，由支付劳务报酬的单位或个人预扣预缴个人所得税，年度终了时并入综合所得，按年计税、多退少补。灵活用工人员注册成立个体工商户或者虽未注册但在平台从事生产、经营性质活动的，其取得的收入属于“经营所得”应税项目，“经营所得”以每一纳税年度的收入总额减除成本费用以及损失后的余额为应纳税所得额，适用经营所得税率表，按年计税。

因此，灵活用工人员取得的收入是否作为经营所得计税，要根据纳税人在平台提供劳务或从事经营的经济实质进行判定，而不是简单地看个人劳动所依托的展示平台，否则容易导致从事相同性质劳动的个人税负不同，不符合税收公平原则。比如，从事教育培训工作的兼职教师，在线下教室里给学生上课取得收入按劳务报酬所得缴税，在线上平台的直播间给学生上课取得收入按经营所得缴税，同一性质劳动，不宜区别对待。

【政策法规链接】

《民法典》第七百七十条：“承揽合同是承揽人按照定作人的要求完成工作，交付工作成果，定作人支付报酬的合同。承揽包括加工、定作、修理、复制、测试、检验等工作。”

《税收征收管理法》第二十九条：“除税务机关、税务人员以及经

税务机关依照法律、行政法规委托的单位和人员外，任何单位和个人不得进行税款征收活动。”

《税收征收管理法实施细则》第四十四条：“税务机关根据有利于税收控管和方便纳税的原则，可以按照国家有关规定委托有关单位和人员代征零星分散和异地缴纳的税收，并发给委托代征证书。受托单位和人员按照代征证书的要求，以税务机关的名义依法征收税款，纳税人不得拒绝；纳税人拒绝的，受托代征单位和人员应当及时报告税务机关。”

《个人所得税法实施条例》第六条：“个人所得税法规定的各项个人所得的范围：……（二）劳务报酬所得，是指个人从事劳务取得的所得，包括从事设计、装潢、安装、制图、化验、测试、医疗、法律、会计、咨询、讲学、翻译、审稿、书画、雕刻、影视、录音、录像、演出、表演、广告、展览、技术服务、介绍服务、经纪服务、代办服务以及其他劳务取得的所得。

……（五）经营所得，是指：

1.个体工商户从事生产、经营活动取得的所得，个人独资企业投资人、合伙企业的个人合伙人来源于境内注册的个人独资企业、合伙企业生产、经营的所得；

2.个人依法从事办学、医疗、咨询以及其他有偿服务活动取得的所得；

3.个人对企业、事业单位承包经营、承租经营以及转包、转租取得的所得；

4.个人从事其他生产、经营活动取得的所得。”

《营业税改征增值税试点实施办法》（财税〔2016〕36号文件附件1）第十条：“销售服务、无形资产或者不动产，是指有偿提供服务、有偿转让无形资产或者不动产，但属于下列非经营活动的情形除外：……（二）单位或者个体工商户聘用的员工为本单位或者雇主提供取得工资的服务。”

《发票管理办法》第二十一条：“任何单位和个人不得有下列虚开发票行为：（一）为他人、为自己开具与实际经营业务情况不符的发票；（二）让他人为自己开具与实际经营业务情况不符的发票；（三）介绍他人开具与实际经营业务情况不符的发票。”第三十五条：“违反本办法的规定虚开发票的，由税务机关没收违法所得；虚开金额在1万元以下的，可以并处5万元以下的罚款；虚开金额超过1万元的，并处5万元以上50万元以下的罚款；构成犯罪的，依法追究刑事责任。”

《中华人民共和国刑法》第二百零五条：“【虚开增值税专用发票、用于骗取出口退税、抵扣税款发票罪；虚开发票罪】虚开增值税专用发票或者虚开用于骗取出口退税、抵扣税款的其他发票的，处三年以下有期徒刑或者拘役，并处二万元以上二十万元以下罚金；虚开的税款数额较大或者有其他严重情节的，处三年以上十年以下有期徒刑，并处五万元以上五十万元以下罚金；虚开的税款数额巨大或者有其他特别严重情节的，处十年以上有期徒刑或者无期徒刑，并处五万元以上五十万元以下罚金或者没收财产。

单位犯本条规定之罪的，对单位判处罚金，并对其直接负责的主管人员和其他直接责任人员，处三年以下有期徒刑或者拘役；虚开的税款数额较大或者有其他严重情节的，处三年以上十年以下有期徒刑；虚开的税款数额巨大或者有其他特别严重情节的，处十年以上有期徒刑或者无期徒刑。虚开增值税专用发票或者虚开用于骗取出口退税、抵扣税款的其他发票，是指有为他人虚开、为自己虚开、让他人为自己虚开、介绍他人虚开行为之一的。”

《中华人民共和国刑法》第二百零五条之一：“虚开本法第二百零

五条规定以外的其他发票，情节严重的，处二年以下有期徒刑、拘役或者管制，并处罚金；情节特别严重的，处二年以上七年以下有期徒刑，并处罚金。单位犯前款罪的，对单位判处罚金，并对其直接负责的主管人员和其他直接责任人员，依照前款的规定处罚。”

3. 一个由来已久的交易痛点
——索取发票请求是否属于民事审判程序解决范围？

【基本案情】

W公司与Z公司签订《工程承包协议》，约定W公司拟将某工程建筑服务项目发包给Z公司。后双方产生纠纷。Z公司起诉W公司，W公司提出反诉，其中请求之一是要求Z公司履行工程项目的发票出具义务。Z公司答辩称同意开具发票，但请求不承担税金，且W公司必须付完工程款。

一审法院审理认为：关于开具发票的问题，涉案两份《建设工程施工合同》和《协议书》中均没有Z公司开具发票的约定，Z公司此种合同附随义务的产生是基于我国税法的相关规定，不属于民事审判解决的平等主体之间的权利义务关系，依法不予审查，即W公司应当另行解决。W公司不服而提起上诉。

【裁判结果】

二审法院认为：关于Z公司应否按照合同约定和实际付款金额开具发票的问题。收取工程款开具工程款发票是承包方税法上的义务，无论是否在合同中明确约定要求承包方收到工程款后开具相应数额的工程款发票，这也都是发包方的合同权利。因此，W公司要求Z公司收取工程款后开具相应数额的工程款发票的请求应予支持，一审判决认为该请求不属于民事审判解决的范围并不予审查，属适用法律错误，予以纠正。最终判决：Z公司收取工程款后向W公司开具相应数额的工程款发票。

【税案评析】

民事交易中如果按约定接受商品或服务的一方为建账会计主体的情况下，对外支付款项，需要取得相应的收付款项凭证。按照《发票管理办法》第十八条的规定，“销售商品、提供服务以及从事其他经营活动的单位和个人，对外发生经营业务收取款项，收款方应当向付款方开具发票”。因此，无论在合同中是否约定发票开具条款，开具发票都是销售商品、提供服务一方的法定义务。

如果销售商品、提供服务一方拒绝履行开具发票的法定义务，将导致购买商品、接受服务一方无法取得收付款凭证，进而导致财务处理的困难，一是因无法取得作为原始凭证的发票而造成财务记账证据不完整，但是这一缺憾还可以使用替代发票的收据、收条作为原始凭证；二是无法取得作为税收凭证的发票造成税收利益的损失——增值税进项税额和企业所得税的成本费用凭证（如果是房地产开发项目，还可能造成土地增值税利益的损失；如果是个人转让财产等情形，还可能造成个人所得税利益的损失）。因此，销售商品、提供服务一方拒绝履行开具发票的法定义务给购买方造成的经济损失是难以估量的。

分析完受票方，我们再来看作为应当开具发票而未开具的一方，即销售商品、提供服务一方应承担的法律责任。

首先，该主体不履行开具发票的法定义务当然违反《发票管理办法》，但《发票管理办法》的罚则仅仅是“处1万元以下的罚款；有违法所得的予以没收”。通常这类情形中违法者没有违法所得，所以他承担的法律责任的上限就是1万元罚款。

其次，如果其未及时确认未开票收入，则违反了《税收征收管理法》规定，在账簿上少列收入，虚假申报，还可能承担偷税的法律责任。本案中的Z公司如果受到税务机关检查，且税务机关发现其存在未按期确认收入的行为，就可以要求Z公司补缴税款、滞纳金及罚款。因此，如果销售商品、提供服务一方拒不履行开票义务，受票方第一时间通常会向税务机关投诉，要求税务机关查处销售商品、提供服务一方的违法行为。

但是税务机关查处销售商品、提供服务一方应开未开发票行为存在一个空白点——税务机关对销售商品、提供服务一方因不开具发票而产生的应补税款、滞纳金、罚款和应被没收的违法所得有强制执行的职权，但是对开具发票的行为没有强制执行权，即税务机关无权强制销售商品、提供服务一方开具发票。如果销售商品、提供服务一方开具了发票，税务机关也无权强制他把发票交付给受票方。

根据实务中发生的多起涉及此类争议的案例，可以明确的是，税务机关对销售商品、提供服务一方的下列行为是无能为力的：

1.销售商品、提供服务一方失踪失联（无法开票，受票方也无法换开发票）；

2.销售商品、提供服务一方注销、被吊销营业执照（同上）；

3.销售商品、提供服务一方宁愿被罚款也拒不开票（税务机关无法强制执行）；

4.卖方以拒开发票或拒绝交付发票逼对方让步或催收合同尾款（同上）；

5.因司法拍卖、民事诉讼败诉，赌气不向对方开具或交付发票（同上）。

因此，受票方需要另辟蹊径，寻找民事诉讼途径解决销售商品、提供服务一方不开具发票的问题。

思路一：提出开具发票的诉讼请求。如果受票方已经支付了费用，可以如本案W公司一样要求Z公司开具发票。按照《民法典》第五百零九条规定，“当事人应当按照约定全面履行自己的义务。当事人应当遵循诚信原则，根据合同的性质、目的和交易习惯履行通知、协助、保密等义务”，这里的“义务”包括开具发票义务，本案二审法院就阐明：“要求承包方收到工程款后开具相应数额的工程款发票也都是发包方的合同权利。”目前，越来越多的法院已经认可受理这样的民事诉讼请求，如青海临峰房地产开发有限公司、浙江中业建设集团有限公司建设工程施工合同纠纷案［案号：（2019）最高法民再166号］中，最高法院指出：“合同文本中所约定的‘开具发票’含义并非是指由税务机关开具发票，而是指在给付工程款时需由承包方向发包人给付税务机关开具的发票。该给付义务属承包方应当履行的合同义务。有义务开具发票的当事人在遵守税收法律法规的前提下，可以自主作出向其他民事主体开具发票的意思表示，该行为属于民事法律行为；对于接受发票的一方当事人来说，是否可以取得发票将影响其民事权益，因此，当事人之间就一方自主申请开具发票与另一方取得发票的关系，属于民事法律关系范畴，人民法院应当依法审理。”

思路二：提出先履行抗辩或同时履行抗辩。即受票方没有支付全部费用之前要求销售商品、提供服务一方开具全额发票或者付款的同时开票，但是这种做法很可能得不到法院支持。最高人民法院民事审判第一庭编著的《民事审判实务问答》中认为，在一方违反约定没有开具发票的情况下，另一方不能以此为由拒绝履行合同主要义务即支付工程价款。

本案中W公司的这一诉讼请求得到了法院支持。但是有一个新的问题是本案裁判结论未能回答的——如果Z公司仍然拒绝开票，或者开票后拒绝把发票交给W公司，W公司能否申请法院强制执行？税务机关无权强制销售商品、提供服务一方开具发票或交付发票，法院能做到吗？

很遗憾，不能。

《民事诉讼法》第二百四十三条规定：“发生法律效力的民事判决、裁定，当事人必须履行。”如果当事人不履行，对方当事人可以申请强制执行。但是在《民事诉讼法》第二十一章“执行措施”中针对的都是对财产的执行，只有第二百六十二条规定：“被执行人不履行法律文书确定的义务的，人民法院可以对其采取或者通知有关单位协助采取限制出境，在征信系统记录、通过媒体公布不履行义务信息以及法律规定的其他措施。”这一后果并不涉及限制责任人人身自由或者涉嫌刑事犯罪。因此，如果Z公司对抗到底并甘愿承担法律后果，W公司胜诉也是无意义的。

那么，如果发生如同本案的情形，作为受票方（类似W公司的地位）的当事人是否就没有任何办法了？其实仍然有办法。受票方取得发票只是手段，入账和维护税收利益才是目的，本案中W公司提出的诉讼请求仅仅是“要求开具发票”是不充足的，可以加上“如不能开具发票，则赔偿相应损失”。这样就把发票开具责任转化为经济赔偿责任，而赔偿责任是可以强制执行的。

现在已经有了支持这种诉讼请求的实际案例，例如：

2018年5月24日，W公司与P公司签订订购合同，约定：P公司向W公司订购产品其他电子设备——智能手环，发票类型为增值税专用发票。后W公司只能向P公司开具增值税普通发票。P公司向W公司主张，因不能开具增值税专用发票，造成其多缴增值税、城市建设税等税费损失。双方协商不成，诉至法院。法院裁判结果是：W公司给付P公司增值税、城市维护建设税、教育费附加、地方教育附加的税额损失共计51 906.21元。因此，受票方即使无法取得发票，也可以采用这种方式维护权利。

但是我们也注意到，既往司法案例中也存在法院不支持购买方（索取发票一方）请求销售方（应当开具发票一方）承担相关损失的。如山东兴国新力控股集团有限公司与买卖合同纠纷一案［案号：（2020）鲁0323民初140号］。原告兴国公司因被告中建材公司在收款后迟迟不开具发票而提起诉讼，请求被告承担因此而导致的相关损失，法院却一纸裁定驳回了起诉，理由是“开具发票属于行政法律关系，开具发票不能作为一项诉讼请求提出”。法院得出这一结论的依据是：根据《发票管理办法》，未按照规定开具发票的，是属于违反发票管理的法规的行为，由税务机关责任限期改正，因此，是否开具发票不是法院的管辖范围，法院也无权裁判要求当事人开具发票，因此，不符合《民事诉讼法》第一百一十九条关于“起诉必须符合下列条件：……（四）属于人民法院受理民事诉讼的范围和受诉人民法院管辖”的规定。从这一论证的过程来看，法院得出“开具发票不能作为一项诉讼请求提出”的结论是正确的。但遗憾的是裁判者错误地将“开具发票的诉讼请求”和“承担因不开具发票而导致损失的诉讼请求”混为一谈。因此，裁定书存在重大瑕疵。

根据民事裁定书记载内容，原告的主要诉讼请求为：1.判令被告向原告交付对应付款金额的增值税专用发票；2.判令被告承担因不能开具发票造成原告不能抵扣增值税造成的税收成本损失，包括增值税和四项附加税费。根据增值税征税原理，如果第1项诉讼请求能够满足，原告即可抵扣进项税额并进而减少四项附加税费成本，但如果法院针对第1项诉讼请求做出否认裁定，则应进一步对第2项诉讼请求做出裁决或进行调解。第2项诉讼请求与第1项是独立的，并不包含在后者中。本裁定书对第2项诉讼请求的裁判意见只字未提，不得不说是一个重大错漏。

事实上，对于拒不开具发票造成购买方额外增加税收成本的诉讼，之前已有法院受理并判决赔偿损失的先例，如李振玉诉纳爱斯集团有限公司（债权人代位权纠纷）一案［判决书见（2018）浙1102民初8174号］中，法院已认定因第三人未提供增值税发票造成被告不能抵扣增值税的损失及多支付企业所得税的税收损失应从被告所欠第三人到期债务中予以扣除。因此，原告提出请求赔偿损失的诉讼请求并无不当。即使本案被告开具了专用发票，只要晚于合同约定的开票时间截止日并造成原告因晚抵扣进项税额造成了占用资金的额外损失，原告也仍然有要求被告赔偿提前占用资金造成利息损失的胜诉权。这一案件也提醒纳税人在签订合同时要注意发票条款对自身权益的影响，切莫忽略以下细节：

1. 开票的时间节点；

2. 开具发票的种类：专用发票还是普通发票；

3. 开具发票的品名和类目，最好是和税务总局发布的《税收分类编码》保持一致［详见《国家税务总局关于增值税发票管理若干事项的公告》（国家税务总局公告2017年第45号），因篇幅限制，本文不再附赘］；

4. 关于备注栏的特殊要求（如开具运输服务、建筑服务、销售不动产服务等发票）；

5. 关于差额征税项目的特殊要求；

6. 其他与开具发票有关的要求。

【政策法规链接】

《发票管理办法》第三条："本办法所称发票，是指在购销商品、提供或者接受服务以及从事其他经营活动中，开具、收取的收付款凭证。"第十八条："销售商品、提供服务以及从事其他经营活动的单位和个人，对外发生经营业务收取款项，收款方应当向付款方开具发票；特殊情况下，由付款方向收款方开具发票。"

《发票管理办法》第三十三条："违反本办法的规定，有下列情形之一的，由税务机关责令改正，可以处1万元以下的罚款；有违法所得的予以没收：

（一）应当开具而未开具发票，或者未按照规定的时限、顺序、栏目，全部联次一次性开具发票，或者未加盖发票专用章的。”

《民法典》第五百零九条：“当事人应当按照约定全面履行自己的义务。当事人应当遵循诚信原则，根据合同的性质、目的和交易习惯履行通知、协助、保密等义务。”第五百七十七条：“当事人一方不履行合同义务或者履行合同义务不符合约定的，应当承担继续履行、采取补救措施或者赔偿损失等违约责任。”第五百八十条：“当事人一方不履行非金钱债务或者履行非金钱债务不符合约定的，对方可以请求履行，但是有下列情形之一的除外：（一）法律上或者事实上不能履行；（二）债务的标的不适于强制履行或者履行费用过高；（三）债权人在合理期限内未请求履行。”

《民事诉讼法》第二百四十三条：“发生法律效力的民事判决、裁定，当事人必须履行。一方拒绝履行的，对方当事人可以向人民法院申请执行，也可以由审判员移送执行员执行。”第二百六十二条：“被执行人不履行法律文书确定的义务的，人民法院可以对其采取或者通知有关单位协助采取限制出境，在征信系统记录、通过媒体公布不履行义务信息以及法律规定的其他措施。”

◆ 第二部分 ◆

税收征管案件

导 言

税收征收管理过程中发生的税务机关与纳税人的争议或引爆的税务风险，通常是双方对于同一交易事项或一系列交易事项形成的同一交易安排的交易实质和计税依据有不同的理解。

本部分共九个案例，列表说明如下：

案例名称	争议事项	纳税人的理解	税务机关的理解
第 4 号：税务机关怎样检查和评价股权转让应税所得	间隔较短且核心资产无变化的两次股权转让价格差异过大	可以按照核心资产的评估价值核定股权价格	按上一次股权转让价和核心资产评估价孰高定价
第 5 号：企业转让不动产的税务规划应关注“实质课税”原则	先转让股权，再转让不动产的两次交易组合而成的交易安排	按照实际转让不动产的金额申报缴纳增值税、附加税费和土地增值税	所有交易安排实质上就是交易不动产，应按照全部交易收款金额申报缴纳增值税、附加税费和土地增值税
第 6 号：税务机关评价核定股权转让参考价格的两个组成部分	非居民企业转让境内公司股权的交易	转让资不抵债（净资产为负值）的公司不可能有转让所得	转让资不抵债（净资产为负值）的公司有转让所得，因为标的企业持有的土地增值部分在财务核算中没有体现出来
第 7 号：网络主播的收入类型和个人所得税涉税风险	分拆多个个体经营主体分别提供服务，实际上服务是个人承揽的劳务服务	个人可以以多个个体经营主体的名义提供劳务并分别确认个体经营主体的劳务所得	个人以多个个体经营主体的名义提供劳务不属于经营所得，仍然属于劳务所得
第 8 号：名为买卖合同实为借贷合同的税务争议案件给我们的启示	交易双方签订买卖合同，之后撤销合同。违约方向另一方支付违约金	该合同属于买卖合同，违约金是缔约过失方责任的补偿，不属于收取违约金一方的所得	该合同形式上是买卖合同但实质上是借贷合同，违约金实际是利息所得，收款方应缴纳个人所得税

续表

案例名称	争议事项	纳税人的理解	税务机关的理解
第 9 号：个人借款收取利息的个人所得税税收责任	个人借款收取利息	个人收取利息无须向税务机关申报所得	个人收取利息也应申报和承担纳税义务
第 10 号：股东借款应警惕被税法认定股息分配	公司垫款买房，房屋所有权登记于股东名下	不应视为股东取得股息所得的情形，因为公司仍然亏损	视为股东取得股息所得，股东应缴纳个人所得税
第 11 号：劳动争议相关的劳动者所得的个人所得税问题	原用人单位按法院裁判结果向劳动者支付劳动补偿、赔偿和补发工资	被执行人擅自为已经离职且为此进行劳动争议诉讼的员工进行所谓的代扣代缴，系拒绝全面履行生效法律文书的不当行为（非纳税人意见而是执行法院意见）	支付所得的单位有义务代扣代缴个人所得税，法院判决金额不在免税之列
第 12 号：已注销企业的税收责任和涉税行政处罚责任的归结	已注销企业被认定偷税	企业已经注销，基于有限责任原理，股东不应承担责任	如果是由于公司隐瞒真实信息，骗取税务注销登记，则税务机关有权以债权人身份向股东追究公司存续期间的税收责任

上述各案例中，有的纳税人被认定为存在偷税行为，有的仅需补税即可。但是普遍反映出的一个问题是：当对同一交易事项或一系列交易事项形成的同一交易安排的交易实质和计税依据有不同的理解时，税务机关在执法过程中通常会选择执法风险最小，最有利于自己的解释方式。而纳税人如果希望扭转税务执法结果，必须有

充分的证据证明自己的解释方式既合乎相应的法律形式，又能说明经济实质和法律形式相一致。如果不能证明第一点，税务机关可以直接否认纳税人意见，司法机关也很难支持（如第10号案例，公司借款给股东或垫款替股东支付费用记载于公司账簿，证据确凿）；如果能证明第一点而不能证明第二点，税务机关可以挥舞“实质课税”大棒（如第4号和第5号案例）或直接穿透公司外衣（如第12号案例，税务机关直接认定企业是弄虚作假骗取税务注销，因此有权向股东追责）以否认法律形式。这都是日后纳税人和财税咨询服务机构策划税务规划方案时必须注意和规避的风险点。

4.“挤牙膏”

——税务机关怎样检查和评价股权转让应税所得

【基本案情】

F公司于2016年3月与C公司签订股权转让合同，从C公司取得H房地产开发有限公司15%的股权，合同价格1 500万元。F公司于2018年2月与A公司签订股权转让合同，将持有的H公司15%的股权转让给A公司，合同价格1 700万元。上述股权转让，F公司均未提供关于H公司在股权转让时点的资产评估报告，税务机关认为F公司存在逃税嫌疑，对F公司开展检查。

经查询，F公司于2018年1月仅申报缴纳从C公司取得H公司15%的股权的印花税7 500元，未对2018年2月将持有的H公司15%股权转让给A公司的相关股权转让收入进行纳税申报。税务机关根据F公司申报情况、社保人员情况、水电费等生产能力指标及F公司原持股股东纪某杰、纪某凌询问笔录发现，F公司除持有H公司15%的股权外，未开展其他实质性经营业务。

税务机关分别于2021年12月、2022年12月向F公司送达《责令限期改正通知书》，责令F公司对转让H公司15%股权给A公司的相关股权转让收入进行纳税申报，但F公司一直未对上述股权转让收入进行纳税申报。

根据H公司提供的《H公司股东拟股权转让所涉及的股东全部权益价值评估项目评估报告书》显示，在评估基准日2018年1月31日，H公司股东全部权益市场价值为24 496.5万元，即F公司持有的H公司15%的股权的股东权益市场价值为3 674.48万元（计算：24 496.5×15%）。

根据市场监督管理局档案登记资料、F公司原股东纪某杰、纪某凌提供的与F公司现控股股东T公司签订的关于转让F公司100%股权的股权转让合同及原股东纪某杰、纪某凌询问笔录显示，双方于2018年1月签订关于转让F公司100%股权的合同，商定合同税后作价165 300 000元，该股转未对F公司的资产进行评估。纪某杰、纪某凌和T公司签订转让F公司股权转让合同时，F公司核心资产为H公司15%的股权，未开展其他经营项目，无其他资产。

【执法结果】

税务机关认为：F公司于2018年2月将持有的H公司15%的股权转让给A公司，股权合同约定价格1 700万元，明显低于H公司15%的股权在评估基准日2018年1月31日的股东权益市场价值3 674.48万元；在F公司核心资产未发生变化的情况下，上述约定价格明显低于F公司现控股股东T公司2018年1月26日取得F公司100%的股权付出的对价（即：税后价款165 300 000元）。

F公司转让H公司股权行为涉及税种具体如下：

一、印花税

根据《中华人民共和国印花税暂行条例》（国务院令第11号）第一条“在中华人民共和国境内书立、领受本条例所列举凭证的单位和个人，都是印花税的纳税义务人（以下简称纳税人），应当按照本条例规定缴纳印花税”、第二条第二款“下列凭证为应纳税凭证：……2.产权转移书据……”、第三条第一款“纳税人根据应纳税凭证的性质，分别按比例税率或者按件定额计算应纳税额。具体税率、税额的确定，依照本条例所附《印花税税目税率表》执行”、第七条“应纳税凭证应当于书立或者领受时贴花”、附录“产权转移书据，按所载金额万分之五贴花”及《中华人民共和国印花税暂行条例施行细则》（财税字〔1988〕255号）第十四条第一款“条例第七条所说的书立或者领受时贴花，是指在合同的签订时、书据的立据时、账簿的启用时和证照的领受时贴花”的规定，F公司将H公司15%的股权转让给A公司，合同约定价款1 700万元，故F公司2018年2月所属期应申报缴纳印花税8 500元（计算：17 000 000×0.5‰）。

二、企业所得税

根据《中华人民共和国企业所得税法》（2007年3月16日中华人民共和国主席令第六十三号发布，2017年2月24日中华人民共和国主席令第六十四号第一次修改）第一条“在中华人民共和国境内，企业和其他取得收入的组织（以下统称企业）为企业所得税的纳税人，依照本法的规定缴纳企业所得税。个人独资企业、合伙企业不适用本法”、第二条第二款“本法所称居民企业，是指依法在中国境内成立，或者依照外国（地区）法律成立但实际管理机构在中国境内的企业”、第三条第一款“居民企业应当就其来源于中国境内、境外的所得缴纳企业所得税”、第四条第一款“企业所得税的税率为25%”、第六条“企业以货币形式和非货币形式从各种来源取得的收入，为收入总额。包括：……（三）转让财产收入……”、第二十二条“企业的应纳税所得额乘以适用税率，减除依照本法关于税收优惠的规定减免和抵免的税额后的余额，为应纳税额”、《中华人民共和国企业所得税法实施条例》（中华人民共和国国务院令第512号）第十六条“企业所得税法第六条第（三）项所称转让财产收入，是指企业转让固定资产、生物资产、无形资产、股权、债权等财产取得的收入”、《国家税务总局关于贯彻落实企业所得税法若干税收问题的通知》（国税函〔2010〕79号）第三条“关于股权转让所得确认和计算问题。企业转让股权收入，应于转让协议生效且完成股权变更手续时，确认收入的实现。转让股权收入扣除为取得该股权所发生的成本后，为股权转让所得”的规定，F公司应就其转让H公司15%的股权转让所得申报缴纳税款。

根据《中华人民共和国税收征收管理法》第三十五条第一款，“纳税人有下列情形之一的，税务机关有权核定其应纳税额：……（五）发生纳税义务，未按照规定的期限办理纳税申报，经税务机关责令限期申报，逾期仍不申报的；（六）纳税人申报的计税依据明显偏低，又无正当理由的……”F公司存在应申报而未申报收入，经税务机关责令限期申报，逾期仍不申报的情况，同时F公司于2018年2月将持有的H公司15%的股权转让给A公司，股权合同约定价格1 700万元，明显低于H公司15%的股权在评估基准日2018年1月31日的股东权益市场价值3 674.48万元；在F公司核心资产未发生变化的情况下，上述约定价格明显低于F公司现控股股东深圳天润投资置业有限公司2018年1月26日取得F公司100%的股权付出的对价（即税后价款165 300 000元），F公司未对上述股权转让收入偏低提供正当理由，故税务机关有权核定上述股权转让业务应纳税额。

根据《中华人民共和国税收征收管理法实施细则》第四十七条，“纳税人有税收征收管理法第三十五条或者第三十七条所列情形之一的，税务机关有权采用下列任何一种方法核定其应纳税额：……（四）按照其他合理方法核定……”因H公司提供的评估基准日为2018年1月31日的《评估报告书》中，H公司核心资产——某地块土地使用权价值为296 066 900元，即评估单价1 297.61元。

根据当地政府公布的《城镇基准地价的通知》的规定，H公司核心资产——某地块地面单价为1 980元。因评估单价明显偏低于该地块实际价值，故税务结机关未采纳F公司提供的关于H公司在评估基准日为2018年1月31日的《评估报告》中股东全部权益市场价值24 496.5万元。

在检查过程中发现，F公司现股东T公司在2018年1月26日与F公司原股东纪某杰（持股68%）、纪某凌（持股32%）签订股权转让合同，以支付税后165 300 000元的对价，取得F公司100%股权。在F公司现股东T公司取得控股权后，F公司在2018年2月5日与A公司签订股权转让合同，将其持有的H公司15%的股权转让给A公司。

虽然上述两次股权转让交易转让标的不同，但两次交易时间接近，核心资产一致，均为H公司15%股权，同时未发现T公司与自然人纪某杰、纪某凌存在关联关系，故采用F公司现股东T公司2018年1月26日取得F公司100%股权的交易价格作为依据，核定2018年2月5日F公司转让H公司15%的股权的应纳税所得额。

关于F公司取得H公司15%股权的成本，税务机关查明，F公司于2018年1月29日申报缴纳从C公司取得H公司15%的股权印花税7 500元，同时C公司向F公司转让H公司15%股权已被主管税务机关核定股权转让所得2 102 160.17元，并依法征收企业所得税525 540.04元，因此，F公司取得H公司15%股权的原值为17 117 160.17元（计算：2 102 160.17+15 000 000+7 500+相关交易费用7 500）。

综上所述，F公司2018年2月转让所持有的H公司15%的股权的应纳税所得额189 581 989.83元（计算：165 300 000 ÷ 80%+165 300 000 × 0.5‰ − 17 117 160.17−8 500），故F公司应纳税调增2018年度企业所得税"纳税调整增加额"189 581 989.83元。因F公司2018年申报有可弥补亏损7 919.53元，经本次检查，调增本次查补的印花税税金8 500元，调增纳税调整增加额189 581 989.83元，调整后，纳税调整后所得为189 565 570.3元（计算：−16 419.53+189 581 989.83），应纳税所得额189 565 570.3元，应纳税额47 391 392.58元。

另外，税务机关认定F公司以明显不合理低价转让股权的行为属于偷税，依据为《中华人民共和国税收征收管理法》（1992年9月4日中华人民共和国主席令第六十号公布，2015年4月24日中华人民共和国主席令第二十三号第三次修改）第六十三条第一款，"纳税人伪造、变造、隐匿、擅自销毁账簿、记账凭证，或者在账簿上多列支出或者不列、少列收入，或者经税务机关通知申报而拒不申报或者进行虚假的纳税申报，不缴或者少缴应纳税款的，是偷税。对纳税人偷税的，由税务机关追缴其不缴或者少缴的税款、滞纳金，并处不缴或者少缴的税款百分之五十以上五倍以下的罚款；构成犯罪的，依法追究刑事责任。”F公司经税务机关通知申报而拒不申报的行为是偷税。

税务机关对F公司所偷印花税、企业所得税税款合计47 399 892.58元处以0.5倍的罚款23 699 946.29元（计算：8 500×50%+47 391 392.58×50%）。

【税案评析】

本案堪称税务机关检查和评价股权转让应税所得的典型案例。

无论个人转让还是企业转让，股权转让应税所得的计税原理是一样的，都是用“股权转让的收入”（A）减去“股权原值”和“合理费用”（B），这是一个类似于“挤牙膏”的过程——确定A、B的值，然后挤出应纳税所得额。当然B的值以实际发生的历史成本优先，A的值以实际交易价格优先，除非确有必要才采用核定办法（如本案）。对于查账征收的企业所得税纳税人而言，股权原值是指取得该项股权时发生的包括合理费用在内的原始成本，计入“长期股权投资”，在转让股权时只需要查找“长期股权投资”明细账有关记录即可确认减数B。关于这一点，不存在税务规划的余地。与之相比，A的值的确定过程则相对复杂。

企业所得税纳税人会把税务规划的重点放在两个方面：

1.通过确认大额资产损失，增加成本费用，增加可以加计扣除的费用等方式“制造”可弥补的亏损，计入损益科目的借方，用以对冲贷方确认的投资收益，减少应纳税所得额。

2.如本案，以明显偏低的价格转让股权（减低A值）。

税务机关检查本案过程中，因为认为F公司转让H公司15%股权的价格1 700万元明显偏低，因此，选择采用核定征收的办法评估一个公允价格，它的选择有：

（1）H公司提供的《H公司股东拟股权转让所涉及的股东全部权益价值评估项目评估报告书》显示，在评估基准日2018年1月31日，H公司股东全部权益市场价值为24 496.5万元，即F公司持有的H公司15%的股权的股东权益市场价值为3 674.48万元。

（2）F公司原股东纪某杰、纪某凌提供的与F公司现控股股东T公司签订的关于转让F公司100%股权的股权转让合同及原股东纪某杰、纪某凌询问笔录显示，双方于2018年1月（F公司转让H公司股权为同年2月）签订关于转让F公司100%股权的合同，商定合同税后作价16 530万元，且F公司核心资产为H公司15%的股权，未开展其他经营项目，无其他资产。

对于可选项（1），税务机关没有采纳，在执法结论中给出的理由是：根据当地政府公布的《城镇基准地价的通知》的规定，H公司核心资产——某地块地面单价为1 980元。因评估单价明显偏低该地块实际价值，故税务结机关未采纳F公司提供的关于H公司在评估基准日为2018年1月31日的《评估报告》中股东全部权益市场价值24 496.5万元。

税务机关采纳可选项（2），在执法结论中给出的理由是：①两次交易时间接近，核心资产一致，均为H公司15%股权。②未发现T公司与自然人纪某杰、纪某凌存在关联关系，因此属于独立交易，形成的价格更公允。但是合同为税后作价16 530万元，税务机关需要还原为税前作价。

值得注意的是税务机关采用了“直接还原”而不是“据实还原”的办法，核定2018年2月5日F公司转让H公司15%的股权的收入为：16 530万元 ÷ 80%（含个税的股权转让价格）+165 300 000元 × 0.5‰（印花税），显而易见，税务机关是在预设“个人股东股权转让收入等于该纳税人的个人所得税应纳税所得额”前提下确定的含个税股权转让价格。因为F公司原股东纪某杰、纪某凌转让股权应按财产转让缴纳个人所得税，应纳税所得额不可能等于全部税前转让收入（需要从中扣除“股权原值”和“合理费用”），实际上的税前股权转让收入应该在考虑纪某杰、纪某凌实际缴纳个人所得税的前提下据实还原，即：

含个税的股权转让价格=16 530万元+F公司原股东纪某杰、纪某凌转让F公司股权实际缴纳的个人所得税（以完税凭证为依据）。

此外，以上核定价格是税务机关核定作出的，并不是实际记载于产权转移书据的金额，不应纳入印花税征税范围。实务中税务机关这种计算方法是值得商榷的，但是纳税人并没有提出申辩意见。

本案的亮点是，税务机关不但考虑到对“股权转让的收入”（A）的核定，而且考虑了“股权原值”和“合理费用”（B）的调整。在执法结论中，税务机关认定的B值包括：

1. F公司取得H公司股权时，按照股权转让协议支付的成本15 000 000元；

2. F公司取得H公司股权时，按照股权转让协议缴纳的印花税7 500元；

3.F公司取得H公司股权时，股权转让方C公司因为被税务机关核定股权转让价格调增的部分2 102 160.17元；

4. F公司转让H公司股权时，按照股权转让协议应缴纳的印花税8 500元。

我们看到，第三部分内容实际上增加了F公司计算转让股权所得时可以扣除的B值，这是因为税务机关考虑到F公司的前手C公司转让股权的价格1 500万元也被认为是不公允的，因而被责令调增应纳税所得额。税务机关考虑这一部分也说明对股权转让进行核定征收包括了对“股权转让的收入”（A）和“股权原值”及“合理费用”（B）的两方面调整。减少重复纳税，结论更加公允。和许多类似案件中税务机关只“核定”收入而不“核定”相关的成本相比，本案的做法是一个进步。

我们也可以合理预计，假如F公司的后手A公司再次转让所持有的H公司15%股权，A公司可以请求以F公司被核定而确认的股权转让价格

16 530万元 ÷ 80%+165 300 000元 × 0.5‰作为自己股权转让交易中可扣除的B值中的一部分。当然，这种做法是否能得到其主管税务机关认可就是另一个问题了。如果转让股权的纳税人是个人，可能更容易得到主管税务机关认可，因为个人转让股权的纳税地点在被转让企业所在地；但是如果转让股权的纳税人是企业，且该企业的主管税务机关与前一次股权转让的主管税务机关不同，可能就存在一定困难，因为认可A公司的请求会造成A公司确认的应纳税所得额减少。

本案值得讨论的另一个要点在于，F公司是否构成偷税。税务机关以核定征收定价确认F公司偷税是值得质疑的。因为《税收征收管理法》第六十三条对偷税行为的规定是“伪造、变造、隐匿、擅自销毁账簿、记账凭证，或者在账簿上多列支出或者不列、少列收入，或者经税务机关通知申报而拒不申报或者进行虚假的纳税申报”造成“不缴或者少缴应纳税款”的结果。本案中F公司并不存在第六十三条所规定的行为，因此偷税的定性明显偏重了。如果F公司就该处罚决定提起行政诉讼，是有转圜可能的。

【延伸讨论】

个人转让股权和企业转让股权的区别在于，个人需要就单一股权转让事宜单独确认“财产转让所得”，这项所得既不会并入其他税目个人所得征税，也不能和发生转让亏损的个人股权转让事项互相弥补，因此，个人转让股权的税务规划空间比企业转让股权要小。但是个人转让股权也有优势，就是符合法定条件时可以认为是有“合理理由”，可以按照偏低的价格转让股权而豁免于税务机关核定。按照《股权转让所得个人所得税管理办法（试行）》（国家税务总局公告2014年第67号）第十三条的规定，以下情形属于合理理由：

1.能出具有效文件，证明被投资企业因国家政策调整，生产经营受到重大影响，导致低价转让股权；

2.继承或将股权转让给其能提供具有法律效力身份关系证明的配偶、父母、子女、祖父母、外祖父母、孙子女、外孙子女、兄弟姐妹以及对转让人承担直接抚养或者赡养义务的抚养人或者赡养人；

3.相关法律、政府文件或企业章程规定，并有相关资料充分证明转让价格合理且真实的本企业员工持有的不能对外转让股权的内部转让；

4.股权转让双方能够提供有效证据证明其合理性的其他合理情形。

【政策法规链接】

《税收征收管理法》第三十五条："纳税人有下列情形之一的，税务机关有权核定其应纳税额：……（六）纳税人申报的计税依据明显偏低，又无正当理由的。"

《企业所得税法实施条例》第五十六条："企业的各项资产，包括固定资产、生物资产、无形资产、长期待摊费用、投资资产、存货等，以历史成本为计税基础。

前款所称历史成本，是指企业取得该项资产时实际发生的支出。"

《企业所得税法实施条例》第七十一条："企业所得税法第十四条所称投资资产，是指企业对外进行权益性投资和债权性投资形成的资产。

企业在转让或者处置投资资产时，投资资产的成本，准予扣除。

投资资产按照以下方法确定成本：

（一）通过支付现金方式取得的投资资产，以购买价款为成本；

（二）通过支付现金以外的方式取得的投资资产，以该资产的公允价值和支付的相关税费为成本。"

5. 一通操作猛如虎，罚款要交税要补

——企业转让不动产的税务规划应关注“实质课税”原则

【基本案情】

S有限公司于2018年4月与D建设集团有限公司签订了一份《资产转让合同》，合同标的为坐落在某县经济开发区的多项不动产，合同书立资产转让全部价款为125 296 000元（含税价）。

为了减少转让不动产过程中的纳税义务，S公司在《资产转让合同》订立之前就做好了税务规划的准备，设立全资子公司S1公司。2018年5月，D公司给S公司出具指示函，要求将2018年4月签订的《资产转让合同》的被转让方变更为Z有限公司。但S公司与Z公司没有续签《资产转让合同》而是改为签订《S1公司股权转让协议》，以3 000万元人民币将持有的S1公司100%股权转让给Z公司。

5月9日，S公司到主管市场监督管理局办理转让S1公司股权的手续。5月11日，S公司就与已经成为Z公司全资子公司的S1公司签订《不动产转让合同》，将不动产转让给S1公司，合同金额67 923 809.52元。

税务机关根据2018年4月D公司与S公司签订的《资产转让合同》确定合同书立资产转让全部价款为125 296 000元（含税价）。根据双方指定收付款人银行账户交易情况、交易过程中双方签订的“对账单”、委托授权书情况、相关人员调查情况，以及S公司、D公司等五方签订的《资产交易确认书》等证据资料，确认2018年4月至2019年2月20笔转账共计金额125 296 000元，付款人为D公司指定的付款人员，收款人为S公司指定的收款人员。

上述往来款被税务稽查部门认定为双方对《资产转让合同》的履行。

【执法结论】

税务稽查部门认定：S公司与D公司的一系列交易行为，实质是房产土地使用权转让行为。双方交易的涉及金额是交易价款125 296 000元，而非S公司向税务机关申报的67 923 809.52元（系S公司向S1公司转让不动产的协议价格）；进而认定S公司应以实际取得转让房产收入125 296 000元（含税）为计税依据，申报缴纳相关税费。

经计算，税务稽查部门认定S公司少缴税款情况如下：增值税2 570 285.55元、城市维护建设税128 514.29元、土地增值税17 680 207.39元、印花税62 648元，合计20 441 655.23元；且对S公司处以偷税金额合计20 441 655.23元的50%的罚款10 220 827.62元。

【税案评析】

涉及不动产交易的事项，通常涉及比较复杂的纳税义务计算，特别是土地增值税。在地价多年持续上涨的背景下，土地升值空间较大，而土地增值税采用超率累进征收方式，税率30%—60%不等，通常是不动产交易中的主要税收成本，因此，如何进行税务规划降低土地增值税税负，是所有不动产交易事项税务规划的重点。

《土地增值税暂行条例》第五条规定："纳税人转让房地产所取得的收入，包括货币收入、实物收入和其他收入。"而《土地增值税暂行条例实施细则》（财法字〔1995〕6号）第五条规定："条例第二条所称的收入，包括转让房地产的全部价款及有关的经济收益。"上述规定中所提到的"收入，包括转让房地产的全部价款及有关的经济收益"，给了税务机关"实质课税"巨大的应用空间——只要税务机关认定转让费收到的资金是"与转让房地产有关"，无论法律形式上这项资金是作为何种交易的对价，都可能被纳入土地增值税的征税范围。本案的税务规划交易形式就被稽查部门刺破而适用了实质课税原则，在所有需要补缴的税款中，土地增值税的金额最高。这一事实从另一方面说明：S公司开展税务规划的主要目的是减少土地增值税税收成本，之所以开展一系列复杂的交易安排，就是为了在土地增值税的计税依据——土地增值额上做文章。而稽查部门"见招拆招"，使税务规划方案落空。

本案中S公司是转让二手房。按照现行土地增值税有关政策规定，纳税人计算转让二手房土地增值税的扣除项目的确定分为以下三种方法：

第一，评估法。《土地增值税宣传提纲》(国税函发〔1995〕110号)第六条第四款给出了解释，即转让旧房及建筑物，在计算其增值额时，允许扣除由税务机关参照评估价格确定的扣除项目金额(即房屋及建筑物的重置成本价乘以成新度折扣率后的价值)，以及在转让时交纳的有关税金。这主要是考虑到如果按原成本价作为扣除项目金额，不尽合理。而采用评估的重置成本价能够相对消除通货膨胀因素的影响，比较合理。

以旧房及建筑物的评估价作为扣除项目，扣除项目包括：

1.取得土地使用权所支付的金额。包含取得土地使用权时缴纳的契税，同时要求必须取得土地出让票据且实际支付地价款。未支付地价款或不能提供支付凭据的，不允许扣除(这一规则没有任何例外情形，由于历史遗留原因，民间存在普遍的取得土地支付地价款但没有相关凭据保留或者相关缴纳费用的档案已无法查找的情况，但是2019年《国家税务总局四川省税务局关于答复省第十二届政协二次会议第0651号提案的函》中又再次强调无法通融，只是声称"在国家税务总局开展的相关调研活动中，我们已就旧房转让中关于土地成本扣除、加计扣除等问题进行了专题反映"，但迄今仍无结果)。

2.房屋的评估价格=房地产重新购建价格 × 成新度折扣率

房地产重新购建价格：指假设在估价时点重新取得全新状况的估价

对象的必要支出，或者重新开发全新状况的估价对象的必要支出及应得利润。

3. 与转让有关的税金，包括：城市维护建设税、教育费附加、地方教育附加、印花税。

4. 评估费。因隐瞒、虚报成交价格等而按评估价格计税时的评估费不可扣。

土地增值额 = 旧房及建筑物转让价款 - 可扣除项目金额

土地增值率 =（土地增值额 ÷ 扣除项目金额）× 100%

应纳土地增值税 = 土地增值额 × 适用税率（30%—60% 四阶超率累进税率）

2006年，《财政部 国家税务总局关于土地增值税若干问题的通知》（财税〔2006〕21号）发布后针对纳税人转让旧房及建筑物计算增值额，又给出了两种新的方式，就是发票法和核定法。

第二，发票法。不能取得评估价格，能提供购房发票的，可以按发票法扣除，按发票所载金额并从购买年度起至转让年度止每年加计5%计算。

对于转让旧房而言，土地增值税的计算方式为：

可扣除项目金额 = 原购房发票金额（1+5%·N）+ 转让环节缴纳的税金（含城市维护建设税、教育费附加、地方教育附加、印花税、契税），N为原购房发票所载日期至售房发票开具之日止的年数。

土地增值额 = 旧房及建筑物转让价款 - 可扣除项目金额

土地增值率 =（土地增值额 ÷ 扣除项目金额）× 100%

应纳土地增值税 = 土地增值额 × 适用税率（30%—60% 四阶超率累进税率）

第三，核定法。既没有评估价格，又不能提供购房发票的由税务机关核定扣除项目。

按照《土地增值税暂行条例》规定，对于隐瞒、虚报房地产成交价格的（指纳税人不报或有意低报转让土地使用权、地上建筑物及其附着物价款的行为）、提供扣除项目金额不实的（指纳税人在纳税申报时不据实提供扣除项目金额的行为）、转让房地产的成交价格低于房地产评估价格，又无正当理由的（指纳税人申报的转让房地产的实际成交价低于房地产评估机构评定的交易价，纳税人又不能提供凭据或无正当理由的行为），这种情况下主管税务机关可以按照房地产评估价格计算征收土地增值税。

上述三步，在旧房及建筑物转让行为土地增值税征收程序中，应按照先后顺序分别适用，不能为了实现税款最大化，跳跃适用或者强制靠前适用。但是无论根据上述哪一种计算方式，转让旧房土地增值税的税务规划空间都很狭窄，只能以调节旧房及建筑物转让价款作为手段，即在高于可扣除项目金额的前提之下，以尽可能低的价格转让不动产，该低价（P2）通常是按照不动产所在地主管税务机关提供的最低参考价和不动产资产评估价孰高来确定的。如果交易发生在独立市场主体之间，实际转让价格P1通常要高于甚至远高于P2。

接下来的问题就是：P1和P2之间的差价如何处理？

实际操作中，这部分差价通常被包装为其他类型交易的对价，或者其他交易主体之间的交易对价，如：

1.股权转让款（本案S公司转让所持有S1公司的100%股权）；

2.借款，日后债权人按坏账处理；

3.交易其他有形动产或无形资产；

4.交易各种服务；

5.不但包装为其他类型交易，而且交易主体变更为不动产交易之外的交易主体（如本案S公司是向Z公司转让股权，而不是向D公司转让股权）。

上述交易对价均不需要承担土地增值税纳税义务，通过上述手段，纳税人达到了税务规划目的。

从税务机关的角度来看，既然所有不动产交易的转让方都可能有采用税务规划方案和一系列交易安排来规避土地增值税纳税义务的动机，因此，防范和识别此类税务规划行为必然是税务机关的监管重点，这类税务规划的疑点包括两类：

1.关联交易价格明显偏低（如果S公司在转让S1公司股权之前，将不动产以低价转让给S1公司，然后以高价转让S1公司的股权，税务机关就可能认定不动产转让价格明显偏低且无正当理由，并进行纳税调整）；

2.转让不动产属于非关联交易，但在交易的同期或前后较近的一段时期，转让方或转让方的关联方、转让方实际控制的代理人和被转让方发生可疑的交易安排如股权转让、从被转让方借款、交易其他有形动产或无形资产的行为（本案中S公司成立S1公司后，马上把S1公司的股权卖给D公司实际控制的Z公司，之后S公司又通过其他途径从D公司取得现金流入，可能都存在较大疑点）。

本案中税务机关主要关注S公司存在的第2类疑点，而且除了交易中的疑点本身，税务机关还获得了相关佐证证据，进一步证实了S公司与D公司之间的交易实质为转让不动产，且实际交易价格P1远高于S公司向S1公司转让不动产所发生的交易价格P2：

1. S公司与D公司签订的原始《资产转让合同》（证明：S公司和D公司的最初意思表示和达成的合意就是交易不动产，而非后来的一系列交易安排，D公司支付的所有资金都是不动产交易的对价）；

2. S公司与D公司就实际结算款项核对签字的“对账单”（尽管支付方包括了D公司和D公司实际控制的其他公司）（证明：S公司收取的款项和

原始《资产转让合同》是一致的)；

3. S公司指定收款人收款账户查询明细（证明：同上）；

4. S公司、D公司等五方签订《资产交易确认书》（证明：S公司与D公司之间的所有交易安排都只是为了掩盖不动产转让交易的经济实质而设立的法律形式）；

5. S公司成立S1公司后不久就以较高的价格完成股权转让（证明：S1公司的股权转让中，S1公司只是作为道具，没有实质的价值）；

6. 相关人员笔录情况等其他资料。

根据以上佐证证据，税务机关就可以构建出一个与S公司向S1公司转让不动产完全不同的交易结构，从而为适用实质课税原则提供了条件，即按照S公司与D公司签订的原始《资产转让合同》确定转让不动产的交易价格。因此，类似的税务规划方案在执行中必须注意是否存在主管税务机关适用实质课税原则的可能性并评估该项风险。

所谓实质课税，是指运用在当“形式”（外观）与“实质”（事实）不一致的时候，根据“实质重于形式”原则，判断一行为是否符合课税要素，进而适用税法进行课税。实质课税原则是补充税法漏洞的重要方法，也是形式课税原则的补充。我国税收法律、法规、规章和规范性文件没有明确规定这一原则，但提出了“实质重于形式”的原则及适用。司法判例中，最高人民法院在审判裁定中指出，税务机关一般并不履行认定民事法律关系性质的职能，但税务机关在依法履行征收税款法定职责的过程中，必然会涉及对相关应税行为性质的识别和判定，这是实质课税原则的基本要求。

税务机关适用实质课税原则的前提是税务规划方案中表现出“形式”的交易安排与税务机关取证证明的“实质”的交易安排不一致。“形式”的交易安排有发票、协议、资金往来等多方面证据支撑，无须赘言；“实质”的交易安排通常是通过以下证据证明的：

1.实质交易的框架协议；

2.实质交易的正式协议，但是仅用于交易双方固定合同权利义务，除非发生纠纷，否则不向其他执法、司法部门提供（即所谓“抽屉协议”，本案中的《资产转让合同》《资产交易确认书》即属于此类）；

3.证人证言；

4.第三方证据，如鉴定报告或资产评估报告。

本案虽然以税务机关的胜诉告终，但实际上税务机关运用实质课税原则确认不动产转让方的补缴税款义务是存在较大难度的——实务中，无论是机构之间、机构与自然人之间还是自然人之间的不动产转让交易，都普遍存在通过类似本案的“阴阳合同”避税现象，而中介机构为了促成交易，对这类“阴阳合同”视而不见，甚至为虎作伥。由于税务机关难以通过主动调查获得“阴阳合同”线索，对于这类案件的查处暂时还没有除举报之外的更好办法——这就又导致另一个问题，稽查部门的检查通常发生在不动产交易之后，如果不动产交易的转让方是自然人，或者虽然是商事机构但该机构注册地与不动产所在地不一致或已经注销，稽查部门对可能存在漏税或逃税行为的纳税人就可能有鞭长莫及之虞。因此，未来如何针对不动产交易加强税收征管，减少漏税，是摆在税务机关面前的重要课题。另外，实践中也经常有税务机关在“实质课税”和“尊重法律形式”二者之间权衡，哪一种方式可获得更高的税收收入，税务机关就偏向于哪一种，没有一定之规，简直可称之为“薛定谔式”的实质课税了。“实质课税”原则如果滥用，难免对民事交易秩序的稳定性和当事人权益构成重大威胁，这一问题如何解决，请参考本书第8号案例“怎样避免‘薛定谔式’的实质课税适用——名为买卖合同实为借贷合同的税务争议案件给我们的启示”。

【政策法规链接】

《土地增值税暂行条例》(国务院令第138号)第九条:“纳税人有下列情形之一的,按照房地产评估价格计算征收:(一)隐瞒、虚报房地产成交价格的;(二)提供扣除项目金额不实的;(三)转让房地产的成交价格低于房地产评估价格,又无正当理由的。”

《土地增值税暂行条例实施细则》(财法字〔1995〕6号)第五条:“条例第二条所称的收入,包括转让房地产的全部价款及有关的经济收益。”

《财政部 国家税务总局关于土地增值税一些具体问题规定的通知》(财税字〔1995〕48号)规定:关于转让旧房如何确定扣除项目金额的问题。转让旧房的应按房屋及建筑物的评估价格、取得土地使用权所支付的地价款和按国家统一规定交纳的有关费用以及在转让环节缴纳的税金作为扣除项目金额计征土地增值税。对取得土地使用权时未支付地价款或不能提供已支付的地价款凭据的,不允许扣除取得土地使用权所支付的金额。其中,旧房及建筑物的评估价格,是指在转让已使用的房屋和建筑物时,由政府批准设立的房地产评估机构评定的重置成本价乘以成新度折扣率后的价格。

《财政部 国家税务总局关于土地增值税若干问题的通知》(财税〔2006〕21号)规定:纳税人转让旧房及建筑物,凡不能取得评估价格,但能提供购房发票的,经当地税务部门确认,《土地增值税暂行条例》第六条第(一)、(三)项规定的扣除项目的金额,可按发票所载金额并从购买年度起至转让年度止每年加计5%的计算。对纳税人购房时缴纳的契税,凡能提供契税完税凭证的,准予作为“与转让房地产有关的税金”予以扣除,但不得作为加计5%的基数。

对于转让旧房及建筑物,既没有评估价格,又不能提供购房发票的，地方税务机关可以根据《中华人民共和国税收征收管理法》（以下简称《税收征管法》）第三十五条的规定，实行核定征收。

《税收征收管理法》第六十三条："纳税人伪造、变造、隐匿、擅自销毁账簿、记账凭证，或者在账簿上多列支出或者不列、少列收入，或者经税务机关通知申报而拒不申报或者进行虚假的纳税申报，不缴或者少缴应纳税款的，是偷税。对纳税人偷税的，由税务机关追缴其不缴或者少缴的税款、滞纳金，并处不缴或者少缴的税款百分之五十以上五倍以下的罚款；构成犯罪的，依法追究刑事责任"。

6. 亏损企业按净资产账面价值转让股权可行吗？

——税务机关评价核定股权转让参考价格的两个组成部分

【基本案情】

SD有限公司成立于2007年5月，属于大型商贸企业、中外合资企业，中方股东HH有限公司占35%股份，外方股东香港ACE公司占65%股份。该公司自营业以来，由于管理不善、地理位置较偏、周边尚未形成整体商业氛围、外部经营环境不景气等多种因素，导致招商工作举步维艰，商场经营面积大量闲置。截至股权转让前，该企业持续亏损，经营过程中从未缴纳过企业所得税。鉴于该公司多年不良的经营管理状况和对未来市场的不良预期，最终该公司的外方股东香港ACE公司决定将所持65%的股份转让给中方投资者HH有限公司。

截至股权转让前的评估基准日，被投资企业SD有限公司就已累计亏损4.09亿元。由于累计经营性亏损数额巨大，已严重资不抵债。股权转让方ACE公司、股权受让方HH公司和被转让企业SD公司均认为，上述股权转让实际上是投资方避免被投资企业被破产清算的无奈之举，转让价格应该远远无法弥补投资方多年来的实际损失和潜在损失，不可能产生转让收益，也不可能在中国缴纳所得税。但是税务机关对此有不同意见。

市税务局通过年度例行向全市非居民企业下发“非居民股权转让相关信息统计表”和《非居民股权转让风险提示》，了解到SD有限公司的外方投资者香港ACE公司计划从该公司撤资。市税务局第一时间查询了香港ACE公司在中国的其他投资情况，未查询到在中国境内有其他投资情况，遂将本次香港ACE公司股权转让列为日常监控管理对象，避免因监管不到位可能会造成税款永久性流失的潜在风险。

市税务局国际税收团队全面审核被转让企业资产状况、经营成果及现金流量，重点关注被转让企业资产构成，对流动资产、固定资产、无形资产等进行逐项统计分析。调查人员关注到该公司取得的土地价格历史成本较低，现场访谈被转让企业所在经济技术开发区管委会，了解到该公司所处土地为其成立时在管委会购买的，价格仅3 000余万元，至10年后的股权被转让前，随着公司所处区域发展较快，建设速度较高，该土地市场价值已远远超过其历史成本价格，调查人员遂将土地升值部分作为重点跟踪监控项目。

调查人员分别约谈被转让企业SD有限公司、股权转让方香港ACE公司和股权受让方HH有限公司财务负责人，分别向被转让企业、股权转让方及股权受让方传达并讲解了他们各自应承担的股权转让涉税义务，在被转让股权的中国居民企业所在地主管税务机关申报缴纳企业所得税义务和股权受让方扣缴股权转让税款义务。同时，税务局在走访国土资源局和专业评估师事务所的基础上，对被转让企业所拥有的商业地产项目市场价值进行持续关注，进而对股权转让方股权转让价格及转让收益实施持续监控管理。当股权转让方香港ACE公司被税务机关要求就股权转让事项计算申报缴税时，该公司财务负责人员非常惊讶，他们认为，自香港ACE公司2007年投资成立SD公司以来，该公司一直持续亏损，10多年间未获得任何投资收益，相反，该项投资令他们损失惨重，转让一个已累积亏损达4亿多元的企业股权仍要缴税是他们所没有想到的，也是无法接受的。

【执法结论】

税务机关调查人员向股权转让方香港ACE公司解释：该公司就股权转让事项是否需要向中国缴税和缴多少税，一是取决于香港ACE公司转让持有的中国境内居民企业股权，是否属于来源于中国境内所得，由于权益性投资资产转让所得按照被投资企业所在地确定，因此，该等股权转让所得属于来源于中国境内所得，中国具有征税权；二是取决于是否存在股权转让所得，如果有所得，被转让股权所在地税务机关就需要按照来源地履行征税权；三是取决于中国内地和中国香港签订的《内地和香港特别行政区关于对所得避免双重征税和防止偷漏税的安排》约定的股权转让应执行的税率。监管人员继而解释，该公司尽管持续亏损，但由于被转让企业所属固定资产中的土地，10多年间获得了大幅增值，在对被转让企业进行价值评估时，不能只静态地看资产负债表和利润表，由于资产负债表中的资产基本上都是按照历史成本法记账的，而股权转让过程中，涉及的资产计价是需要遵循市场定价原则的，结合该公司的具体情况，在充分考虑土地现行市场价值基础上，被转让企业评估后的价值较高，从而形成了现实的股权转让所得。同时，由于ACE公司所在的中国香港与内地签订的税收安排约定，股权转让所得应按照10%的税率在中国缴税。经过多轮辅导和耐心讲解，最终，股权转让方完全理解了我国的税法和中国内地与香港的税收安排的规定，并同意就本次股权转让在对被转让股权企业的土地价值进行专业评估的基础上，就转让所得申报缴税，最终在成本法评估的基础上，经税企双方多轮谈论，股权转让方主动向被转让股权企业所属税务机关申报缴纳股权转让企业所得税4 811.50万元。

【税案评析】

本案既是典型的非居民企业转让境内公司股权反避税案例，同时也是税务机关穿透股权转让交易外壳，按照经济实质评估和核定股权转让价格的案例。股权转让是指公司股东依法将自己的股东权益有偿转让给他人，使他人取得股权的民事法律行为。通常，纳税人会有一种误解，认为如果转让亏损企业的股权，转让价格只要不低于净资产账面价格乘以股权转让比例就可以，但是股权之所以具有价值，是因为股权可以按照《公司法》的规定享有各项经济利益权能，且这些权能是可以用货币计量的。税务机关评价股权交易价格是否公允或核定股权交易价格，实际上是在评价或核定被转让股权所代表的经济利益价值。

《公司法》对股东经济利益权能的列举是分散的，在全部股东权能中有两点可以货币计量，一是收益分配权（A），二是公司清算时收回剩余投资权（B）。税务机关评价或核定的股权经济利益价值为A与B之和，A、B之和应大于等于零。如果转让方的转让定价小于税务机关评价或核定的股权经济利益价值，就存在漏税风险。

按照《公司法》第一百六十六条的规定，收益分配权只有在公司扣除法定盈余公积、任意盈余公积和弥补亏损后存在可分配的未分配利润时才有价值。如果股权转让标的企业的财务处理遵循了《会计法》和《企业会计准则》的有关规定，在所有重大方面公允地反映了截至股权转让时点的财务状况及之前持续经营期间的经营成果和现金流量情况，则全部股权收益分配权的价值=在转让股权的时点标的企业的“资产负债表”中“未分配利润”的金额，被转让股权收益分配权的价值（A）=全部股权收益分配权的价值×转让股权的比例。当然，如果税务机关检查发现企业存在漏税、偷税等行为，有可能调整企业的应纳税所得额，进而影响对未分配利润和收益分配权（A）的评价。

本案中的被转让股权的标的企业已经资不抵债，因此收益分配权（A）为零。案中ACE公司也是因此认为“不可能产生转让收益”的。

关于公司清算时收回剩余投资权（B）这部分，很多转让股权的纳税人在定价时容易忽略。但是从税务机关评估与核定的角度来看很容易理解：纳税人转让股权的定价如果不包含B，就不如直接启动清算注销，因为清算收益除了账面的收益分配权A之外还包括可以清算分配的所有企业剩余财产，有可能比股权收益更大，而纳税人却选择了收益较小的方案，这明显是不合理的。

与收益分配权（A）可以根据企业资产负债表“未分配利润”获取不同，收回剩余投资权（B）和企业的财务信息无任何关系。有的税务机关倾向于按照企业资产负债表“所有者权益”中除未分配利润之外的其他各项之和确认B的价值，实际上谬以千里。例如本案，标的企业早已资不抵债，因此净资产为负，如果企业注销，则应收回投资为零（股东承担有限责任），但如果标的企业在转让股权的时点注销，股东收回的剩余投资可能高于零。这也是公司注销清算需要填报清算所得税申报表的原因——因为净资产账面价值与收回剩余投资权（B）实际价值可能不符。

产生净资产账面价值与实际价值不符的原因是：收回剩余投资权指向的是企业的全部财产，既不是财务报表中所列的资产，也不是净资产。首先，净资产（或所有者权益）不是一个指代实际存在事物的概念（现实中我们不可能指称某个会计主体的任何一项具体的资产或负债属于“净资产”），而是指代企业总资产与总负债差值的抽象名词，是指所有者对企业资产的剩余索取权。而企业的各项资产与负债，除了少数科目，如交易性金融资产和部分投资性房地产是按照公允价值计量的，大多数都是按照历史成本计量的。这些资产和负债在股权转让时点的价值可能已经远高于或远低于历史成本计量的金额了。其次，企业有可能存在未计入资产明细账但实际有经济价值的财产，通常包括3种：1.因为折旧、摊销，账面净值已归零但仍然有转让价值的固定资产或无形资产；2.企业在购入时相关支出费用化，因此没有在财务报表中体现为资产的资产；3.企业漏计的财产。最后，企业有可能对有关资产计提减值准备导致净资产减少，但企业所得税法不予承认。基于以上原因，企业不能简单在“不含未分配利润的净资产账面价值 × 转让股权比例”和“被转让股权收回剩余投资权的价值”（B）之间划等号。即使资不抵债，“被转让股权收回剩余投资权的价值”也有可能不为零。

具体到本案，ACE公司账面净资产为负债，但是如果考虑其所持有土地价值的增值，则对于“被转让股权收回剩余投资权的价值”（B），ACE公司转让股权的定价就明显偏低了，税务机关因而按照核定的价格征收所得税。

从本案可以看出，如果转让标的企业股权，除了看不包含未分配利润的净资产账面价值之外，还需要考虑转让时点各项资产和负债价值偏离历史成本的影响，特别是标的企业如果存在以下几种情况，这种偏离可能会非常巨大：

1.持有土地使用权（如本案）；

2.持有长期股权投资、合伙份额、不以公允价值计量的金融资产（被投资企业或被投资项目有可能估值发生较大变化、产生未确认的浮盈浮亏）；

3.持有大量可能发生价值波动的存货；

4.持有已经不再使用的固定资产、无形资产（可能已无实际价值）；

5.持有已经提足折旧摊销但仍然在继续使用的固定资产、无形资产（账面净值归零但公允价值不为零）；

6.持有已经无法收回的债权或已经无法支付的债务。

本案也提醒我们，企业转让股权时，即使被转让企业是亏损状态，也不代表就可以按照“净资产×股权转让比例”的方式计算股权转让的最低参考价格，而是要分成收益分配权（A）和公司清算时收回剩余投资权（B）两部分，如果存在账面资产实际价值严重偏离历史成本的，或者有大量账外资产的情况，就需要重新估价。

【政策法规链接】

《税收征收管理法》第三十五条规定：“纳税人有下列情形之一的，税务机关有权核定其应纳税额：（一）依照法律、行政法规的规定可以不设置账簿的；（二）依照法律、行政法规的规定应当设置账簿但未设置的；（三）擅自销毁账簿或者拒不提供纳税资料的；（四）虽设置账簿，但账目混乱或者成本资料、收入凭证、费用凭证残缺不全，难以查账的；（五）发生纳税义务，未按照规定的期限办理纳税申报，经税务机关责令限期申报，逾期仍不申报的；（六）纳税人申报的计税依据明显偏低，又无正当理由的。”

《税收征收管理法实施细则》第四十七条规定：“纳税人有税收征管法第三十五条或者第三十七条所列情形之一的，税务机关有权采用下列任何一种方法核定其应纳税额：

（一）参照当地同类行业或者类似行业中经营规模和收入水平相近的纳税人的税负水平核定；

（二）按照营业收入或者成本加合理的费用和利润的方法核定；

（三）按照耗用的原材料、燃料、动力等推算或者测算核定；

（四）按照其他合理方法核定。

采用前款所列一种方法不足以正确核定应纳税额时，可以同时采用两种以上的方法核定。

纳税人对税务机关采取本条规定的方法核定的应纳税额有异议的，应当提供相关证据，经税务机关认定后，调整应纳税额。”

《企业所得税法实施条例》第一百一十五条规定：“税务机关依照企业所得税法第四十四条的规定核定企业的应纳税所得额时，可以采用下列方法：（一）参照同类或者类似企业的利润率水平核定；（二）按照企业成本加合理的费用和利润的方法核定；（三）按照关联企业集团整体利润的合理比例核定；（四）按照其他合理方法核定。企业对税务机关按照前款规定的方法核定的应纳税所得额有异议的，应当提供相关证据，经税务机关认定后，调整核定的应纳税所得额。”

7. 改变所得形式降低税负，此路不通

——网络主播的收入类型和个人所得税涉税风险

【基本案情】

国家税务总局广西壮族自治区税务局于2023年5月公示了一起网络主播偷税案例。前期，广西壮族自治区税务部门通过分析发现网络主播吴某涉嫌偷逃税款，经提示提醒、督促整改、约谈警示后，吴某仍拒不配合自查整改及补缴税款，遂依法对其开展了税务检查。

经查，主播吴某的收入主要来源为网民通过斗鱼平台给主播的直播打赏：即某某直播平台将取得的网民打赏收入扣除协议分成，经由主播设立的企业或所属经纪公司以及灵活用工平台后，最终转入主播本人或主播父亲吴某某账户。

【执法结论】

根据《中华人民共和国个人所得税法实施条例》（根据2011年7月19日《国务院关于修改〈中华人民共和国个人所得税法实施条例〉的决定》第三次修订）第八条第一款第（四）项和《中华人民共和国个人所得税法实施条例》（2018年12月18日中华人民共和国国务院令第707号第四次修订）第六条第一款第（二）项的规定，对上述取得的收入定性为劳务报酬所得。

依据《中华人民共和国税收征收管理法》第六十三条第一款，纳税人伪造、变造、隐匿、擅自销毁账簿、记账凭证，或者在账簿上多列支出或者不列、少列收入，或者经税务机关通知申报而拒不申报或者进行虚假的纳税申报，不缴或者少缴应纳税款的，是偷税。对纳税人偷税的，由税务机关追缴其不缴或者少缴的税款、滞纳金，并处不缴或者少缴的税款百分之五十以上五倍以下的罚款；构成犯罪的，依法追究刑事责任。

依据《中华人民共和国税收征收管理法》第六十四条第二款，纳税人不进行纳税申报，不缴或者少缴应纳税款的，由税务机关追缴其不缴或者少缴的税款、滞纳金，并处不缴或者少缴的税款百分之五十以上五倍以下的罚款。

国家税务总局广西壮族自治区税务局第三稽查局对主播吴某不进行纳税申报，少申报缴纳2019年个人所得税2 929 023.04元的行为，处少申报缴纳个人所得税百分之五十的罚款，即罚款1 464 511.52元。

对吴某转变取得收入性质，通过虚假申报少申报缴纳2020年个人所得税2 014 865.14元，2021年个人所得税1 606 969.88元的行为。根据《中华人民共和国税收征收管理法》第六十三条第一款的规定，定性为偷税，对吴某处少缴税款百分之五十的罚款，即罚款1 810 917.51元。

【税案评析】

网络主播因为“头部效应”的原因在过去十年间成为了最受关注的财

富爆发式增长的群体之一。他们和与他们签约的MCN机构（Multi-Channel Network，这一机构负责将多个创作者或内容提供者的内容进行聚合，并通过一个平台进行发布和传播，主要职责是帮助创作者或内容提供者更好地管理自己的内容，并通过与广告商、品牌和电商平台等合作，为创作者或内容提供者带来更多的流量和收益）向互联网受众和消费者提供了多种全新的、高效的服务，满足消费者需求，因而积累了大量财富。但在2022年之前“野蛮生长”的阶段，很多网络主播和MCN机构的税法遵从意识都很薄弱，普遍采用隐瞒收入、分拆收入、改变收入性质等各种逃税手段降低税收成本。

网络主播采用灰色手段逃避纳税义务的另一个原因，是税务机关征管重点变化的滞后。长期以来税务机关征管都是以管控企业为手段，重点管理企业和与企业直接关联的股东、高管、员工的纳税事项。网络主播与网络平台或MCN机构通常都不构成上述三种关系，而是以一个劳务提供方或合作方的角色游离在税务征管范围的边缘。这种情况一直持续到2020年。

2021年伊始，多地税务局发布通告，催促明星、网络主播进行自查、报告并自纠涉税问题，而后对个别经过提醒、督促、警告后仍拒不配合整改的，予以立案稽查并选取部分情节严重、影响恶劣的进行公开。在2022年的“亚洲倡议”会议中，国家税务总局王军局长提出，按照“提示提醒、督促整改、约谈警示、立案稽查、公开曝光”的“五步工作法”查处了一批高收入人员偷逃税案件。2022年4月，中央网信办发布了《关于开展“清朗·整治网络直播、短视频领域乱象”专项行动的通知》，其中特别提到偷逃税问题，要求：“从严整治直播、短视频平台未按规定为充值打赏用户或购物用户开具发票问题；从严整治直播、短视频平台未依法区分、界定网络主播或账号运营者收入来源、性质，未依法履行税收代扣代缴义务，未按要求报送网络主播或账号运营者营利行为收入信息等问题；从严整治网络主播或账号运营者借助他人、MCN机构、第三方企业偷逃个人所得税等行为；从严整治涉税中介等违规提供税收策划服务、涉税服务虚假宣传、歪曲解读税收政策等信息。”

为了进一步规范网络直播营利行为，促进行业健康发展，国家互联网信息办公室、国家税务总局、国家市场监督管理总局三部门于2022年5月联合发布《关于进一步规范网络直播营利行为促进行业健康发展的意见》（税总所得发〔2022〕25号，以下简称“25号文”）。25号文从落实管理主体责任、规范网络直播营销行为、规范税收管理、深化协同共治四个方面对网络直播相关税收问题进行了规范。要求网络直播平台等责任主体应依法规范纳税、履行代扣代缴义务，不得实施或者帮助直播发布者实施逃避税行为。并提出要依法查处偷逃税等涉税违法犯罪行为，对相关案件及人员严肃处理、公开曝光。

25号文的重点内容有：

1.网络直播发布者开办的企业和个人工作室，应按照国家有关规定设置账簿，对其原则上采用查账征收方式计征所得税。

2.网络直播平台、网络直播服务机构应当明确区分和界定网络直播发布者各类收入来源及性质，并依法履行个人所得税代扣代缴义务，不得通过成立网络直播发布者“公会”、借助第三方企业，或者与网络直播发布者签订不履行个人所得税代扣代缴义务的免责协议等方式，转嫁或者逃避个人所得税代扣代缴义务；不得策划、帮助网络直播发布者实施逃避税。

3.要求网络直播平台每半年向相关部门报送网络直播发布者的个人身份、直播账号、网络昵称、取酬账户、收入类型等信息。要求网络直播平台配合网信、市场监管、税务等部门依法实施监督检查，提供必要的文件、资料和数据等，并为依法调查、检查活动提供技术支持和帮助。税务部门因此可通过将个人基础经营数据和个人所得税申报数据进行比对，发现异常申报迹象，从而开展有针对性的行业税务检查，提高网络直播从业者纳税环境的公平性，解决以前管理混乱、责任不清、无人担责的问题。

4.网络直播平台应当在服务协议中明确提示网络直播发布者在市场主体登记、税收等方面的权利义务，但不得强制要求网络直播发布者成立工作室或者个体工商户。这就解决了网络直播平台为了规避向个人支付劳务报酬时必须履行个人所得税的代扣代缴义务，利用自己的市场强势地位，要求网络直播发布者成立工作室或者个体工商户，变相加大了收款方的责任和成本的问题。

该通知发布之后，针对网络主播的税务稽查、纳税评估和责令自查补税的风暴来临，诸多头部主播被查且被认定存在偷税行为，需要补缴巨额税款，为网络主播和MCN机构敲响了警钟。本案就是其中之一，偷税手段也非常典型：一是申报个人所得税时隐瞒收入，虚假申报；二是通过多个灵活用工平台分拆收入，而且改变收入的性质，把劳务报酬变更为经营所得并适用核定征收方式。

在个人所得税的全部税目里，经营所得是可以适用核定征收的税目，但劳务报酬属于综合所得税目，不能适用核定征收。而网络主播属于高附加值服务的提供者，适用核定征收更加有利。一般而言，税务部门针对会计账簿不健全、资料残缺难以查账，或者因其他原因难以准确确定应纳税额的纳税人，会采用核定征收的规则。但是很多网络直播者故意以不符合查账条件为由申请核定征收，在核定征收方式下，主播可以将劳务报酬等不能进行核定征收的综合所得包装成经营所得以偷逃税款。这种做法已经被税务部门认定属于偷漏税行为。

当前，对于网络主播获得各类收入应当如何进行财税处理才能确保合规和减少税务风险已经成为热点课题。但是以网络主播身份获得收入可能来源于不同的交易类型，适用的税目和税务规划方案有所区别。根据目前的互联网商务活动实践来看，至少可以区分为五种不同形式：

1.流量分成；

2.知识付费；

3.主播打赏；

4.带货分成；

5.线下活动收入。

上述不同形式的收入，因为交易性质、交易主体不同，其税务处理也是各不相同的，网络主播纳税或支付方代扣代缴个人所得税时也需要区别对待：

1.流量分成。网络平台吸引阅读者流量有利于提升平台本身的商业价值，特别是广告价值，为了吸引创作者在本网络平台上传有价值信息和内容，网络平台按照创作内容点击量、点赞数和其他参数给予创作者一定的流量分成，实际上是创作者向网络平台提供了一种辅助性的商业推广服务。

如果创作者在网络平台注册为自然人，且与网络平台具有劳动雇佣关系，则相关所得属于综合所得中的工资薪金所得，但因为具有雇佣关系，按照财税〔2016〕36号文件的规定，无增值税纳税义务；如果创作者与网络平台不具有劳动雇佣关系，则相关所得属于综合所得中的劳务所得，需要向网络平台开具发票，计算增值税，并由网络平台按劳务所得代扣代缴个人所得税。

如果创作者在网络平台注册为个体工商户或个人独资企业、合伙企业，则相关所得属于经营所得，需要向网络平台开具发票和计算增值税，但是网络平台不需要按劳务所得代扣代缴个人所得税。需要注意的是创作者使用哪个机构注册，就由哪个机构向网络平台开票，不能采取灵活用工方式处理，也不能通过分拆多个个人独资企业或合伙企业开票的方式分拆收入，逃避纳税义务。

但是如果创作者在网络平台注册为有限公司，或者创作者把自己的注册号委托有限公司经营和享有收益，则可以由有限公司向网络平台开具发票和计算增值税，相关所得属于企业营业收入。

2.知识付费。主要指知识的接收者为所阅览的知识和各类资讯付出资金的服务模式。知识付费让知识的获得者间接向知识的传播者与筛选者给予报酬，而不是让参与知识传播链条的人通过流量或广告等其他方式获得收益。与流量分成不同，知识付费交易不是发生在网络平台与创作者之间，而是发生在知识获取者与作为知识传播者的创作者之间；但是知识付费业务的收益是从知识获取者流向网络平台，再从网络平台流向知识创作者，其原因是网络平台从知识获取者向创作者支付的全部对价中取得了一部分收益分成。也是由于知识付费的服务接受方不是网络平台，网络平台不能把任务发包到灵活用工平台上，所以此类业务不能通过灵活用工平台结算。

知识付费的创作者同样需要根据自己实际收款的金额计算缴纳增值税，但是所得税处理与流量分成不同：如果创作者在网络平台注册为自然人，且与网络平台具有劳动雇佣关系，则相关所得同样属于综合所得中的工资薪金所得；但如果创作者与网络平台不具有劳动雇佣关系，虽然相关所得仍然属于综合所得中的劳务报酬，仍然应当由作为支付方的网络平台公司代扣代缴个人所得税。但是创作者不能向网络平台开具发票，因为网络平台公司不是接受服务的交易方。

如果创作者在网络平台注册为个体工商户或个人独资企业、合伙企业，则相关所得属于经营所得；如果创作者在网络平台注册为有限公司，则相关所得属于企业营业收入。但这两种情况下创作者仍然不能向网络平台开票，理由同前。

3.主播打赏。主播打赏是指网络主播通过互联网发布其直播视频、才艺展示、文字资讯等内容，吸引观赏者单方面支付一定的金钱或其他可以兑换为金钱的虚拟礼物。打赏与知识付费有相似之处，表现为创作者从观赏者处获得了一定的经济利益。但是打赏不是一项交易，因为创作者并不以观赏者付费作为创作表达的对价。打赏更类似于传统的卖艺、马戏等行为，其所得来自于观赏者的赠予，且这种赠予是不固定的。由于没有交易发生，获得打赏的网络主播不需要就打赏金额计算和缴纳增值税，如果创作者以个人身份在网络平台注册，而且与网络平台不具有劳动雇佣关系，则其打赏所得不属于劳务报酬，而属于偶然所得，网络平台在实际支付时应按照偶然所得的税率代扣代缴个人所得税。同样是由于没有交易发生，网络平台不能把任务发包到灵活用工平台上，所以此类业务不能通过灵活用工平台结算。

如果创作者在网络平台注册为个体工商户或个人独资企业、合伙企业，则相关所得属于经营所得；如果创作者在网络平台注册为有限公司，则相关所得属于企业营业外收入而不是营业收入。

4.带货分成。是指网络主播接受生产商或贸易商委托，推广其商品，获得的报酬和分成。该项交易发生在网络主播和委托人之间，实际上是网络主播为委托人提供业务宣传服务、商务推广服务或代言服务。除了创作者与网络平台具有劳动雇佣关系的情形之外，创作者无论是以个人、个体工商户、个人独资企业、合伙企业还是有限公司在网络平台上注册，都应当向委托人开具发票并计算缴纳增值税。如果是以个人身份注册，相关收益通过网络平台获得，网络平台还需要按照劳务报酬代扣代缴个人所得税。如果带货主播是以有限公司名义与委托方签约，则作为企业营业收入处理。

对于带货分成任务，网络平台不能把任务发包到灵活用工平台上。但是如果委托方、网络平台、带货主播三方达成一致，允许委托方直接委托带货主播提供服务，并另行向网络平台支付平台服务费，委托方可以把任务发包到灵活用工平台并通过灵活用工平台结算，但是如果超过平台结算限额，主播不应通过多个平台结算。

5.线下活动收入。网络主播获得的收入既包括线上收入，也可以包括通过线下的才艺表演、商业代言、签名签售、付费沙龙等方式获得的收入。对于线下活动的收入，应比照线上活动收入的性质判定交易属性和所得性质，但是线下活动收入通常不包括打赏收入。

如果网络主播参与线下活动时，以个人身份缔约，则付款方还应当根据个人所得性质代扣代缴个人所得税。如果网络主播以个体工商户、个人独资企业和合伙企业身份缔约，其所得性质属于经营所得；如果网络主播以有限公司身份缔约，其所得性质属于企业营业收入。

值得注意的是，本案当事人被认定偷税的原因是“改变所得性质”导致“少缴税款”，其实按照《税收征收管理法》第六十三条的规定，改变收入性质却不改变收入金额不属于“不列、少列收入”的情形，但属于“虚假的纳税申报”情形。实务中有的网络主播以“自己已经申报了全部收入”为由申辩，但没有得到税务机关认可，就是这个原因——这和个人所得税分类征收的特点有关。如果网络主播是以企业所得税纳税人的身份开展经营活动，就不存在被认定为偷税的可能性了——因为企业所得税不是分类征收的，而是合并征收的，对于所有的所得形成的应纳税所得额，除非有税收优惠，否则应当适用同样的税收待遇。既然没有税收待遇的差别，当然偷税也就无从谈起。

【政策法规链接】

《税收征收管理法》第六十三条：“纳税人伪造、变造、隐匿、擅自销毁账簿、记账凭证，或者在账簿上多列支出或者不列、少列收入，或者经税务机关通知申报而拒不申报或者进行虚假的纳税申报，不缴或者少缴应纳税款的，是偷税。对纳税人偷税的，由税务机关追缴其不缴或者少缴的税款、滞纳金，并处不缴或者少缴的税款百分之五十以上五倍以下的罚款；构成犯罪的，依法追究刑事责任。”

《个人所得税法实施条例》第六条："（二）劳务报酬所得，是指个人从事劳务取得的所得，包括从事设计、装潢、安装、制图、化验、测试、医疗、法律、会计、咨询、讲学、翻译、审稿、书画、雕刻、影视、录音、录像、演出、表演、广告、展览、技术服务、介绍服务、经纪服务、代办服务以及其他劳务取得的所得。""（五）经营所得，是指：1.个体工商户从事生产、经营活动取得的所得，个人独资企业投资人、合伙企业的个人合伙人来源于境内注册的个人独资企业、合伙企业生产、经营的所得；2.个人依法从事办学、医疗、咨询以及其他有偿服务活动取得的所得；3.个人对企业、事业单位承包经营、承租经营以及转包、转租取得的所得；4.个人从事其他生产、经营活动取得的所得。"

8. 怎样避免"薛定谔式"的实质课税适用

——名为买卖合同实为借贷合同的税务争议案件给我们的启示

【基本案情】

本案是2020年十大税务司法审判案例之一。

2013年初，XL公司因项目开发融资需要向陈某伟、林某借入6 000万元，月息5%，利息按月支付，期限一年。但后来陈某伟、林某抽回500万元，实际只借给XL公司5 500万元。

2013年3月，XL公司与陈某伟、林某签订总价为5 500万元的商品房买卖合同，并到房地产管理中心备案登记。该合同中约定，如果XL公司违反合同约定不履行交割标的房屋产权的义务，应承担违约责任：出卖人应在2013年12月30日前将符合合同约定的商品房交付给买受人，出卖人逾期交房不超过30日，出卖人按日向买受人支付已付款万分之零点五的违约金；超过30日，买受人有权解除合同，解除合同的，出卖人应当自买受人解除合同书面通知到达之日起1日内退还全部已付款，并按买受人已付款的20%向买受人支付违约金。继续履行合同的，出卖人按实际逾期的天数计算每日向买受人支付已付款的万分之零点六。

一年后，XL公司以商品房买卖合同无法履行为由，向某市仲裁委员会申请仲裁，解除商品房买卖合同，支付违约金。经仲裁部门调解，陈某伟和林某除收回签订合同时支付的5 500万元外，还以违约金名义收取了3 328万元。后某市纪委和检察院接到举报，对陈某伟、林某与XL公司的资金往来进行调查，陈某伟等承认借款5 500万元给XL公司，月利率5%，XL公司以商品房作抵押，双方签订了商品房买卖合同，陈某伟、林某共收取利息3 328万元。2014年10月和12月，某市纪委向市税务局发出两封公函，告知林某等人于2013年3月至2014年3月，以月息5%向仙游县某公司放贷人民币5 500万元，共获利人民币3 328万元，现将相关线索材料移送，请就上述行为应否纳税予以认定。

据此线索，某市地税局稽查局于2015年3月对陈某伟、林某、XL公司立案调查，经查并经市局重大案件审理委员会审理认为，陈某伟、林某与XL公司的交易名为房屋买卖，实为借贷，依照规定要求陈某伟就借贷利息收入2 140.5万元缴纳营业税、个人所得税等税费563万元。陈某伟不服，向某省地税局提出行政复议，未得到支持，遂提起诉讼。

一审法院经审理认为：根据国家税务总局发布的《税务稽查工作规程》第二条第二款“税务稽查由税务局稽查局依法实施，稽查局主要职责是依法对纳税人、扣缴义务人和其他涉税当事人履行缴税义务、扣缴义务情况及涉税事项进行检查处理”的规定，某市地税稽查局有权对陈某伟涉税事项进行检查并作出处理决定。本案涉税数额较大，案情重大复杂，属于重大税务案件，根据国家税务总局发布的《重大税务案件审理办法》第五条、第十一条第（五）项、第三十四条的规定，本案经某市地方税务局重大案件审理委员会审理后，由某市地税稽查局按照重大税务案件审理意见书制作税务处理决定书，加盖稽查局印章后送达执行，符合上述法条规定。根据《税务行政复议规则》第二十九第二款的规定，本案是通过某市地方税务局重大案件审理程序作出的，某市地方税务局作为复议被申请人符合该法条的规定。为此，陈某伟主张某市地税稽查局无权或越权对原告作出处理决定，且以其名义作出处理决定后的复议机关、复议被申请人、复议程序均是错误的理由均不能成立。

关于《〈商品房买卖合同〉的补充条款》（以下简称《补充条款》）真实性问题。一审法院经审理认为，该份《补充条款》合同的内容约定，对陈某伟十分有利，但陈某伟在行政程序中没有提供，而是在复议程序即将结束时才提供复印件。为此，某市地税稽查局有理由怀疑该份《补充条款》的真实性，庭后某市地税稽查局申请鉴定，但没有原件无法鉴定。仙游县房地产管理中心备案材料中无法查找该份《补充条款》。泉州仲裁委仲裁调解书内容没有涉及该份《补充条款》而一并解除。从《补充条款》与《商品房买卖合同》对违约金的约定可以看出，补充条款合同约定XL公司每月应付给陈某伟已交纳购房款总额的5%作为违约金，即每月支付给陈某伟和案外人林某人民币275万元，且违约起始时间从签订合同2个月后起算。而商品房买卖合同的违约起始时间在签订合同后九个多月交付商品房时起算，若逾期交房不超过30日，出卖人按日向买受人支付已付款万分之零点五的违约金。两份合同签约时间前后相差一天，《补充条款》就加重对XL公司的违约责任，在未经请求人民法院或仲裁机构予以增加违约金的条件下，XL公司主动支付大幅高于《商品房买卖合同》约定额度违约金的行为，违反商品房买卖交易习惯。对该份《补充条款》真实性，不予认可。为此，陈某伟主张每月收取XL公司支付的人民币275万元是依据《补充条款》约定的5%违约金理由不能成立。

一审驳回陈某伟主诉求后，陈某伟不服而上诉，二审法院维持一审主要判决。陈某伟又向最高人民法院申请再审。

【裁判结果】

陈某伟申请再审的主要事实和理由为：1.一、二审判决没有综合认定再审申请人和案外人林某购买涉案项目2号楼（每平方米5 500元）及后续购买涉案项目1号楼（每平方米12 000元）相关联的事实，也没有综合认定仲裁调解书、《商品房买卖合同》《补充条款》等有关证据，认定再审申请人与XL公司商品房买卖合同关系构成民间借贷关系事实不清；2.某市地方税务局稽查局无权作出案涉税务处理决定；3.即便认定本案属于民间借贷关系，也不能据此认定再审申请人的出借行为属于金融保险行业而征收相应的营业税、城市维护建设税、教育费附加和个人所得税。

法院认为：本案的争议焦点主要有三个方面，一是再审申请人陈某伟、案外人林某与XL公司之间是借贷关系还是商品房买卖关系；二是被申请人某市地方税务局稽查局能否依职权认定陈某伟、林某与XL公司发生的民事法律行为；三是如果认定属于民间借贷法律关系，对相应产生的利息收入，应否缴纳相应营业税、城市维护建设税、教育费附加和个人所得税。

对于第一个争议点，法院援引《最高人民法院关于适用〈中华人民共和国民事诉讼法〉的解释》第一百零五条规定："人民法院应当按照法定程序，全面、客观地审核证据，依照法律规定，运用逻辑推理和日常生活经验法则，对证据有无证明力和证明力大小进行判断，并公开判断的理由和结果。"第一百零八条规定："对负有举证证明责任的当事人提供的证据，人民法院经审查并结合相关事实，确信待证事实的存在具有高度可能性的，应当认定该事实存在。”上述陈某伟、林某与XL公司资金往来系客观发生，但不符合通常商品房买卖交易习惯，而较符合民间借贷交易习惯，《商品房买卖合同》的实质，系基于双方已经形成民间借贷关系的让与担保合同。同时，陈某伟、林某在某市纪委和某市检察院谈话笔录中，均承认借款5 500万元给XL公司，月利率5%，XL公司以商品房作抵押，双方签订《商品房买卖合同》，一年内共收取利息3 328万元的事实；XL公司出具的《关于林某部分往来款说明》《情况说明》，以及林某2、张某培等证人证言，也均证明陈某伟、林某共借款5 500万元给XL公司。因此，上述证据能够证明陈某伟、林某与XL公司之间并无商品房买卖意思表示，其实际行为均指向形成民间借贷法律关系。

对于第二个和第三个争议点，法院也认定稽查局根据《中华人民共和国税收征收管理法》第三十五条规定行使应纳税款核定权，认定陈某伟、林某与XL公司存在案涉民间借贷法律关系的行为未超越职权，且税款、滞纳金义务金额计算准确。

值得注意的是法院额外阐述了第四点：

《最高人民法院关于审理民间借贷案件适用法律若干问题的规定》第二十六条规定：“借贷双方约定的利率未超过年利率24%，出借人请求借款人按照约定的利率支付利息的，人民法院应予支持。借贷双方约定的利率超过年利率36%，超过部分的利息约定无效。借款人请求出借人返还已支付的超过年利率36%部分的利息的，人民法院应予支持。”本案中，陈某伟、林某本金为5 500万元，取得利息收入为3 328万元，其中陈某伟利息收入2 104.5万元，已经超过法定最高保护利率。一方面，陈某伟已经实际收取相应利息，完成应税行为，即已经具备法定纳税前提，依法应当履行相应纳税义务，而我国税收征收法律法规也没有规定对应税基是否要区分是否受到法律保护问题。另一方面，虽然超过法定保护范围的利息，借款人可以主张返还不当得利，但在陈某伟没有证据证明该超出部分已经返还XL公司的前提下，人民法院也不宜径行判定扣减该相应纳税额。进一步而言，如果陈某伟将来返还相应利息的，其还可以依法申请退税。因此，在有效保障国家税收、维护税收法定原则的前提下，本案不宜认定对超过法定保护范围的利息不予纳税。

最终法院驳回了陈某伟的再审申请。

【税案评析】

本案入选当年十大税务司法审判案例的理由是：

在再审决定中，最高法院论述了税法和民法这两个不同领域对于法律关系认定的差异性，指出税务机关一般并不履行认定民事法律关系性质的职能，且对民事法律关系的认定一般应当尊重生效法律文书相关认定效力的羁束，但并不排除税务机关依据税法，对基于相关民事行为产生的应税行为，按照实质课税原则作出独立判断和认定的可能。否定税务机关对名实不符的民事法律关系的认定权，不允许税务机关根据纳税人经营活动的实质内容依法征收税款，将不可避免地影响税收征收工作正常开展，难以避免纳税义务人滥用私法自治以规避或减少依法纳税义务，从而造成国家法定税收收入流失，有违税收公平原则。本案也明确了对于民间借贷利息是否征收营业税和个人所得税，以及适用税目、税率的问题，并提出在征收个人所得税时应当扣除相对人为获得利息收入而支出的成本费用，确保征收的公平。

从法院还原的案件事实来看，陈某伟在签订购销不动产协议之前就把资金支付给了协议卖方，而且在卖方是否违约尚不明确的情况下按期收取所谓的“违约金”，实际上资金流的特征更符合借贷合同而非购销合同，法院和税务机关判断均无不当。但我们分析案情时，首先应该分析的问题是：案件中的纳税人或行为人为什么“舍近求远”，以购销不动产协议掩饰借款协议。这个问题的答案包含两个方面：一是税务原因，二是非税务原因。本文只分析税务原因。

1.采用借款协议，支付利息的XL公司难以从自然人处取得发票；而采用购销协议支付违约金，在有生效仲裁文书的情况下，即使没有发票也可以计入企业营业外支出在税前扣除。

2.采用借款协议，XL公司支付利息时需要代扣代缴个人所得税；而采用购销协议支付违约金无须承担扣缴义务。

3.采用借款协议，收取利息的自然人即使能到税务机关代开发票，也需要缴纳营业税（涉案交易发生在营改增之前）及附加税费；而采用购销协议收取违约金，因为自然人没有提供服务，所以不用缴纳营业税。

通过上述分析可见，与借款协议相比，XL公司和陈某伟选择按照购销协议收取违约金方式处理具有明显的税收利益，但是这一税收利益的实现是以扭曲业务实质为前提的，根据实质重于形式原则，税务机关得出了不利于陈某伟的结论，更重要的是法院在审查再审申请的裁判文书中明确认可税务机关按照实质课税原则对民事交易作出独立判断和认定不超越职权。这一“司法结论背书”之下，未来税务机关突破交易法律形式而追溯经济实质，甚至否认依据交易法律形式而作出的生效裁判和仲裁结论的情况会越来越多，纳税人出于节税目的选择和制定交易安排计划时应慎重考虑这一风险。本案以承认“不动产购销协议”为事实依据而作出的仲裁结果对税务机关认定实质借贷行为毫无影响，即可为证——行为人可能是出于减少风险的角度，不是直接解除合同和收取违约金，而是选择由一个第三方仲裁机构“背书”以增强交易形式的可信度。但本案的结果告诉我们，如果税务机关能够取得证据证明行为人的结算方式或其他交易细节与交易形式不吻合，则此路不通。

本案（2018）最高法行申209号行政裁定书（以下简称“209号裁定书”）对一起形式上签订的《商品房买卖合同》被税务机关实质认定为借

贷行为，从而征收相关税费的争议案件作出了解析。从来模糊不清而又争议频发的“实质课税”原则因为209号裁定书的解析，面貌变得清晰起来。考虑到最高法院在209号裁定书中的阐述代表了最高司法机关的审理意见，这一阐述比其他关于“实质课税”原则的学理解释更加具有借鉴意义。

税务实践中，评价税务机关运用“实质课税”原则是否合理需要解决以下四个问题：

第一，税务机关是否有权对民事交易中民事法律关系诸要素，依“实质课税”原则作出与其民事法律关系性质不一致的税务处理认定？

第二，如果第一个问题答案为是，税务机关在满足什么条件的情况下可以启动“实质课税”原则？

第三，为证明或否认“实质课税”原则下实际税务处理结论的正当性，税务机关和纳税人各应当承担何种举证责任？

第四，如果“实质课税”原则下实际税务处理结论的正当性能够得到证明，如何评价纳税人的主观过错和其应当承担的税法责任？

法院认为，本案的争议焦点主要有三个方面：一、税务机关能否根据实质课税原则独立认定案涉民事法律关系；二、对案涉民间借贷利息收入应否征收营业税、个人所得税等税款；三、对民间借贷产生的较大金额利息收入征收税款如何体现税收公平原则。其中在第一个方面的论述中，涉及了前三个问题；在第三个方面的论述中，涉及了第四个问题。

一、税务机关是否有权运用“实质课税”原则？

目前对“实质课税”原则的一大质疑来自于《税收征收管理法》及其实施细则并未明确规定税务机关有权使用这一原则判定民事交易法律关系诸要素的税法性质。但按照最高法院裁定中的意见，既然依照法律、行政法规的规定征收税款系税务机关的法定职责，那么在征收税款过程中必然会涉及对相关应税行为性质的识别和判定（实际上还涉及对纳税主体、计税依据、纳税义务发生时间等诸项纳税义务要素的判定），因此，税务机关有权从独立于民法的角度重新评价一项民事法律关系的性质。对同一项民事法律关系，税法与民法的定性有可能不同，但这不会导致冲突。最高法院对此阐释为：税法与民法系平等相邻之法域，前者体现量能课税与公平原则，后者强调契约自由；对同一法律关系的认定，税法与民法的规定可能并不完全一致：依民法有效之契约，依税法可能并不承认；而依民法无效之契约，依税法亦可能并不否认。因此，税务机关依据税收征收法律等对民事法律关系的认定，仅在税务行政管理、税额确定和税款征缴程序等专门领域有既决力，而当事人仍可依据民事法律规范通过仲裁或民事诉讼等方式另行确认民事法律关系。

二、税务机关启动“实质课税”原则的条件

税务实践中，税务机关运用“实质课税”原则，通常是片面有利于税款征收一方的——只要纳税人缔结民事法律关系达到的目的与税务机关期待的税收结果相背离，就认为纳税人偏离了“实质重于形式”原则，并依据“实质课税”原则重新认定该项法律关系的性质。例如，纳税人不是直接转让不动产所有权，而是通过转让房地产所有权人100%的股权，间接转让了不动产所有权，即使不动产并未变更登记其所有权人，税务机关也可以认定其属于转让不动产而判定转让方需要承担土地增值税纳税义务。在这种“国库主义”的征管理念的影响下，“实质课税”原则容易被滥用。实践中也经常有税务机关在“实质课税”和“尊重法律形式”二者之间权衡，哪一种方式能获得更高的税收收入，税务机关就偏向于哪一种，没有一定之规，简直可称之为“薛定谔式”的实质课税原则了。

209号裁定书的可贵之处在于，最高法院在明确税务机关有权运用“实质课税”原则的同时，也阐释了该原则运用是有必要条件的。一是税务机关对实质民事交易关系认定需承担举证责任，而且税务结论存在确切让人信服的理由；二是符合事实与税收征管规范；三是如果税务机关对民事法律关系的认定与其他机关对同一民事法律关系的认定不应存在明显抵触。税务机关谨慎运用“实质课税”原则的底线是“对民事交易秩序的稳定性和当事人权益不构成重大威胁”。

三、举证责任

毋庸置疑，如果税务机关运用“实质课税”原则认定民事交易关系诸要素的性质，当然应当由税务机关承担举证责任加以证明。在裁定书中，最高法院也阐明了“实质课税”争议中双方的举证责任分配问题：税务机关虽对实质课税原因以及应纳税所得额认定等事实负举证责任，但同时法院也强调纳税义务人在税收调查、核定和征收等行政程序中不能无所作为，而是负有主动或应要求的协助义务，以厘清是非曲直，并主张对其有利的扣除、充抵、减免的有利情节，否则将可能承担税务机关对其不利的认定或者推定。以本案为例，税务机关可以提交并证明“交易性质为借贷款项，解除合同的违约金实质上是借款利息”的相关证据至少包括：

1.《商品房买卖合同》及《补充条款》，可以证明条款对再审申请人（行政相对人）非常有利。

2.再审申请人（行政相对人）与XL公司（商品房买卖合同的卖方）之间资金往来的有关证据，可以证明XL公司根据《商品房买卖合同》实际收到资金5 500万元，之后分期向再审申请人和另一案外人（共同买方）支付资金8 828万元，比收到资金多3 328万元；而且有多笔款项是在确认违约之前就支付的，这与违约金的支付方式不符。

3.泉州仲裁委员会相关仲裁文书确认XL公司与陈某伟、林某协议系《商品房买卖合同》并调解予以解除，但该仲裁由XL公司于2014年3月18日申请，次日即3月19日即以调解书结案，且未独立认定任何案件事实。

4.再审申请人（行政相对人）在莆田市检察院等机关谈话笔录，笔录中再审申请人（行政相对人）和另一案外人承认借款5 500万元给XL公司，月利率5%，XL公司以商品房作抵押，双方签订《商品房买卖合同》，一年内共收取利息3 328万元的事实。

5. XL公司提供的《情况说明》和其他证人证言。从第三方证据角度印证了第4项证据。

鉴于以上几点，税务机关认定这一《商品房买卖合同》和《补充条款》属于以换让不动产合同的法律形式掩盖借贷合同的实质，XL公司额外返还的3 328万元名为违约金，实际是借款利息。以这一事实认定为基础，税务机关做出了责令再审申请人（行政相对人）补缴税款和滞纳金的结论。在翔实证据支持的基础上，209号裁定书认为税务机关的上述结论不违反法律规定。

法院一方面认可了税务机关提交的证据，另一方面也兼听了再审申请人（行政相对人）的意见。裁定书中指出：再审申请人（行政相对人）虽主张上述款项系XL公司支付的“履约保证金”，但XL公司在税务机关调查中并不承认存在所谓“履约保证金”，且出售商品房的房地产公司逐月按特定比例给购房人支付所谓“履约保证金”也并不符合商品房买卖交易习惯，而更符合民间借贷交易习惯。因此，案涉《商品房买卖合同》仅仅是双方为了保证出借资金的安全而签订，具有一定的让与担保属性，但该交易行为也符合《中华人民共和国合同法》第一百九十六条规定的借贷合同法律关系。因此，税务机关依据实质课税原则，根据当事人民事交易的实质内容自行、独立认定再审申请人（行政相对人）与XL公司之间实际形成民间借贷法律关系，将再审申请人（行政相对人）收取的除本金以外的2 140.5万元认定为民间借贷利息收入，符合事实和法律，即依据纳税人民事交易活动的实质而非表面形式予以征税。除了“履约保证金”的申辩理由之外，按照209号裁定书记载，再审申请人（行政相对人）并未提出其他证据，举证不充分导致其无法推翻税务机关“实质课税”的事实认定。但基于税收公平考虑，裁定书仍然指出：在实际执行被诉税务处理决定时，如陈某伟就其实际应纳税所得额提出确有理由的证据和依据，莆田市地税稽查局仍宜基于税收公平原则对陈某伟的实际应纳税所得额统筹认定；如确有计算错误之处，仍宜自行纠正。

除了定性角度，最高法院也对计税依据如何定量进行了审核，由于再审申请人（行政相对人）在被诉税务处理行政程序与一、二审及申请再审程序中，均未对个人所得税应纳税所得额确定方式提出反驳理由或者证据，也未提出主张并提供证据证明其在名义利息扣除相关支出后实际取得的利息收入金额（应纳税所得额）少于2 140.5万元，因此，税务机关对其取得超出本金之外的全额征税也被最高法院认定不违反法律规定。

四、如何评价纳税人的主观过错和其应当承担的税法责任

如果税务机关运用“实质课税”原则作出了纳税人应当补缴税款的结论，如何判定纳税人的主观过错程度并按照《税收征收管理法》的有关规定确定其应当承担的法律责任？

按照《税收征收管理法》第五十二条和第五章“法律责任”诸条规定，纳税人过错程度不同，承担的税法责任也不同：

1.税务机关过错，纳税人无过错——补税但不加收滞纳金；

2.纳税人存在过失（计算错误等失误）——补税并加收滞纳金；

3.纳税人存在主观税收违法故意——补税，加收滞纳金并罚款。

具体到本案，税务机关意见为行政相对人应补缴税款及滞纳金，因此，适用《税收征收管理法》第五十二条规定，认为纳税人存在过失。这种处理是税务实践中针对没有证据证明纳税人有主观偷税故意时的一种常态做法。但209号裁定书基于税收公平原则对加收滞纳金的处理结果提出了质疑。

裁定书指出：根据依法行政的基本要求，没有法律、法规和规章的规定，行政机关不得作出影响行政相对人合法权益或者增加行政相对人义务的决定；在法律规定存在多种解释时，应当首先考虑选择适用有利于行政

相对人的解释。依据纳税人经营活动的实质而非表面形式予以征税的情形样态复杂，脱法避税与违法逃税的法律评价和后果并不相同。可见最高法院倾向于对“脱法避税”和“违法逃税”的法律评价做严格区分。具体到本案，裁定书认定：“对于经核定依法属于税收征收范围的民间借贷行为，只要不存在恶意逃税或者计算错误等失误，税务机关经调查也未发现纳税人存在偷税、抗税、骗税等情形，而仅系纳税义务人对相关法律关系的错误理解和认定的，税务机关按实质课税的同时并不宜一律征缴滞纳金甚至处罚。”

最高法院认为税务机关可以参考《税收征收管理法》第五十二条第一款有关“因税务机关的责任，致使纳税人、扣缴义务人未缴或者少缴税款的，税务机关在三年内可以要求纳税人、扣缴义务人补缴税款，但是不得加收滞纳金”的规定精神，在实际执行被诉税务处理决定时予以充分考虑。之所以可归类为“因税务机关的责任导致纳税人未缴、少缴税款”的情形，是因为对这类民事法律关系的税收立法不具体，税收征管实践中也没有被普遍认可的类似民事法律关系被实质认定为借贷关系的先例。但税务机关运用“实质课税”原则就是因为缺乏可以直接适用的法律、法规或规范性文件。如果对这类民事法律关系存在具体的税收规范性文件予以指导，税务机关直接适用即可。从209号裁定书的这一论述角度看，可以说税务机关运用“实质课税”原则排除了认定纳税人存在过错的可能。这一规则在日后的税收实践中能否发扬光大以切实保护纳税人权益，值得长期关注。

通过本案衍生出的另一个涉税风险是，对于向陈某伟支付利息的XL公司，应否作出税务处理。如果税务机关认定该项资金属于利息，XL公司就必须取得发票才能计入财务费用，进而在企业所得税前扣除。如果没有取得发票，则税务机关有权要求XL公司调增支付违约金年度的应纳税所得额，进而可能需要补缴税款及滞纳金。当前，个人向企业出借资金收取利息，普遍存在构建其他交易形式掩盖借贷行为的现象；或故意计入“其他应收款”等科目，不确认损益，隐瞒真实的支付利息，造成个人和企业承担较大涉税风险。造成这种现象有两个原因：一是个人很难从税务机关代开品名为借款利息的发票；二是个人不愿承担取得利息的个人所得税，支付利息的企业也不愿承担代扣代缴义务。

例如：2022年4月税务机关发布的某案件中，检查人员对C公司办公场所进行核查过程中发现一沓借条，借款人都是C公司，而出借人均是李某。借条内容显示，在之前几年时间内，李某曾多次向C公司出借资金，每次金额百万元到上千万元不等，合计近8 000万元，双方约定李某借款的利息按月计算。

如果李某确实从事资金借贷业务，并收取高额利息，那么依税法规定，李某须申报缴纳个人所得税或由借款企业就其利息收入代扣代缴税款。稽查部门认为，李某具有从事资金借贷业务获取巨额利息收入，未依法申报逃避纳税的重大嫌疑，决定对其借款活动和真实利息收入情况立案调查。经查，2013年至2019年，李某通过向C公司出借资金的方式，获取高额利息收入合计9 455万元，实际已收到4 400多万元未申报纳税。税务机关依法对李某作出追征个人所得税、增值税等税费，并处罚款1 187万元的处理决定。

【政策法规链接】

《个人所得税法》第八条：“有下列情形之一的，税务机关有权按照合理方法进行纳税调整：

……

（三）个人实施其他不具有合理商业目的的安排而获取不当税收利益。”

《个人所得税法实施条例》第六条：“（六）利息、股息、红利所得，是指个人拥有债权、股权等而取得的利息、股息、红利所得。”

《个人所得税法实施条例》第十四条：“个人所得税法第六条第一款第二项、第四项、第六项所称每次，分别按照下列方法确定：……（三）利息、股息、红利所得，以支付利息、股息、红利时取得的收入为一次。”

9. 有法不依的典型难题亟待解决

——个人借款收取利息的个人所得税税收责任

【基本案情】

孙某与J公司2014年4月25日签订借款合同，合同约定借款金额6 000 000元，借款期限为2014年4月25日至2015年4月25日，年利率20%，年付利息1 200 000元。2023年税务机关对孙某的取得所得未纳税的行为进行了处理。

税务机关认为孙某存在的问题是：

一、根据《中华人民共和国营业税暂行条例》（中华人民共和国国务院令第540号）第一条、第二条、第十二条规定，《中华人民共和国营业税暂行条例实施细则》（财政部 国家税务总局第52号令）第二条、第三条、第二十四条规定，2015年4月应缴未缴营业税60 000元。根据《中华人民共和国城市维护建设税暂行条例》（国发〔1985〕19号）第二条、第三条、第四条规定，《征收教育费附加的暂行规定》《国务院关于修改〈征收教育费附加的暂行规定〉的决定》（中华人民共和国国务院令448号）第二条、第三条规定，《黑龙江省人民政府关于调整地方教育费收入征收标准的通知》(黑政发〔2011〕13号)规定，应缴未缴城市维护建设税4 200元，应缴未缴教育费附加1 800元，应缴未缴地方教育附加1 200元。

二、J公司支付给孙某的款项中标明利息款金额合计870 000元，支付时间是2016年7月至2016年12月。根据《中华人民共和国个人所得税法》(中华人民共和国主席令第48号)第二条第一款第(七)项、第三条第一款第(五)项、第六条第一款第(六)项规定，《中华人民共和国个人所得税法实施条例》(中华人民共和国国务院令第600号)第八条第一款第(七)项、第二十一条第一款第(五)项的规定，孙某收取的利息所得以每次收入额为应纳税所得额，2016年7月至2016年12月应缴未缴个人所得税合计174 000元。

【执法结果】

一、补缴税(费)款

根据《中华人民共和国税收征收管理法》第三十一条、第五十二条规定，《中华人民共和国税收征收管理法实施细则》第八十二条、第八十三条规定，孙某2015年4月应缴未缴营业税60 000元、城市维护建设税4 200元、教育费附加1 800元、地方教育附加1 200元，已超出税款追征期限，不予追缴；追缴2016年7月至12月个人所得税税款合计174 000元。

二、不予加收滞纳金

根据《国家税务总局关于行政机关应扣未扣个人所得税问题的批复》(国税函〔2004〕1199号)第三条规定，对孙某2016年7月至12月应缴未缴个人所得税税款合计174 000元不予加收滞纳金。

三、不予行政处罚

鉴于上述税收违法行为暂未发现纳税人有主观故意应缴未缴税款的证据，依照《中华人民共和国行政处罚法》第三十三条、第五十七条规定，现决定不予行政处罚。

【税案评析】

自然人对外借款收取利息需要承担增值税（“营改增”之前为营业税）、附加税费、印花税和个人所得税的纳税义务是毫无疑问的，但目前普遍存在自然人取得利息漏税的情况，这里有两方面的原因：一是纳税人缺乏税法遵从意识，不了解取得利息的纳税义务，更重要的是现行的税收征管机制本身就存在以下缺陷，不能在没有立案的情况下直接监控和调取银行账户信息，导致自然人取得利息漏税发生后难以发现，本案就是典型。2015年发生的营业税和附加税费纳税义务以及2016年发生的个人所得税纳税义务，在多年后才被税务机关发现，前者超出了税款追征期而无法追征。

这种缺陷包括：

一、如果支付利息的一方是自然人，支付方不存在建账的需求，税务机关也很难采集此类线索。所以他不会有遵从税法代扣代缴个人所得税的动机，因为不遵从的成本几乎为零。因为在不能实时监控不特定自然人账户资金往来的情况下，税务机关无从知晓债权人和债务人之间的资金往来金额和性质，无法锁定不履行代扣代缴义务的付款人。

二、如果支付利息的一方是企业，但企业用来支付的资金不在自己的账内核算（具体又可以分为两种——一是企业本身存在账外经营的偷漏税行为，二是企业因会计准则的要求不得将该项资金计入账内，如信托机构不得将信托财产计入自己的财务账内），则企业支付资金在记账过程中不体现，税务即使查账也无从查找。这种情况下支付方也不会有税法遵从动机，原因同上。

三、如果支付利息的一方是企业，且企业用来支付的资金在自己账内核算，则区分两种情况处理：如果借款合同约定的利息是个人取得税前利息，则企业代扣代缴个人所得税的成本是从全部税前利息中支付的，企业当然会履行，但这种情况凤毛麟角；更多的借款合同是约定个人取得的是税后的净利息，企业如果履行代扣代缴义务就意味着企业要额外承担相当于净利息25%的成本（税前利息成本=净利息成本+个人所得税，税前利息成本×20%=个人所得税），因此，企业的税法遵从动机会减弱，可能会在支付后采用长期挂账（如借记“其他应收款”或“预付账款”）的方法处理。

四、个人收取利息，如果企业需要获得发票，自然人代开利息发票存在较大难度。

税务机关对上述个人收取利息普遍漏缴税款的情况其实是洞若观火的，也采取了相应的措施：

第一，允许个人到税务机关代开利息发票。

第二，对于法院强制执行的利息，由法院代扣代缴或由税务机关委托法院代征，如：

例一：自2019年1月1日起，为了加强民间借贷纠纷案件利息收入个人所得税的征收，根据《中华人民共和国税收征收管理法》《中华人民共和国个人所得税法》的相关规定，彭阳县人民法院、彭阳县税务局对民间借贷纠纷案件利息收入个人所得税的征收进行联合管控：彭阳县人民法院为民间借贷案件当事人发放利息前，通知当事人持《彭阳县人民法院缴税通知书》先行到税务机关办税服务大厅足额缴纳利息收入个人所得税，再凭完税凭证到彭阳县人民法院领取相关执行款项；对不配合缴纳个人所得税的，彭阳县人民法院将代扣代缴。

例二：2018年12月，为了加强对诉讼、执行案件办理中涉税问题有效管控，彬州市人民法院会同市税务局，决定在案件办理中依法协助征收利息收入部分的个人所得税，重点监管民间借贷纠纷案件个人所得税征收。税务机关向法院提供《委托代征证书》作为授权依据。

税务机关与司法机关的上述合作事例的一个重要依据是《国家税务总局关于人民法院强制执行被执行人财产有关税收问题的复函》，该函内容如下：

最高人民法院：

你院《关于人民法院依法强制执行拍卖、变卖被执行人财产后，税务部门能否直接向人民法院征收营业税的征求意见稿》(〔2005〕执他字第12号）收悉。经研究，函复如下：

一、人民法院的强制执行活动属司法活动，不具有经营性质，不属于应税行为，税务部门不能向人民法院的强制执行活动征税。

二、无论拍卖、变卖财产的行为是纳税人的自主行为，还是人民法院实施的强制执行活动，对拍卖、变卖财产的全部收入，纳税人均应依法申报缴纳税款。

三、税收具有优先权。《中华人民共和国税收征收管理法》第四十五条规定，税务机关征收税款，税收优先于无担保债权，法律另有规定的除外；纳税人欠缴的税款发生在纳税人以其财产设定抵押、质押或者纳税人的财产被留置之前的，税收应当先于抵押权、质权、留置权执行。

四、鉴于人民法院实际控制纳税人因强制执行活动而被拍卖、变卖财产的收入，根据《中华人民共和国税收征收管理法》第五条的规定，人民法院应当协助税务机关依法优先从该收入中征收税款。

国家税务总局

二〇〇五年九月十二日

第三，增加扣缴义务人的违法成本。按照《个人所得税法》的要求，支付利息的一方，无论是自然人还是企业，都有扣缴义务，而且按照《税收征收管理法》，应履行而不履行扣缴义务属于违法行为，目前已有多起案例中税务机关不但对向自然人支付利息的扣缴义务人作出责令补扣个人所得税的处理，而且对这一行为进行处罚，这就增加了扣缴义务人的违法成本，促进其遵从税法。

当然，即使出台了以上措施，税务机关对个人出借款项收取利息征收的个人所得税占全部应征税款的比例恐怕也是极小的，甚至用“冰山一角”尚不足以形容——必须是形成司法纠纷且由法院强制执行的，或者是支付方是企业且需要以对公账户资金支付和需要利息发票入账的。这就意味着大部分个人出借款项收取利息的行为仍然处于税收征管的盲区——现行的《个人所得税法》的征税范围不包括民间个人之间的赠与，而民间个人之间的其他交易所得，如利息、分红、货款、租金、劳务报酬等，都可以毫无困难地包装成“赠与”，因为交易支付对价的过程和单方赠予支付资金的过程是毫无区别的，而一项自然人之间的交易本身也可以分拆为两个独立的“赠与行为”，只不过一个是赠与资金，另一个是赠与服务或非货币性资产。如何堵住民间交易的上述“漏洞”，是未来对立法者和执法者智慧的一大挑战。

值得注意的是，本案适用了《国家税务总局关于行政机关应扣未扣个人所得税问题的批复》（国税函〔2004〕1199号，以下简称“1199号文件”）第三条规定：“按照《征管法》规定的原则，扣缴义务人应扣未扣税款，无论适用修订前还是修订后的《征管法》，均不得向纳税人或扣缴义务人加收滞纳金。”本案征收的个人所得税本应由支付利息的J公司代扣代缴，但J公司未完成扣缴，因此不予加收滞纳金，这种处理决定的前提是认为：纳税人对漏缴税款没有过错。但是1199号文件的该条规则与当前《个人所得税法》有矛盾，本案税务机关的这种处理不能再作为参考依据。因为2018年新《个人所得税法》第十条规定：“有下列情形之一的，纳税人应当依法办理纳税申报：……（三）取得应税所得，扣缴义务人未扣缴税款。”如果假设本案的利息事项发生在2018年之后，孙某取得利息应当不能认为是税后所得，而是应向付款方核实其是否履行了代扣代缴义务，如果孙某没有核实，则不能认为他是无过错的，如果发生漏税，应对其加收滞纳金。

【政策法规链接】

《税收征收管理法》第三十一条："纳税人、扣缴义务人按照法律、行政法规规定或者税务机关依照法律、行政法规的规定确定的期限，缴纳或者解缴税款。"第五十二条："……因纳税人、扣缴义务人计算错误等失误，未缴或者少缴税款的，税务机关在三年内可以追征税款、滞纳金；有特殊情况的，追征期可以延长到五年。

对偷税、抗税、骗税的，税务机关追征其未缴或者少缴的税款、滞纳金或者所骗取的税款，不受前款规定期限的限制。"

《税收征收管理法》第六十三条："纳税人伪造、变造、隐匿、擅自销毁账簿、记账凭证，或者在账簿上多列支出或者不列、少列收入，或者经税务机关通知申报而拒不申报或者进行虚假的纳税申报，不缴或者少缴应纳税款的，是偷税……扣缴义务人采取前款所列手段，不缴或者少缴已扣、已收税款，由税务机关追缴其不缴或者少缴的税款、滞纳金，并处不缴或者少缴的税款百分之五十以上五倍以下的罚款；构成犯罪的，依法追究刑事责任。"第六十四条："纳税人、扣缴义务人编造虚假计税依据的，由税务机关责令限期改正，并处五万元以下的罚款。"第六十九条："扣缴义务人应扣未扣、应收而不收税款的，由税务机关向纳税人追缴税款，对扣缴义务人处应扣未扣、应收未收税款百分之五十以上三倍以下的罚款。"

《中华人民共和国税收征收管理法实施细则》第八十二条："税收征管法第五十二条所称特殊情况，是指纳税人或者扣缴义务人因计算错误等失误，未缴或者少缴、未扣或者少扣、未收或者少收税款，累计数额在10万元以上的。"第八十三条："税收征管法第五十二条规定的补缴和追征税款、滞纳金的期限，自纳税人、扣缴义务人应缴未缴或者少缴税款之日起计算。"

《个人所得税法》第十条："有下列情形之一的，纳税人应当依法办理纳税申报：……（三）取得应税所得，扣缴义务人未扣缴税款。"

10. 家企不分的税收代价

——股东借款应警惕被税法认定股息分配

【基本案情】

某税务局稽查局根据上级交办的税务稽查任务的工作安排，于2011年12月对F公司税款属期为2004年1月1日至2011年10月30日涉税情况进行检查。2012年2月，该稽查局又对某S有限公司发出《税务检查通知书》，调查F公司以企业资金为股东卞某、程某从S公司购买房产情况。此外，通过调取F公司账簿资料，发现F公司还存在股东卞某、程某借款在该纳税年度终了未归还又未用于企业生产经营的情况，以及存在向Z公司开具假发票的情况。对于上述调查结果，稽查局于2016年5月对F公司作出《税务处理决定书》《税务行政处罚书》，认定F公司存在以下违法事实：

1.通过开具收款收据收取广告费收入未入账，处以偷税款195 395.58元一倍的罚款195 395.58元；

2. 2010年度替股东支付购房款和股东向公司借款用于非生产经营超过一年未归还未按规定代扣代缴个税，并对F公司处以未代扣代缴个人所得税款5 319 179.4元一点五倍的罚款7 978 769.1元；

3.开具假发票票面金额达5 415.5万元及在办公场所存放2 657份假发票，处以30万元罚款。

F公司因不服税务处罚决定而申请行政复议，后省税务局经审理，维持了《税务行政处罚决定书》。F公司仍不服，提起行政诉讼。

原审法院认为，稽查局提交的证据可以形成完整的证据锁链，证实F公司存在通过开具收款收据收取广告费收入，在账簿上不列、少列收入共计3 652 254元的事实；存在替股东支付购房款20 392 897元和借款6 203 000元未按规定代扣代缴“利息、股息、红利所得”税目个人所得税的事实；存在开具假发票票面金额达5 415.5万元，且在办公场所存放2 657份假发票的事实。稽查局依照《中华人民共和国税收征收管理法》第六十三条第一款、第六十九条，《中华人民共和国发票管理办法》（国务院令第587号）第三十九条的规定，认定F公司在账簿上不列、少列收入，不缴或者少缴应纳税款的行为系偷税；公司出资购买房产登记于股东名下、股东向公司借款在纳税年度终了既不归还又未用于企业生产经营应视为企业对个人投资者的红利分配，应按“利息、股息、红利所得”项目计征扣缴个人所得税；在明知情形下开具并在办公场所存放假发票系应追究相应责任的违法行为，作出的行政处罚，符合法律规定，处罚幅度亦在裁量范围内。稽查局在作出处罚决定前，依照《中华人民共和国行政处罚法》第四十二条、第四十三条的规定，依法告知F公司拟作出行政处罚决定的事实、理由及享有的相关权利，听取了F公司的陈述、申辩，程序合法。F公司关于2004年到2011年期间开具收款收据收取广告费系因F公司的财务人员对税务知识的理解存在误差，不存在偷税故意的主张，不能构成其免责的理由。F公司关于被诉行政处罚对2004年1月到2006年12月14日之间开具收款收据收取广告费的行为进行处罚已超过法定的处罚追溯期限，不能再处罚的主张，因F公司开具收款收据收取广告费的行为具有连续性，稽查局根据《行政处罚法》第二十九条的规定，认为追溯期应当从最后一个行为终了之日起算，并无不当，F公司该主张原审法院不予采纳。

F公司关于案涉房屋所有权没有登记在股东名下，仍登记在开发商处，不能将F公司出资购房行为视为对股东红利进行实物分配，第二项处罚决定的第一部分法律适用错误的主张，因F公司存在向开发商付款的事实，且购房买卖合同及备案登记均显示F公司股东名字，故在购房买卖合同未被撤销的前提下，F公司的主张原审法院不予采纳。F公司还主张其连续三年亏损，没有可分配利润，且股东借款均用于生产经营，故第二项处罚决定的第二部分事实认定不清，因F公司提交的证据不足以证实股东的借款用于生产经营，且F公司存在通过开具收款收据形式收取广告费收入未列入账簿的行为，故F公司提交的审计报告、企业所得税汇算清缴报告不是基于F公司实际经营情况作出，不能证明F公司2008—2010年度存在连续三年亏损的事实。F公司关于被告没有提供证据证明F公司对存放假发票存在主观故意，也未提供合法的鉴定结论，并超越省税务行政处罚裁量权基准裁量的主张，原审法院认为，F公司原法定代表人及会计的笔录，结合假发票上F公司向税务部门申请刻制的专用章，可以证明F公司对于存放假发票的行为是明知的，本案税务机关对发票真伪的鉴定符合《中华人民共和国发票管理办法实施细则》第三十三条的规定，对F公司存放伪造发票的罚款亦在《中华人民共和国发票管理办法》第三十九条规定的幅度范围内，也符合《省税务行政处罚裁量权基准适用规则》第八条规定的情形，故F公司该主张原审法院不予支持，最终判决驳回F公司的诉讼请求。

F公司仍不服而提起上诉并陈述了以下理由：

一、F公司的股东程某向F公司借款是用于企业蓝钻项目经营，不适用《财政部 国家税务总局关于规范个人投资者个人所得税征收管理的通知》（下称“财税〔2003〕158号通知”）第二条规定。且F公司自2007年起连续四年亏损，净利润为负值，无可分配利润，无法进行分红，不满足上位法《中华人民共和国公司法》第一百六十六条规定分红的强制性前提条件，亦无法适用下位法财税〔2003〕158号通知中“视为企业对个人投资者的红利分配”的规定来计征个人所得税。F公司提交两份《审计报告》及一份《企业所得税汇算清缴报告》对连续亏损事实进行初步举证，且证据足以证明连续四年亏损，无可分配利润，无法进行分红。

二、涉案房屋仅是购房买卖合同的备案登记，房屋所有权未登记在股东卞某名下，目前仍登记在开发商名下。原审未区分购房买卖合同系债权效力，并非物权效力，与《财政部 国家税务总局关于企业为个人购买房屋或其他财产征收个人所得税问题的批复》(下称财税〔2008〕83号批复)第一条第一款规定的房屋所有权须登记在股东个人名下才可视为分红的情形不符，不应计征个人所得税。因此，原审未正确理解、适用规范性文件，适用法律错误。

三、稽查局仅依据F公司自行制作的收款收据认定2004—2011年度F公司存在未入账收入，但未向第三方全面调查予以核实、确认是否真实存在未入账收入及具体金额多少，因此不能形成证据链。原审对该事实未进行核实，认定事实不清。

四、F公司对存放假发票不知情，不存在主观故意，不应受到行政处罚。且根据《省税务行政处罚裁量权基准》序号31的第二项规定，稽查局对F公司作出30万元罚款决定已超出自由裁量权范围，原审对此未予以纠正有误。因此，请求依法改判和撤销《税务行政处罚书》《税务行政复议决定书》。

稽查局辩称：

一、F公司提供的证据不能证明其连续多年亏损，且其所称2008—2010年度连续三年亏损，净利润均为负值，也不能成为其对股东购房、股东借款行为无须征缴个税的理由。(1)F公司股东借款行为，依法应“视同红利分配”计征个人所得税，是否存在可分配利润不是股东借款行为征个人所得税的前提条件，F公司偷换概念把借款行为与红利分配行为混为一谈。(2)本案F公司有通过开具收款收据未入账逃避缴纳税款的行为，F公司的审计报告、企业所得税汇算清缴报告并不是基于F公司真实的经营情况、真实的账簿等涉税资料作出，根本不能证明F公司2008—2010年度连续三年亏损。

二、F公司认为“所有权未登记在卞某名下的房产，不视为分红，案中房屋所有权仍登记在开发商名下”是不能成立的。原审法院认定F公司存在向开发商支付购房款，且购房买卖合同及备案登记均显示股东卞某名字，依法认定F公司应按“利息、股息、红利所得”项目计征个人所得税是完全正确的。

三、对于F公司2004—2011年度未入账收入，稽查局提供了F公司开具的收款收据、未入账明细表以及稽查局的询问笔录、外调材料、听证笔录等一系列证据，足以证明原审法院认定稽查局提交的证据足以形成完整的证据链是完全正确的。对于偷税事实，稽查局提供“账外收款收据核实情况明细表”“开具收据未入账明细表”、外调企业提供的《情况说明》、合同、收款收据和F公司会计何某的询问笔录等一系列证据予以证实，而非F公司所说的只有收款收据。F公司上诉后推翻其之前在听证笔录、原一审及发回重审起诉状、原二审法庭调查中所确认过的偷税事实，没有任何依据。

四、稽查局对F公司作出《税务行政处罚决定书》的事实系基于《税务处理决定书》的同一事实作出，《税务处理决定书》已生效，F公司推翻已生效的税务处理决定所认定的应补缴税款金的事实，根据《中华人民共和国税收征收管理法》第八十八条规定，于法无据。

五、F公司存在知道是伪造的发票而存放的行为，稽查局在法律规定范围内对F公司存放假发4 097份行为依法处罚30万元，并没有超越自由裁量权的范围。询问笔录及发票上所盖F公司的章，可充分证明F公司对存放假发票是明知的。稽查局根据《中华人民共和国发票管理办法》第三十九条、《省税务行政处罚裁量权基准适用规则》第八条规定，在法律规定范围内对F公司存放假发票处以30万元罚款符合法律规定，未超越自由裁量权的范围。综上所述，请求驳回F公司的全部上诉请求。

【裁判结果】

二审法院认为：

关于F公司是否存在偷税的违法事实问题。《中华人民共和国发票管理办法》第十九条规定："销售商品、提供服务以及从事其他经营活动的单位和个人，对外发生经营业务收取款项，收款方应当向付款方开具发票；特殊情况下，由付款方向收款方开具发票。"按此规定，F公司取得的广告费收入应按《中华人民共和国发票管理办法》开具发票。稽查局提供的"账外收款收据核实情况明细表""开具收据未入账明细表"、外调企业提供的《情况说明》、合同、收款收据和F公司会计何某的询问笔录，可以形成证据链，证实F公司通过开具收款收据收取广告费共计3 652 254元未入账，且未按规定开具发票，而是开具收款收据，属于在账簿上不列、少列收入，不缴或者少缴应纳税款的偷税行为。F公司在行政处罚程序、复议程序及原一审、二审及发回重审的起诉状中对通过开具收款收据收取广告费共计3 652 254元未入账的事实均予以确认，而其在本案发回重审后对其原确认的事实予以否认，但未就此提供相应的证据以证明其实际未收到相关费用款项，F公司关于稽查局未对收款收据所列账目是否真实存在未入账收入、未进行全面核实、事实认定不清的主张，无相关事实依据证明，其主张不能成立。F公司在2004—2011年度通过开具收款收据形式收取上述广告费收入，未进行纳税申报，属于在账簿上不列、少列收入，不缴或者少缴应纳税款的行为，根据《中华人民共和国税收征收管理法》第六十三条第一款"纳税人伪造、变造、隐匿、擅自销毁账簿凭证，或者在账簿上多列支出或者不列、少列收入，或者经税务机关通知申报而拒不申报或者进行虚假的纳税申报，不缴或者少缴应纳税款的，是偷税。对纳税人偷税的，由税务机关追缴其不缴或者少缴的税款、滞纳金，并处不缴或者少缴的税款百分之五十以上五倍以下的罚款；构成犯罪的，依法追究刑事责任”的规定，认定为偷税，作出处以少缴税款一倍罚款即195 395.58元，量罚适当。

《中华人民共和国行政处罚法》第二十九条规定：“违法行为在二年内未被发现的，不再给予行政处罚。法律另有规定的除外。前款规定的期限，从违法行为发生之日起计算；违法行为有连续或者继续状态的，从行为终了之日起计算。”本案中，针对F公司2004—2011年偷税的违法行为，稽查局于2016年5月16日作出了被诉《税务行政处罚决定书》。因上述偷税违法行为存在持续状态，因此，稽查局作出被诉行政处罚，符合上述法律规定。F公司关于被诉行政处罚超过追溯时效的主张，不能成立。

关于F公司是否存在应扣未扣个人所得税的违法事实问题。F公司主张购房行为系F公司先期购买房屋并支付购房款20 392 897元，后因企业资金不足，决定放弃购置房产，由股东卞某购置，F公司与卞某签订《协议》，确认所有权属于卞某所有，卞某以程某、黄某代付方式归还购房款。稽查局提供的证据可以证实F公司记账凭证显示2010年7月其向S公司共支付了购房款20 390 580元，同时附有相应支付购房款的转账进账单、支付凭证等。2010年7月，F公司股东卞某与S公司签订八份《商品房买卖合同》，房屋权属登记产权人为卞某，F公司2010年7月所付购房款即用于为股东卞某支付以上八套房产，同时F公司原法定代表人程某也确认F公司以企业资金为其支付购房款2 317万元，综上，F公司存在以企业资金为股东卞某、程某支付购房款的事实能够成立。财税〔2003〕158号通知第一条第二款规定：“除个人独资企业、合伙企业以外的其他企业的个人投资者，以企业资金为本人、家庭成员及其相关人员支付与企业生产经营无关的消费性支出及购买汽车、住房等财产性支出，视为企业对个人投资者的红利分配，依照‘利息、股息、红利所得’项目计征个人所得税。”财税〔2008〕83号批复第一条规定：“根据《中华人民共和国个人所得税法》

（2011修正）和《财政部 国家税务总局关于规范个人投资者个人所得税征收管理的通知》（财税〔2003〕158号）的有关规定，符合以下情形的房屋或其他财产，不论所有权人是否将财产无偿或有偿交付企业使用，其实质均为企业对个人进行了实物性质的分配，应依法计征个人所得税。（一）企业出资购买房屋及其他财产，将所有权登记为投资者个人、投资者家庭成员或企业其他人员的……”第二条规定：“……对除个人独资企业、合伙企业以外其他企业的个人投资者或其家庭成员取得的上述所得，视为企业对个人投资者的红利分配，按照‘利息、股息、红利所得’项目计征个人所得税……”F公司主张，按财税〔2008〕83号批复第一条规定，房屋所有权须登记在股东卞某个人名下才可视为红利分配，而涉案房屋系预告登记，预告登记现已失效，故涉案不属于所有权登记在股东名下的情形，不应计征个人所得税。本院认为，财税〔2003〕158号通知现行有效，财税〔2003〕158号通知、财税〔2008〕83号批复的规定旨在限制企业为投资者个人出资购房。F公司关于涉案房屋要完成所有权登记后，征税的起点才能开始的主张，明显有违上述通知、批复的精神，也不符合征缴税收的时效性。涉案商品房的买卖合同及预告登记均已办理在卞某名下，至稽查局2016年5月作出本案被诉行政处罚时仍未改变，F公司为股东支付购房款事实清楚。综上，对于F公司以企业资金为股东支付购房款共人民币20 392 897元的事实，依法应视为企业对个人投资者的红利分配，应依照“利息、股息、红利所得”项目计征个人所得税。经稽查局重大案件审理委员会会议审议，根据《中华人民共和国个人所得税法》第三条第五款：“个人所得税的税率：……五、特许权使用费所得，利息、股息、红利所得，财产租赁所得，财产租赁所得，财产转让所得，偶然所得和其他所得，适用比例税率，税率为百分之二十”的规定，认定F公司应扣未扣“利息、股息、红利所得”个人所得税款4 078 579.4（20 392 897×20%）元，应补扣缴人民币4 078 579.4元，事实清楚、依据充分。

另外，F公司对于股东卞某向其借款额为人民币75 000元的款项未用于企业经营且未在该纳税年度内归还的事实无异议，本院予以确认。F公司主张，股东程某借款的人民币6 128 000元，系用于企业的经营，并提供了与程某签订的《协议》、董事会决议以及“蓝钻会”商标注册证等证明借款是用于企业经营。而在稽查局对企业法定代表人程某所作的询问笔录中，程某对借款在纳税年度内未归还的事实亦予以确认，但未主张该借款系用于企业经营，同时，F公司在诉讼中亦未提供相应的证据佐证该借款系用于企业经营。稽查局在检查过程及听证时，F公司虽提交了借款说明及部分还款证明，但银行支付系统专用凭证等还款证明体现的时间均在借款年度终了之后，亦在税务部门立案检查之后，F公司关于程某借款系用于企业生产经营的主张，不能成立。稽查局认定F公司两股东卞某、程某共借款6 203 000元未用于企业生产经营，且在纳税年度内未归还，依据财税〔2003〕158号通知第二条“纳税年度内个人投资者从其投资企业（个人独资企业、合伙企业除外）借款，在该纳税年度终了后既不归还，又未用于企业生产经营的，其未归还的借款可视为企业对个人投资者的红利分配，依照‘利息、股息、红利所得’项目计征个人所得税”的规定，经稽查局重大案件审理委员会会议审议，对于两股东向F公司借款人民币6 203 000元，视为企业对个人投资者的红利分配，依照“利息、股息、红利所得”项目计征个人所得税，事实清楚。F公司主张其无利润可分配以及稽查局适用财税〔2003〕158号通知违反上位法《中华人民共和国公司法》关于利润分配的强制性规定，并在二审中向本院申请对其2007—2010年度各年利润及各年年末未分配利润进行鉴定。对此，本院认为，F公司在原一审、二审、发回重审后原审审理的近两年期间，均未向法院提出鉴定的申请，故其应承担举证不能的后果，对其鉴定申请，本院不予准许。且F公司是否有利润可分配，并不影响稽查局在作出本案被诉行政处罚时将股东向其借款在纳税年度内未归还的行为，视为企业对个人投资者的红利分配的认定，F公司的上述主张，缺乏法律依据，不予支持。根据《中华人民共和国个人所得税法》第三条第五款按税率20%计征个人所得税，F公司应扣未扣“利息、股息、红利所得”个人所得税款人民币1 240 600元，应补扣缴人民币1 240 600元。综上，F公司应补扣缴上述两项个人所得税款共计人民币5 319 179.4元。稽查局在作出本案被诉行政处罚决定前，已于2015年11月12日向F公司作出《税务处理事项告知书》，已告知了F公司应补缴的税款以及在税务行政处罚决定之前主动补缴的，则处以未代扣代缴个人所得税款5 319 179.4元零点五倍的罚款，但F公司在稽查局2016年5月16日作出被诉处罚决定前未能主动补缴税款。据此，稽查局根据《中华人民共和国税收征收管理法》第六十九条的规定，对F公司应扣未扣个人所得税款的行为，处以应扣未扣税款1.5倍罚款计人民币7 978 769.1元，事实清楚、适用法律正确、量罚适当。F公司关于对于其首次违法行为，稽查局对其处以应扣未扣、应收未收税款1.5倍罚款有误的主张，不能成立。

关于F公司是否存在知道或者应当知道是伪造发票而存放的违法事实的问题。F公司存在开具假发票人民币5 415.5万元的行为（已另案处理）。F公司原法定代表人程某、会计何某在稽查局对其所作的询问笔录中对假发票在其经营所被查获的事实，予以确认，F公司所使用的正规发票均系向税务机关购买，其对于所购买的发票的数量、面值等情况应是明知的。而税务人员于2011年12月14日在F公司经营场所发现F公司财务室内存放发票4 097份，填开金额高达人民币2 189 349 287.77元，所开具的发票上盖有F公司的公章，经鉴定2 657份发票系假发票。F公司辩称对存放假发票不知情，明显不符合客观事实也有悖常理，该主张不能成立。对于F公司存放假发票的行为，稽查局经过集体讨论决定，根据《中华人民共和国发票管理办法》第三十九条第（二）项“有下列情形之一的，由税务机关处1万元以上5万元以下的罚款；情节严重的，处5万元以上50万元以下的罚款；有违法所得的予以没收：（二）知道或者应当知道是私自印制、伪造、变造、非法取得或者废止的发票而受让、开具、存放、携带、邮寄、运输的”及《省税务行政处罚裁量权基准适用规则》第八条第一款第（三）项“对有下列情形之一的行政处罚，应当经过有权作出行政处罚决定的税务机关集体讨论决定：（三）实施行政处罚在法律、法规、规章及国家税务总局规范性文件规定的幅度范围内，但高于或低于《基准》规定的”的规定，对F公司处以30万元罚款，事实清楚，量罚适当、适用依据正确。F公司关于稽查局对F公司处以罚款30万元超越法定裁量权的主张，不能成立。

稽查局经过受理、立案、调查，在作出本案被诉处罚决定前，于2015年11月12日依法作出《税务行政处罚事项告知书》，告知了F公司拟作出的处罚，以及依法享有的陈述、申辩及申请听证的权利。根据F公司的申请举行了听证，作出被诉行政处罚并送达F公司，行政程序合法。

行政复议机关受理F公司的复议申请后，向被申请人发出了行政复议答复通知书，经审查，于法定期限内作出被诉复议决定并送达各方当事人，事实清楚、行政程序合法。

综上所述，原审判决认定事实清楚，适用法律正确，应予维持。F公司的上诉理由不能成立，其上诉请求，不予支持。据此，依照《中华人民共和国行政诉讼法》第八十九条第一款第（一）项的规定，判决如下：

驳回上诉，维持原判。

【税案评析】

F公司有限公司（以下简称“F公司”）诉税务机关一案是2020年以来少有的关于股东占用企业资金的典型涉税行政诉讼案件，涉及多个税务处理处罚争议点，值得广大纳税人和税务机关执法工作者借鉴。

本案涉及的税务处理处罚争议点主要有：

1. F公司股东从企业借款是否应在税法上被认定为股息分配；

2. F公司是否存在出资为股东购买房产的行为，如果存在，是否应在税法上被认定为股息分配；

3. F公司是否存在通过开具收款收据，少列收入、逃避缴纳税款的行为；

4. F公司是否开具及存放假发票。

上述第1至3点，是广大纳税人普遍存在或已经发生的涉税风险，尤其值得注意。

一、F公司股东从企业借款是否应在税法上被认定为股息分配？

按照《财政部 国家税务总局关于规范个人投资者个人所得税征收管理的通知》（财税〔2003〕158号）的规定，纳税年度内个人投资者从其投资企业（个人独资企业、合伙企业除外）借款，在该纳税年度终了后既不归还，又未用于企业生产经营的，其未归还的借款可视为企业对个人投资者的红利分配，依照“利息、股息、红利所得”项目计征个人所得税。这一规则对个人投资者以借款方式分配股息，进而避缴个人所得税作出了限制。本案中F公司的自然人股东从企业借款符合“在该纳税年度终了后既不归还，又未用于企业生产经营”的条件，因此，税务机关认定股东应当计征个人所得税，F公司应当履行代扣代缴义务。

F公司的申辩意见包括两点：（1）股东向其借款是用于企业蓝钻项目经营，因此，不符合“未用于企业生产经营”的条件；（2）F公司自2007年起连续四年亏损，净利润为负值，无可分配利润，无法进行分红，不满足上位法《中华人民共和国公司法》第一百六十六条规定分红的强制性前提条件，亦无法适用下位法财税〔2003〕158号通知中“视为企业对个人投资者的红利分配”来计征个人所得税。

法院认为：（1）在稽查局对该股东所作的询问笔录中，该股东对借款在纳税年度内未归还的事实亦予以确认，但未主张该借款系用于企业经营，同时，F公司在诉讼中亦未提供相应的证据佐证该借款系用于企业经营。稽查局在检查过程及听证时，F公司虽提交了借款说明及部分还款证明，但银行支付系统专用凭证等还款证明体现的时间均在借款年度终了之后，亦在税务部门立案检查之后。（2）F公司主张其无利润可分配以及稽查局适用财税〔2003〕158号通知违反上位法《中华人民共和国公司法》关于利润分配的强制性规定，但是否有利润可分配，并不影响稽查局在作出本案被诉行政处罚时将股东向其借款在纳税年度内未归还的行为，视为企业对个人投资者的红利分配的认定。基于以上原因，法院没有支持F公司的上述主张。

笔者认为，F公司以“净利润为负值，无可分配利润，无法进行分红”为理由不能适用财税〔2003〕158号文件规定的观点是不能成立的。财税〔2003〕158号文对触发股东借款规则的法律后果规定为“可视为企业对个人投资者的红利分配”，强调“视为”指的是在这种情况下纳税义务已经发生，与实际的红利分配并无关联，因此，与企业净利润是否为正或是否有可分配利润没有关系。事实上，财税〔2003〕158号文只是描述了诸多股东占用企业利益行为之一种，即股东借用企业资金长期不归还。实际上其他的股东占用企业利益的行为，同样存在被税务机关视为股息分配的风险：

1.股东把到期债务转嫁给公司承担；

2.公司把索取货币或索取非货币性资产、索取具有经济价值的服务等到期债权转让给股东（如本案）；

3.公司为股东的债务提供保证责任并履行；

4.公司为股东垫付购买商品和服务的资金，且股东购买的商品和服务经济利益不归属于公司。

如果发生上述情形，无论企业是否在会计处理上确认为对股东的债权，只要发生债权的时间是在以前年度，税务机关均有权力按照财税〔2003〕158号文视同股息分配和要求股东缴纳个人所得税。

衍生的问题是：

一、如果股东按照“视为分配红利”的规则缴纳了个人所得税后，偿还了所借款项，个人所得税能否退回？税收实践中一般认为不能退回，因为发生纳税义务的法律事实，即“在该纳税年度终了后既不归还，又未用于企业生产经营的”已经发生并不可能更改了。但是未来企业实际向股东分配股息时，应当允许用股东之前按照“视为分配红利”缴纳的个人所得税抵顶实际分配股息时发生的纳税义务。例如，本案中的两位股东已经按照“视为分配红利”缴纳个人所得税，未来再分配股息时，两位股东可以从中减除已经“视为分配”的红利部分，按照余额缴纳个人所得税；F公司也是按照余额代扣代缴。关于这个问题，仅有少数地方税务机关曾经以文件方式进行了明确，如冀地税函〔2013〕68号文件规定：个人投资者归还从其投资企业取得的一年以上借款，已经按照“利息、股息、红利”征收的个人所得税，应予以退还或在以后应纳个人所得税中抵扣。

二、如果股东借款后归还，但是归还时已经跨年，税务机关检查时发现还能不能“视为分配红利”征收个人所得税？财税〔2003〕158号文件原文是“在该纳税年度终了后既不归还……”因此，如果税务机关发现时股东已经归还，似乎不符合财税〔2003〕158号文的“视为分配红利”的条件。但是这种税收风险是存在的。

例如：B公司截至2010年初，借款给其股东苏某300万元、洪某265万元、倪某305万元，以上共计借款870万元，上述款项在2012年5月归还，该借款未用于B公司的生产经营。2013年2月，税务机关对B公司涉嫌税务违法行为立案稽查，于2014年2月20日对B公司作出税务处理决定，其中认定B公司少代扣代缴174万元个人所得税，责令B公司补扣、补缴。B公司提起行政诉讼。一审和二审法院认定三名投资者的借款虽然有归还的事实，但显已超出该纳税年度，符合《财政部 国家税务总局关于规范个人投资者个人所得税征收管理的通知》中对个人投资者征收个人所得税的相关规定。因此，判决B公司败诉。

三、F公司是否存在出资为股东购买房产的行为，如果存在，是否应在税法上被认定为股息分配？

财税〔2008〕83号批复第一条规定：“根据《中华人民共和国个人所得税法》(2011修正)和《财政部 国家税务总局关于规范个人投资者个人所得税征收管理的通知》(财税〔2003〕158号)的有关规定，符合以下情形的房屋或其他财产，不论所有权人是否将财产无偿或有偿交付企业使用，其实质均为企业对个人进行了实物性质的分配，应依法计征个人所得税。(一)企业出资购买房屋及其他财产，将所有权登记为投资者个人、投资者家庭成员或企业其他人员的……”第二条规定：“……对除个人独资企业、合伙企业以外其他企业的个人投资者或其家庭成员取得的上述所得，视为企业对个人投资者的红利分配，按照‘利息、股息、红利所得’项目计征个人所得税……”按照上述规定，对于由企业出资购买而所有权登记为投资者个人、投资者家庭成员或企业其他人员的房屋及其他财产，均按照实质课税的原则认定为“企业对个人进行了实物性质的分配”，因而产生个人所得税纳税义务。触发纳税义务的前提条件可以分解为：

1.财产系企业出资购买；

2.财产所有权登记为投资者个人、投资者家庭成员或企业其他人员。

本案的特殊之处在于，F公司确实出资购买了房屋，且由自然人股东签订了购房合同，但是该房屋的所有权尚未登记为投资者个人。关于这里的“所有权登记”到底是以产权证明为准，还是可以扩大解释为合同签订主体，财税〔2008〕83号文件没有规定，因此给税务执法留下了自由裁量的空间，本案中税务机关就采用了扩大解释，而且得到了法院认可。

按照二审法院审理查明的法律事实，这一交易分解为以下两个行为：

1. 2010年7月，F公司自然人股东与S公司签订八份《商品房买卖合同》，向该公司购买位于某市某区房产，房屋权属登记产权人为该股东；

2. 2010年7月31日，F公司向S公司共支付了购房款人民币20 390 580元，同时附有相应支付购房款的转账进账单、支付凭证等。

法院认为：财税〔2003〕158号通知、财税〔2008〕83号批复的规定，旨在限制企业为投资者个人出资购房。上诉人关于涉案房屋要完成所有权登记后，征税的起点才能开始的主张，明显有违上述通知、批复的精神，也不符合征缴税收的时效性。涉案商品房的买卖合同及预告登记均已办理在股东卞某名下，至原稽查局2016年5月作出本案被诉行政处罚时仍未改变，上诉人为股东支付购房款事实清楚。综上，对于上诉人以企业资金为股东支付购房款共人民币20 392 897元的事实，依法应视为企业对个人投资者的红利分配，应依照“利息、股息、红利所得”项目计征个人所得税。

二审法院在判决书中另外载明了上诉人F公司的主张：购房主体原系企业，由企业先期购买房屋并支付购房款20 392 897元，后因企业资金不足，决定放弃购置房产，由股东卞某购置，上诉人与卞某签订《协议》，确认所有权属于卞某所有，卞某以程某、黄某代付方式归还购房款。但是这一主张没有得到法院支持。事实上即使这一主张成立，也无力扭转法院认定F公司应按照股息红利所得代扣个人所得税的义务这一结论。因为如果企业与股东签订协议将购房权利转移给股东，则相当于同步转移了一项合同的债权（要求S公司给付所购房屋的请求权）和债务（应向S公司支付前期购房款之外的剩余部分对价），但是这项债权和债务是不对称的。

企业预付购房款时，会计处理应当为：

借：预付账款　　　　20 392 897

　贷：银行存款　　　　20 392 897

企业与股东签订协议将购房权利转移给股东时，会计处理应当为：

借：其他应收款——××股东　　20 392 897

　　贷：预付账款　　20 392 897

由此可见，在企业与股东签订协议将购房权利转移给股东的过程中，F公司没有获得任何现金或实物利益，在冲减预付购房款的同时需要确认一项对股东的债权，否则无法平账。则这一交易又会触发“股东从企业借款，应缴纳个人所得税”的条件。因此，对于出资为自然人股东购买房产或其他需要办理所有权登记的财产（如机动车），无论怎样处理都会触发财税〔2008〕83号的有关规定而发生被认定属于股息分配的风险。这一结论也提醒我们，企业与自然人股东之间除了发生资金往来需要密切关注和判别有无财税合规风险之外，即使企业与自然人股东之间没有资金往来而仅仅是预付款项（如本案）、垫付款项（代股东履行债务）、企业代股东履行保证责任等都需要慎重对待。推而广之，债务转移（企业代股东承接债务）、债权转移（企业把债权转移给股东）等没有实际发生资金流的债权债务变动的情形，如果这种情形下企业应该确认对自然人股东的债权，企业也需要高度关注可能存在的视同分红需代扣代缴个人所得税法律风险。

除了股东从企业借用款项跨年不还可能被认定为视同分红之外，股东的近亲属从企业借用款项同样存在风险，且现在已经有实际税收执法案例对股东近亲属从企业借用款项作出税务处理了，如公布于税务机关网站的如下案例：

行政处罚决定文书号：惠税一稽罚〔2022〕158号

违法行为类型：逃避缴纳税款

违法事实：××公司股东曾××父亲曾×于2019年6月至2020年1月期间向你公司借款合计11 620 000元长期未还。根据《财政部 国家税务总局关于规范个人投资者个人所得税征收管理的通知》

（财税〔2003〕158号）第二条“关于个人投资者从其投资的企业（个人独资企业、合伙企业除外）借款长期不还的处理问题：纳税年度内个人投资者从其投资的企业（个人独资企业、合伙企业除外）借款，在该纳税年度终了后既不归还，又未用于企业生产经营的，其未归还的借款可视为企业对个人投资者的红利分配，依照‘利息、股息、红利所得’项目计征个人所得税”的规定，曾×向你公司借款合计11 620 000元长期未还，应认定“利息、股息、红利所得”项目计征个人所得税。经检查发现，上述长期未还借款未进行申报个人所得税。

处罚依据：根据《中华人民共和国税收征收管理法》第六十九条“扣缴义务人应扣未扣、应收而不收税款的，由税务机关向纳税人追缴税款，对扣缴义务人处应扣未扣、应收未收税款百分之五十以上三倍以下的罚款”的规定，你公司应扣未扣个人所得税为2 324 000元（11 620 000×20%）

处罚类别：罚款。

处罚内容：对你公司应扣未扣的行为处应扣未扣税款百分之五十的罚款1 162 000元（2 324 000×50%）。

罚款金额（万元）：116.2。

可见，股东的近亲属从企业借款跨年不还也存在被认定为视同分配股息的风险。

四、F公司被认定为存在“少列收入”的偷税行为是否适当?

本案的第三个争议焦点是F公司是否存在“少列收入”的偷税行为。

F公司认为税务机关仅依据上诉人自行制作的收款收据认定2004—2011年度上诉人存在未入账收入，但未向第三方全面调查予以核实、确认是否真实存在未入账收入及具体金额多少，因此不能形成证据链。但法庭调查已采信了税务机关提交的有关证据，并确认了F公司少列收入进而少缴税款的法律事实。证明上述法律事实的证据有：

1. “账外收款收据核实情况明细表”；

2. “开具收据未入账明细表”；

3. 外调企业提供的《情况说明》；

4. 合同；

5. 收款收据；

6. F公司会计人员的询问笔录。

如果意图证明F公司存在少计收入的事实，上述证据需要证明两个要点：

一个要点是F公司存在“少计、漏计”行为，即发生应在会计账簿上予以记录的经营活动而实际上没有记录，这一点可以从证据1、证据2中得到证明。但是仅证明存在“少计、漏计”是不够的，重点在于需要证明“少计、漏计”的经营活动属于企业取得经营收入的活动。如果与取得收入无关，例如纳税人“少计”借款，则不构成偷税。因此，税务机关还需要证明第二个要点，即纳税人少计项目属于应承担纳税义务的“收入”。

上述证据中的“账外收款收据核实情况明细表”和“开具收据未入账明细表”以及收款收据只能证明企业存在账外收款，但不能证明收据所列的款项系企业取得经营收入。因此，税务机关还提供了外调企业提供的《情况说明》、合同和F公司会计人员的询问笔录，以证明第二个要点。法院也认定上述证据可以形成证据链证实上诉人通过开具收款收据收取广告费共计3 652 254元未入账，且未按规定开具发票，而是开具收款收据，属于在账簿上不列、少列收入，不缴或者少缴应纳税款的偷税行为。

从F公司的角度来看，对这一争议点进行申辩更应当针对第二个要点进行，即举证证明少列会计记录与取得收入无关。例如，如果付款人证实所支付款项不属于购买商品、接受服务的支出，而是拆借资金，则收款人开具收据的行为在税法上不能认为是“少计收入”，因为借款获得的现金流量不属于企业所得税中的收入或者流转税中销售额或营业额的定义。本案也启示我们，对于税收法律争议应当细分其构成要件，以重点突破的方式进行申辩。而本案F公司对“少计收入”的申辩显得过于表面，没有深入到争议点的实质构成条件是否成立，因此，败诉也就是情理之中了。

【政策法规链接】

《个人所得税法》第六条：“应纳税所得额的计算：……（六）利息、股息、红利所得和偶然所得，以每次收入额为应纳税所得额。”第九条：“个人所得税以所得人为纳税人，以支付所得的单位或者个人为扣缴义务人。”

《个人所得税法实施条例》第八条：“个人所得的形式，包括现金、实物、有价证券和其他形式的经济利益；所得为实物的，应当按照取得的凭证上所注明的价格计算应纳税所得额，无凭证的实物或者凭证上所注明的价格明显偏低的，参照市场价格核定应纳税所得额。”

《税收征收管理法》第六十九条：“扣缴义务人应扣未扣、应收而不收税款的，由税务机关向纳税人追缴税款，对扣缴义务人处应扣未扣、应收未收税款百分之五十以上三倍以下的罚款。”

11. 劳动者索薪索偿，是“税前”还是“税后”？

——劳动争议相关的劳动者所得的个人所得税问题

【基本案情】

高某与原用人单位S公司发生劳动争议纠纷一案，法院已经作出生效判决，已经发生法律效力，判令S公司应向高某支付未签订劳动合同二倍工资差额19 089.66元、解除劳动合同经济补偿金4 000元、延长工作时间加班工资6 525.87元、法定节假日加班工资579.3元，并承担案件诉讼费15元，合计30 209.83元。之后，高某以“S公司未履行生效法律文书所确定的义务”为由，向法院申请强制执行。法院依法受理并于2015年1月从被执行人S公司账户内扣划存款30 849.02元。

S公司对上述执行措施不服，向法院提出执行异议，请求法院将错误扣划的30 849.02元退还S公司，理由为：S公司在收到生效判决后，便通知申请执行人提供银行账号办理转款手续，同时向主管税务机关咨询是否需要代扣代缴个人所得税，得到的答复是：依法缴纳个人所得税是公民应尽的义务，支付所得的单位有义务代扣代缴个人所得税，法院判决金额不在免税之列。根据税务部门的答复，S公司于2014年12月将本案执行依据所确定的金额在扣除代扣代缴的税额后，便将剩余款项25 526.12元支付到高某的账号。S公司于2015年1月收到法院强制扣款的通知书，发现该通知书的扣划金额与生效判决所确定的金额存有出入，即比生效判决确定的金额多出654.19元。经询问法院，被告知多出的金额系滞纳金。S公司认为，法院的扣划行为没有法律依据，应将扣划款项全额退还S公司。理由为：首先，款项延迟支付是因为高某向S公司提供银行账号不及时，故法院不应当执行S公司迟延给付的滞纳金。其次，扣缴个人所得税是税法所规定的义务，S公司已按照生效判决确定的金额即30 194.83元，在代扣代缴高某的个人所得税4 668.71元后，将余款25 526.12元付至高某的账号。最后，如果法院认为S公司不应当代扣代缴个人所得税4 668.71元，请出示书面文件以便S公司向税务局申请退回已缴纳的税款。

法院认为，本案争议问题是迟延履行期间利息如何计算以及被执行人代扣代缴个人所得税合法性问题。

一、生效的法律文书是执行款项计算的依据，该院依据生效法律文书扣划被执行人的款项并无不当。鉴于被执行人已经先期自行履行大部分支付义务，该部分已经支付款项的迟延履行期利息应从判决生效之日起三日后计算至支付之日为止，剩余未支付金额应从判决生效之日三日后计算至该院执行扣划之日止。多扣划款项可予以退还。执行法官所在合议庭可依据上述原则重新核定，执行异议程序不予具体计算。

二、被执行人应当按照生效法律文书全面履行支付义务。本案系劳动争议纠纷，生效判决包括的范围有：违法不签订劳动合同的二倍工资的赔偿金和违法解除劳动合同赔偿金，以上均是法律规定的惩罚性赔偿。依据《个人所得税法》第二条的规定，上述惩罚性赔偿金并非工资薪金所得，不在应税范围内。而判决书确定的加班工资以及节假日加班工资名目上属于工资、薪金所得，但上述加班工资系被执行人违法拖欠导致以判决一次性给付的方式确认，且加班工资和节日加班工资系一段时间内的所得，如分摊到具体月份和日期，工资、薪金所得是否达到应税界限，应税金额如何具体计算均需核定，不能排除纳税义务人不应计税和可以依法抵扣的情形。故即使加班工资所得应当纳税，亦应由申请执行人自行向税务机关申报，由税务机关依据具体情形予以核定。被执行人擅自为已经离职且为此进行劳动争议诉讼的员工进行所谓的代扣代缴，系拒绝全面履行生效法律文书的不当行为。S公司的相关请求，应当予以驳回。依据《中华人民共和国民事诉讼法》第二百二十五条规定，裁定：第一，重新核定应执行金额。第二，驳回S公司（被执行人）的其他执行异议请求。

S公司对法院的异议裁定不服，向中级法院申请复议，请求：1.撤销执行裁定。2.法院如认为申请复议人无权代扣代缴高某的个人所得税，请出具书面文件给市地方税务局，以便申请复议人办理退税事宜。3.如法院不能通过查明法律向申请复议人释明无须代扣代缴高某的个人所得税，请求尽快将扣划金额如数退还。具体理由为：

一、申请复议人对异议裁定关于“被执行人擅自进行所谓的代扣代缴，系拒绝全面履行生效法律文书的不当行为”的认定不服。依据《中华人民共和国个人所得税》第八条的规定，个人所得税以所得人为纳税义务人，以支付所得的单位或者个人为扣缴义务人。个人所得超过国务院规定数额的，在两处以上取得工资、薪金所得或者没有扣缴义务人的，以及具有国务院规定的其他情形的，纳税义务人应当按照国家规定办理纳税申报。扣缴义务人应当按照国家规定办理全员全额扣缴申报。申请复议人按税法规定履行代扣代缴义务，并不是擅自进行所谓的代扣代缴。且扣缴个人所得税前，已向市地方税务局咨询并得到确认，即依法缴纳个人所得税是每个公民的应尽义务，支付所得的单位有义务代扣代缴个人所得税，法院判决金额不在免税之列。如员工不同意代扣代缴，支付方直接代扣代缴。

二、申请复议人对异议裁定关于“违法不签订劳动合同的二倍工资的赔偿金和违法解除劳动合同赔偿金，以上均是法律规定的惩罚性赔偿。依据《中华人民共和国个人所得税法》第二条规定，上述惩罚性赔偿金并非工资薪金所得，不在应税范围内”的认定有异议。（1）根据《中华人民共和国个人所得税法》第一条的规定，在中国境内有住所，或者无住所而在境内居住满一年[①]的个人，从中国境内和境外取得的所得，依照该法规定缴纳个人所得税。在中国境内无住所又不居住或者无住所而在境内居住不满一年的个人，从中国境内取得的所得，依照该法规定缴纳个人所得税。根据上述规定，个人取得的所得都属于应税所得，都应依法缴纳个人所得税。（2）依据《中华人民共和国个人所得税法》第二条的规定，个人取得的所得只是按不同税目来计缴个人所得税。①不签订劳动合同的二倍工资、加班工资和节日加班工资应按“工资、薪金所得”税目计缴个税。②解除劳动合同应按“解除劳动合同一次性补偿收入”税目计缴个税。申请复议人分别按以上两个税目计缴个人所得税。请法院与市地方税务局福

① 该规定为案发时的相关个人所得税规定，现已改为 183 天。下同。

田分局联系核实。法院既没有给出高某不用缴纳个人所得税的具体法律条文，又不出示书面文书导致申请复议人无法向市地方税务局办理退税，导致申请复议人的权益受损，特向上级人民法院申请复议，请求支持申请复议人的复议请求。

【裁判结果】

中级法院对该复议申请予以受理并审查，于2015年7月向S公司主管税务机关去函，函询如下问题：

1. 高某根据本案生效判决所确定的金钱种类及数额是否应缴纳个人所得税？

2. 高某如应当缴纳个人所得税，其应缴纳的税款数额是多少（请列明详细的计算方法）？

3. 高某如应当缴纳个人所得税，S公司可否作为高某个人应缴税款的代扣代收义务人？

4. S公司关于已代扣代缴高某个人所得税款4 668.71元的主张是否属实？

之后，S公司主管税务机关函复法院：

一、高某根据生效判决所确定取得的未签订劳动合同二倍工资差额19 089.66元，属于惩罚性赔偿，不视为个人因任职受雇取得的劳动所得，法院判决赔款不属于个人应税所得项目的内容，不征收个人所得税；解除劳动合同的经济补偿金4 000元、2013年8月8日至2014年1月12日期间延长工作时间加班工资6 525.87元及法定节假日加班工资579.30元，属于个人任职受雇取得的所得，应按照"工资薪金所得"征收个人所得税，由支付所得方代扣代缴个人所得税。

二、根据广东省地方税务局《关于对补发以往月份工资计算个人所得税问题的通知》（粤地税发〔1999〕239号）的精神，对纳税人领取补发以往月份的工资（含津贴、补贴），可以把补发的工资分摊回所属月份工资薪金所得合并计征个人所得税。其计算公式如下：所属月份补发工资应纳税额={[（所属月份补发工资+原所属月份的工资薪金所得）-费用减除额]×适用税率-速算扣除数}-原所属月份已缴纳的个人所得税。

三、根据《中华人民共和国个人所得税法》第八条及《中华人民共和国个人所得税法实施条例》第三十五条的规定，S公司作为支付高某所得的单位，可以作为高某个人应缴纳个人所得税的扣缴义务人。

四、经我局系统查核，S公司于2015年1月15日代扣代缴高某工资薪金个人所得税4 668.71元（凭证序号：442315900970093869）情况属实。

中级法院认为，本案争议焦点包括：

一、被执行人S公司是否有权代扣代缴申请执行人根据生效判决所确定给付金额的个人所得税？

二、法院从S公司账户内扣划款项的行为是否违法？

首先，根据《中华人民共和国个人所得税法》第二条的规定，工资薪金所得、劳务报酬所得应缴纳个人所得税。故缴纳个人所得税是纳税人应尽的法定义务，该义务并不因人民法院强制执行而予以免除。同时，根据《中华人民共和国个人所得税法》第八条、《个人所得税代扣代缴暂行办法》第十一条的规定，个人所得税，以所得人为纳税义务人，以支付所得的单位或者个人为扣缴义务人；扣缴义务人应扣未扣、应收未收税款的，由扣缴义务人缴纳应扣未扣、应收未收税款的滞纳金或者罚款。本案中，S公司作为高某劳动报酬的支付义务方，代扣代缴高某的个人所得税是其应履行的法律义务。S公司主管税务机关在给本院的复函中也明确表示，S公司作为支付高某所得的单位，可以作为高某个人应缴纳个人所得税的扣缴义务人。因此，S公司代扣代缴高某个人所得税，于法有据。据此，一方面，S公司在本案中对高某负有按照生效判决给付相应金额的义务；另一方面，S公司对国家负有从应给付高某的款项中代扣代缴其个人所得税的义务。S公司代扣代缴的税款，原本便是高某应当向国家缴纳的税款。故S公司代扣代缴的税款，应当视为是S公司履行生效判决所确定的给付款项的组成部分。也就是说，代扣代缴的税款在执行金额中予以扣除与法院按照生效法律文书确定的内容强制执行，二者本质上并不冲突，也不矛盾。相反，如果S公司在向高某履行金钱给付义务时，未履行代扣代缴个人所得税的法律义务，按照上述《个人所得税代扣代缴暂行办法》的规定，S公司将可能面临被税务机关科处缴纳因未扣税款所生滞纳金或罚款的税法责任。因此，法院异议裁定中关于“被执行人擅自为已经离职且为此进行劳动争议诉讼的员工进行所谓的代扣代缴，系拒绝全面履行生效法律文书的不当行为”的认定，不符合相关法律规定，本院不予认可。但是，需要说明的是，S公司就高某所得代扣代缴的税款金额，系该单位单方自行计算的数额，法院应当根据S公司主管税务机关给出的计算公式和确定的计税项目，核算S公司应当代扣代缴的税额。如有必要，该院可要求相关税务部门协助核算。对该部分金额，法院应当从本案执行标的中予以扣除。

其次，根据《民事诉讼法》第二百四十条的规定，执行员接到申请执行书或者移交执行书，应当向被执行人发出执行通知，并可以立即采取强制执行措施。该条规定旨在确保人民法院强制执行工作的效率，尽快实现生效债权。因此，执行实践中，执行法院受理申请人的强制执行申请后，即根据执行依据确定的金钱数额对被执行人名下财产采取包括查封、冻结、扣押、划拨、变价等强制执行措施，属于执行工作的通常做法。因此，法院受理执行案件后的扣划行为本身不违反法律规定。当然，执行法院如果在后续执行进程中查明被执行人此前确已按照生效法律文书自动履行了部分或全部金钱给付义务，则应当相应地及时变更或解除先前采取的执行措施，以免造成对被执行人合法权益的不当侵害。S公司在本案中的异议请求是要求退还扣划的全部款项。现已查明，法院于2015年1月按照生效判决确定的总额从S公司账户扣划30 849.02元，而S公司已于2014年

12月向申请执行人高某账户内汇入25 526.12元，故法院扣划的款项显然超出了S公司应当履行的义务范围。法院的异议裁定，一方面在“本院认为”部分要求负责执行的合议庭重新核算本案执行标的，另一方面又在裁定主文中径行驳回S公司要求返还扣划金额的异议请求，该异议处理结果不妥当。

最后，根据《民事诉讼法》第二百五十三条的规定，被执行人未按判决、裁定和其他法律文书指定的期间履行给付金钱义务的，应当加倍支付迟延履行期间的债务利息。被执行人未按判决、裁定和其他法律文书指定的期间履行其他义务的，应当支付迟延履行金。本案生效判决判令S公司应于判决生效之日起三日内履行金钱给付义务，判决生效日为2014年12月3日，故S公司应当最迟不晚于2014年12月6日前履行生效判决确定的给付金钱义务。S公司于2014年12月24日履行付款义务，已构成迟延履行，依法应当支付迟延履行利息。该迟延履行利息构成本案执行标的的一部分。关于迟延履行利息的核定，法院应当结合S公司的实际履行情况，按照《最高人民法院关于执行程序中计算迟延履行期间的债务利息适用法律若干问题的解释》（法释〔2014〕8号）所确立的规则进行计算。S公司在异议审查过程中关于“高某未及时提供账号导致该公司无法及时付款，不应当给付迟延履行利息”的主张，没有法律依据，本院不予采纳。

综上所述，原执行裁定，虽然认定事实清楚，但适用法律错误，处理结果不当，二审法院予以撤销。结论为：原执行法院应当在核定高某须缴纳的个人所得税金额和本案迟延履行利息数额的基础上，重新核算本案的执行标的，并结合S公司此前已实际履行的情况，对从S公司账户中扣划的款项进行相应处理。依照《中华人民共和国民事诉讼法》第二百二十五条、《最高人民法院关于人民法院办理执行异议和复议案件若干问题的规定》第十一条第一款、第二十三条第一款第（二）项的规定，裁定如下：

一、撤销执行裁定；

二、由原执行法院按本裁定确认的计算方法重新核算执行标的，超出执行标的的部分退还S公司。

本裁定书送达后立即发生法律效力。

【税案评析】

按照《中华人民共和国劳动法》和《劳动合同法》规定，劳动争议仲裁或诉讼案件中，最终劳动者可能额外获得的经济补偿、经济赔偿包括：

1. 工资报酬；

2. 经济补偿；

3. 赔偿责任。

以上内容详见《中华人民共和国劳动法》“法律责任”章和《劳动合同法》“法律责任”章。

劳动争议中劳动者获得的上述经济补偿、经济赔偿是否应征个人所得税？如果应征，应当由用人单位代扣代缴还是由法院代为扣划？本案对我们判断这两个问题提供了有益启示。虽然本执行裁定出具至今已有多年时间，但个人所得税的征管原理没有改变，仍然可以作为劳动争议案件执行中劳动者、用人单位、司法机关、税务机关四方办理征纳税款义务的参考。

对于第一个问题，实际上相关税务规范性文件已经明确过：根据《财政部 国家税务总局关于个人与用人单位解除劳动关系取得的一次性补偿收入征免个人所得税问题的通知》（财税〔2001〕157号）第一条的规定，个人因与用人单位解除劳动关系而取得的一次性补偿收入（包括用人单位发放的经济补偿金、生活补助费和其他补助费用），其收入在当地上年职工平均工资3倍数额以内的部分，免征个人所得税；同时超过当地上年职工平均工资3倍数额的部分应根据《国家税务总局关于个人因解除劳动合同取得经济补偿金征收个人所得税问题的通知》（国税发〔1999〕178号）第二条的规定，对于个人取得的一次性经济补偿收入，可视为一次取得数月的工资、薪金收入，允许在一定期限内进行平均。具体平均办法为：以个人取得的一次性经济补偿收入，除以个人在本企业的工作年限数，以其商数作为个人的月工资、薪金收入，按照税法规定计算缴纳个人所得税。个人在本企业的工作年限数按实际工作年限数计算，超过12年的按12年计算。

本案裁定书中载明了税务机关的两份答复，也明确了纳税人具有纳税义务和纳税义务涵盖的范围：

1. S公司向主管税务机关咨询是否需要代扣代缴个人所得税，得到的答复为：依法缴纳个人所得税是公民应尽的义务，支付所得的单位有义务代扣代缴个人所得税，法院判决金额不在免税之列。根据税务部门的答复，S公司于2014年12月24日将本案执行依据所确定的金额在扣除代扣代缴的税额后，将剩余款项支付到劳动者个人的账号。

2. 税务机关对法院的一份回函，内容为：（1）劳动者根据生效判决所确定取得的未签订劳动合同二倍工资差额，属于惩罚性赔偿，不视为个人因任职受雇取得的劳动所得，法院判决赔款不属于个人应税所得项目的内容，不征收个人所得税；（2）解除劳动合同的经济补偿金、劳动期间延长工作时间加班工资及法定节假日加班工资属于个人任职受雇取得的所得，应按照“工资薪金所得”征收个人所得税，由支付所得方代扣代缴个人所得税。参照该函，劳动者获得的经济赔偿不属于个人应税所得，但工资报酬和经济补偿属于个人应税所得，因此，《中华人民共和国劳动法》和《劳动合同法》中规定的用人单位对劳动者因下列原因支付赔偿不在个人所得税征税范围之内：

（1）用人单位制定的劳动规章制度违反法律、法规规定，对劳动者造成损害的（《中华人民共和国劳动法》第八十九条）；

（2）用人单位有下列侵害劳动者合法权益情形之一的：①克扣或者无故拖欠劳动者工资的；②拒不支付劳动者延长工作时间工资报酬的；③低

于当地最低工资标准支付劳动者工资的；④解除劳动合同后，未依照该法规定给予劳动者经济补偿的（《中华人民共和国劳动法》第九十一条）；

（3）用人单位违反该法对女职工和未成年工的保护规定，对女职工或者未成年工造成损害的（《中华人民共和国劳动法》第九十五条）；

（4）由于用人单位的原因订立的无效合同，对劳动者造成损害的（《中华人民共和国劳动法》第九十七条）；

（5）用人单位违反该法规定的条件解除劳动合同或者故意拖延不订立劳动合同，对劳动者造成损害的（《中华人民共和国劳动法》第九十八条）；

（6）《劳动合同法》第八十条—第九十四条规定的用人单位对劳动者的赔偿责任。

从税务机关的以上两份答复，可以明确劳动争议的司法裁决生效后，支付所得的原用人单位仍有义务代扣代缴个人所得税，但扣缴义务限于应支付的工资薪金和解除劳动关系补偿，而赔偿性质的经济利益给付不属于个人所得税征税范围，代扣代缴义务自然无从谈起。

第二个问题是：应征的个人所得税应当由用人单位代扣代缴还是由法院代为扣划？由于个人所得税纳税人数量多且分散，征管难度大，现行的个人所得税制度特别倚重代扣代缴制度，按照《个人所得税》的规定，个人所得税，以所得人为纳税义务人，以支付所得的单位或者个人为扣缴义务人；扣缴义务人应扣未扣、应收未收税款的，由扣缴义务人缴纳应扣未扣、应收未收税款的滞纳金或者罚款。因此，劳动者的个人应税所得由支付所得的用人单位或用工单位代扣代缴当无疑义。但是劳动争议案件中，劳动者的个人所得有关的资金流转不仅涉及用人单位和劳动者，还会涉及司法机关。从本案的裁定来看，司法机关对于劳动者个人所得税的扣缴义务，存在着不同认知。

按照裁定书描述，S司已经于2014年12月24日将本案执行依据所确定的金额在扣除代扣代缴的税额后将剩余款项25 526.12元支付到劳动者个人的账号。但执行法院在受理强制执行申请后于2015年1月13日又从被执行人S公司账户内扣划存款30 849.02元。法院认为：即使加班工资所得应当纳税，亦应由申请执行人自行向税务机关申报，由税务机关依据具体情形予以核定。被执行人擅自为已经离职且为此进行劳动争议诉讼的员工进行所谓的代扣代缴，系拒绝全面履行生效法律文书的不当行为。

中级法院在裁定书中阐明：一方面，S公司在本案中对高某负有按照生效判决给付相应金额的义务；另一方面，S公司对国家负有从应给付高某的款项中代扣代缴其个人所得税的义务。S公司代扣代缴的税款，原本便是高某应当向国家缴纳的税款。故S公司代扣代缴的税款，应当视为是S公司履行生效判决所确定的给付款项的组成部分。因此，法院最终裁定S公司履行代扣代缴义务并无不妥。裁定书同时补充：S公司就劳动者个人所得代扣代缴的税款金额，系单方自行计算的数额，执行法院应当根据税务机关给出的计算公式和确定的计税项目，核算S公司应当代扣代缴的税额。对该部分金额，执行法院应当从本案执行标的中予以扣除。

根据上述裁定内容，可以总结出支付所得的用人单位和执行法院分别应当承担的义务包括：

1.用人单位依照仲裁或判决结果，计算应代扣代缴的个人所得税并向税务机关申报缴纳，仲裁或判决结果扣除代扣代缴个人所得税的部分支付给劳动者本人；

2.如果劳动者申请强制执行，执行法院需要分两种情况处理：

（1）如果用人单位已经代扣代缴个人所得税，并按代扣代缴之后的金额支付给劳动者，执行法院可以计算用人单位代扣是否正确，这部分税额从执行标的中扣除；

（2）如果用人单位没有按仲裁或判决结果向劳动者支付所得，执行法院可以强制执行，但仍然需要计算应由用人单位代扣代缴的个人所得税，并将这部分税额从执行标的中扣除。

【政策法规链接】

《个人所得税法》第九条："个人所得税以所得人为纳税人，以支付所得的单位或者个人为扣缴义务人。"第十条："扣缴义务人应当按照国家规定办理全员全额扣缴申报，并向纳税人提供其个人所得和已扣缴税款等信息。"

《个人所得税法实施条例》第六条："个人所得税法规定的各项个人所得的范围：(一)工资、薪金所得，是指个人因任职或者受雇取得的工资、薪金、奖金、年终加薪、劳动分红、津贴、补贴以及与任职或者受雇有关的其他所得。"第二十四条："扣缴义务人向个人支付应税款项时，应当依照个人所得税法规定预扣或者代扣税款，按时缴库，并专项记载备查。"

《税收征收管理法》第三十条："扣缴义务人依法履行代扣、代收税款义务时，纳税人不得拒绝。"

12. 公司完结，一了百了？

——已注销企业的税收责任和涉税行政处罚责任的归结

【基本案情】

S公司在2009—2011年间企业所得收入未按规定申报缴纳企业所得税，2015年3月，某地稽查局决定对S公司2009年1月1日至2011年12月31日期间涉税情况进行检查，查实该公司存在逃税问题，依法应予补缴税款：

一、2009年7月，S公司向Z公司提供中介服务，取得收入1 100 000元，使用其他公司向税务机关领购的“某地市服务业、娱乐业、文化体育业专用发票”，开具给付款方。

二、2009年11月，S公司向H公司提供中介服务，取得收入1 000 000元，使用其他公司向税务机关领购的“某地市服务业、娱乐业、文化体育业专用发票”，开具给付款方。

三、2010年6月，S公司向X公司提供中介服务，取得收入250 000元，使用其他公司向税务机关领购的“某地市服务业、娱乐业、文化体育业专用发票”，开具给付款方。

四、2011年4月至6月，S公司向X公司提供中介服务，取得收入5 546 400.52元，使用其他公司向税务机关领购的“某地市服务业、娱乐业、文化体育业专用发票”，开具给付款方。S公司通过上述业务共计取得营业收入7 896 400.52元（其中2009年度取得营业收入2 100 000元；2010年度取得营业收入250 000元；2011年度取得营业收入5 546 400.52元），均未按规定申报缴纳企业所得税，定性为偷税。

税务机关根据查处结果作出如下处理决定：

一、追缴企业所得税。根据《中华人民共和国税收征收管理法》第六十三条、第五十二条和《中华人民共和国企业所得税法》第一条、第四条、第六条、第二十二条、第五十三条、第五十四条之规定，经计算追缴2009年企业所得税496 125元，追缴2010年企业所得税59 062.5元，追缴2011年企业所得税1 308 451.48元，共计追缴税款1 863 638.98元。

二、加收滞纳金。根据《中华人民共和国税收征收管理法》第三十二条、《中华人民共和国税收征收管理法实施细则》第七十五条之规定，对S公司少缴的企业所得税1 863 638.98元从滞纳税款之日起，按日加收滞纳税款万分之五的滞纳金。

但是，税务机关开展检查时已经发现：2012年5月，S公司已经在未向税务机关如实申报缴纳税款的情况下，向原工商部门提供虚假清算报告等资料，骗取了注销登记，税务机关在税务处理决定中决定向S公司的唯一股东丁某追缴，理由是：鉴于S公司已注销登记，其企业法人作为责任承担主体的法律地位已不存在。丁某作为公司唯一股东，骗取注销登记，从而逃避缴纳税款，已对国家税收权益造成实质性侵害。根据《中华人民共和国公司法》第二十条、第一百八十九条、《最高人民法院关于适用〈中华人民共和国公司法〉若干问题的规定（二）》（2014年修正）第十九条之规定，决定向丁某个人追缴S公司应缴纳的税款及滞纳金。

对于税务机关的处理决定，丁某认为：税务机关对S公司作出偷税定性时，该公司作为法律主体已经不存在因而无责任能力，税务机关无法归结补税责任和行政处罚责任。就这一争议点，丁某在以S公司名义将上述税款、滞纳金解缴入库后提起行政复议。2020年3月4日，某地税务局作出《行政复议决定书》，维持了被诉处理决定。丁某不服而提起诉讼，请求撤销被诉的税务处理决定和行政复议决定。

一审法院认为，根据《中华人民共和国税收征收管理法》第十四条及《中华人民共和国税收征收管理法实施细则》第九条的规定，某地税务稽查局具有依法查处涉税违法行为，作出相应行政处理决定的法定职责。根据《中华人民共和国行政复议法》第十二条的规定，某地税务局作为某地税务稽查局的上级主管部门，具有对某地税务稽查局作出的处理决定进行行政复议的职责。

综合考虑庭审情况及相关法律规定，本案争议焦点归纳为：（1）某地税务稽查局认定S公司应当补缴税款的事实是否成立；（2）企业注销后纳税主体的认定。一审法院分别论述如下：

一、某地税务稽查局认定S公司应当补缴税款的事实是否成立

根据《中华人民共和国税收征收管理法》第六十三条第一款规定，纳税人伪造、变造、隐匿、擅自销毁账簿、记账凭证，或者在账簿上多列

支出或者不列、少列收入，或者经税务机关通知申报而拒不申报或者进行虚假的纳税申报，不缴或者少缴应纳税款的，是偷税。S公司应当按照《中华人民共和国税收征收管理法》《中华人民共和国企业所得税法》的相关规定，设置账簿，根据合法、有效凭证记账，进行核算并缴纳相应的企业所得税。根据查明的事实可知，S公司2009年至2011年间取得的7 896 400.52元营业收入未按规定申报缴纳企业所得税，造成少缴税款的结果，应当依法补缴税款并加收滞纳金。

关于应纳税所得额的计算问题，《中华人民共和国企业所得税法》第五条规定，企业每一纳税年度的收入总额，减除不征税收入、免税收入、各项扣除以及允许弥补的以前年度亏损后的余额，为应纳税所得额。《中华人民共和国企业所得税法》第八条规定，企业实际发生的与取得收入有关的、合理的支出，包括成本、费用、税金、损失和其他支出，准予在计算应纳税所得额时扣除。但丁某在税务机关的释明之下仍未提供证明S公司除自行申报的成本费用支出之外的其他成本费用支出的合法有效凭证，故某地税务稽查局按照S公司2009年至2011年经营期间取得的咨询服务收入调增应纳税所得额7 896 400.52元，并在弥补亏损后确定2009年至2011年各年度的应补缴企业所得税，该征税行为符合法律规定。

二、企业注销后纳税主体的认定

《中华人民共和国公司法》第二十条规定，公司股东应当遵守法律、行政法规和公司章程，依法行使股东权利，不得滥用股东权利损害公司或者其他股东的利益；不得滥用公司法人独立地位和股东有限责任损害公司债权人的利益。《中华人民共和国税收征收管理法实施细则》第五十条规定，纳税人有解散、撤销、破产情形的，在清算前应当向其主管税务机关报告；未结清税款的，由其主管税务机关参加清算。

丁某作为S公司的唯一股东，在公司清算时作为该公司的清算组负责人理应按照《中华人民共和国公司法》的规定，如实进行公司清算，其中当然包括清缴所欠税款以及清算过程中产生的税款，并在公司清算结束后，制作清算报告并报送公司登记机关，申请注销公司登记。但丁某在《企业注销登记申请书》《注销清算报告》中签字确认“公司债权债务已清理完毕，各项税款及职工工资已结清”，由此致使S公司于2012年5月16日经原工商登记部门核准予以注销。

《最高人民法院关于适用〈中华人民共和国公司法〉若干问题的规定（二）》（2014年修正）第十九条规定：有限责任公司的股东、股份有限公司的董事和控股股东，以及公司的实际控制人在公司解散后，恶意处置公司财产给债权人造成损失，或者未经依法清算，以虚假的清算报告骗取公司登记机关办理法人注销登记，债权人主张其对公司债务承担相应赔偿责任的，人民法院应依法予以支持。本案中，S公司通过提供虚假清算资料的方式办理了注销登记，导致其法律主体地位不存在，但丁某作为S公司唯一股东，应当对S公司注销后不能承担缴纳税款责任而给国家造成的税款损失承担相应的法律责任，某地税务稽查局将丁某作为追缴税款的责任承担主体，在S公司已经注销不能作为法律主体接收退还的税款、滞纳金的情况下，将应退还的税款、滞纳金抵为被诉处理决定项下丁某应缴纳之税款、滞纳金符合法律规定。

《中华人民共和国行政复议法》第二十三条规定：行政复议机关负责法制工作的机构应当自行政复议申请受理之日起七日内，将行政复议申请书副本或者行政复议申请笔录复印件发送被申请人。被申请人应当自收到申请书副本或者申请笔录复印件之日起十日内，提出书面答复，并提交当初作出具体行政行为的证据、依据和其他有关材料。第三十一条规定：行政复议机关应当自受理申请之日起六十日内作出行政复议决定；但是法律规定的行政复议期限少于六十日的除外。情况复杂，不能在规定期限内作出行政复议决定的，经行政复议机关的负责人批准，可以适当延长，并告知申请人和被申请人；但是延长期限最多不超过三十日。本案中，某地税务局作出的被诉复议决定在受理、通知答复、延期告知、送达等程序上符合上述法律规定，程序合法。

综上所述，某地税务稽查局所作的被诉处理决定认定事实清楚、适用法律正确、符合法定程序。某地税务局在此基础上依据《中华人民共和国行政复议法》第二十八条第一款第（一）项作出了维持的被诉复议决定，符合《中华人民共和国行政复议法》的相关规定，并无不当。丁某的诉讼请求缺乏事实及法律依据，不予支持。一审法院依照《中华人民共和国行政诉讼法》第六十九条、第七十九条之规定，判决驳回丁某的诉讼请求。

丁某不服一审判决，上诉认为某地税务稽查局作出被诉处理决定时，仅掌握企业银行流水和纳税申报数据，其他必须扣除项目如成本费用等均未查证，无法确定当年收入总额、扣除总额，无法计算企业所得税。涉案计税依据、征收方式均违法。请求确认被诉处理决定在计算2011年度企业所得税时未扣除任何成本费用、弥补以前年度亏损违法；在计算2010年企业所得税时未扣除其他任何成本费用违法；在计算2009年度企业所得税时未扣除任何成本费用违法；某地税务稽查局在未查看任何账簿、凭证的情况下声称采取了查账征收方式，对不具备查账征收条件的企业不依法采取核定征收方式，违反相关规定；查询申报数字等于查账的做法，无法律依据；撤销一审判决；撤销被诉处理决定。

二审法院认为：根据《中华人民共和国企业所得税法》第五条、第八条关于企业应纳税所得额及相关扣除项的规定，税务机关在计算应纳税所得额时会对企业实际发生的与取得收入有关的成本、费用等支出予以扣除。本案中，税务机关作出要求提交书面陈述申辩意见及相关证据材料的通知后，丁某未提交证据材料，故税务机关根据对S公司自2009年1月1日至2011年12月31日的纳税检查结果，依据应纳税所得额、相关扣除项及适用税率等计算并认定自2009年至2011年的追缴税款，并无不当。

根据《中华人民共和国公司法》第二十条规定，公司股东应当遵守法律、行政法规和公司章程，依法行使股东权利，不得滥用股东权利损害公司或者其他股东的利益；不得滥用公司法人独立地位和股东有限责任损害公司债权人的利益。《中华人民共和国税收征收管理法实施细则》第五十条规定，纳税人有解散、撤销、破产情形的，在清算前应当向其主管税务机关报告；未结清税款的，由其主管税务机关参加清算。《最高人民法院关于适用〈中华人民共和国公司法〉若干问题的规定（二）》（2014年修正）第十九条规定，有限责任公司的股东、股份有限公司的董事和控股股东，以及公司的实际控制人在公司解散后，恶意处置公司财产给债权人造成损失，或者未经依法清算，以虚假的清算报告骗取公司登记机关办理法人注销登记，债权人主张其对公司债务承担相应赔偿责任的，人民法院应依法予以支持。本案中，在案“企业注销登记申请表”等证据能够证明由丁某签字确认的“主办单位（主管部门）或清算组织证明清理债权债务情况及同意注销的意见”中载明“公司债权债务已清理完毕，各项税款及职工工资已结清”后S公司于2012年5月16日被准予注销。在案的发票、证明等证据能够证明S公司在注销前未依法清缴所欠税款。丁某作为S公司唯一的股东，应当按照上述规定对S公司欠缴税款及滞纳金承担相应的法律责任。某地税务稽查局将丁某作为追缴税款的责任主体，并根据对S公司的查处及解缴情况，与对丁某所作追缴处理决定进行相应的退抵，亦无不当。

最终二审法院驳回了丁某上诉，维持一审判决。

【裁判结果】

二审判决后丁某仍不服，向高级法院申请再审称，被诉税务处理决定违法，请求重新审理。高级法院审核后认为丁某申诉请求及理由缺乏事实和法律依据，其再审事由不成立，依照《最高人民法院关于适用〈中华人民共和国行政诉讼法〉的解释》第一百一十六条第二款的规定，裁定驳回丁某的再审申请。

【税案评析】

本案是对一个长期无准确答案问题的回答：关于公司制纳税主体注销之后，税务机关能否追究公司存续期间的税收责任和涉税行政处罚责任？

在该案之前和之后都有过很多案例，也引发很多争议，但是目前已经形成的共识是：如果是由于公司隐瞒真实信息，骗取税务注销登记，则税务机关有权以债权人身份向股东追究公司存续期间的税收责任。

本来，作为纳税人的公司和税务机关形成的法律关系结构中，纳税人需要履行按照真实经营情况办理纳税申报和按时足额缴纳税款的义务。但如果税务机关有充分证据证明公司没有按照真实经营情况办理纳税申报（无论是故意逃税还是因计算错误等过失而少缴）导致少缴税款，只要符合关于税款追征期的限制，就可以认为税务机关代表国家对公司享有一项到期债权（包含应补缴税款及滞纳金），只是这项债权因为公司股东的隐瞒而被掩盖了。即使公司通过虚假申报的手段完成了注销，税务机关也可以债权人的身份要求公司股东承担相应的责任而不受股东以其认缴的出资额为限承担有限责任的限制。具体到本案，税务机关认定S公司构成偷税，按照《税收征收管理法》第五十二条的规定，享有无限期追征的权力，因此，可以要求作为S公司唯一股东的丁某在公司注销后继续承担责任。

如果公司主体仍然存续，但是无力清偿纳税责任债权，税务机关可否追究股东责任？答案同样是肯定的，因为该项责任形成的原因是股东滥用权利，所以税务机关仍然可以“刺破公司面纱”而向股东追究责任。

通过本案引发的额外问题是，如果公司已经按照真实经营情况办理了纳税申报，但是因为各种原因没有及时缴纳税款，现在已经因为发生《公司法》第一百八十条的解散情形而导致主体已不存在，税务机关能否如同本案一样向公司股东追缴税款及滞纳金？首先，如果已经办理纳税申报并形成欠缴税款，按照现行的《税务登记管理办法》，除非主管税务机关核销其欠税（这种行为说明税务机关已经放弃了追究该纳税人欠税责任的权利），否则公司根本无法完成正常的注销税务登记流程。因此，这种情况下公司只有一种可能，就是因为被依法吊销营业执照而解散。由于股东并未滥用权利而损害作为公司债权人的税务机关利益，因此，税务机关不应向股东追缴税款及滞纳金。同样的理由适用于企业破产而注销的情形。如果企业破产公告宣告后，税务机关参与破产程序和追缴税款、滞纳金，且所追缴的税款、滞纳金不足，则剩余部分无法收回，税务机关也不能再要求对此不具有过错的股东承担责任。

以上是针对公司制纳税主体注销之后，税务机关能否追究公司存续期间的税收责任这一问题，该案给予我们的启示。

另一个问题是：税务机关能否向股东追究公司存续期间的税收违法行为产生的行政处罚责任？其实本案税务机关在认定S公司偷税时，也曾经出具《行政处罚决定书》，要求丁某代为承担责任。丁某同样提起了行政诉讼。

该行政诉讼中法院确认的事实如下：

2015年3月24日，某地税务局稽查局决定对S公司2009年1月1日至2011年12月31日期间（如检查发现此期间以外明显的税收违法嫌疑或线索不受此限）涉税情况进行检查。2015年3月25日，某地税务局稽查局向S公司作出税务检查通知书、询问通知书，丁某签收上述通知书。同日，某地税务局稽查局对丁某进行询问，并制作询问（调查）笔录。2015年4月8日，某地税务局稽查局向S公司作出询问通知书，丁某签收上述通知书。同日，某地税务局稽查局对丁某进行询问，并制作询问（调查）笔录。2015年4月17日，某地税务局稽查局向S公司作出《税务事项通知书》，丁某签收上述通知书。2015年4月22日，某地税务局稽查局向S公司作出《税务行政处罚事项告知书》，丁某签收上述告知书并提出听证申请。

某地税务局稽查局向S公司作出《税务行政处罚听证通知书》，2015年4月28日丁某签收上述通知书。2015年5月5日，某地税务局稽查局组织听证，并制作听证笔录。之后某地税务局稽查局作出被诉处罚决定，并于2015年11月27日向丁某送达。

另查，2007年11月9日，丁某出资设立S公司。该公司类型属于自然人独资有限责任公司，丁某为法定代表人。2012年5月16日，工商行政管理局准予S公司注销。

2015年12月28日，税务机关作出4号《不予受理复议申请决定》，该决定书载明："申请人：丁某……被申请人：某地税务局稽查局……申请人认为被申请人对S公司作出的《处罚决定书》侵犯其合法权益，于2015年12月21日向本机关提出了行政复议申请。经审查，本机关认为：某地税务局稽查局作出税务行政处罚决定的行政相对人是S公司，并未对丁某个人作出具体行政行为，并未侵犯其合法权益。故申请人提起的复议申请不符合《税务行政复议规则》第四十四条第（四）项所规定应当受理的条件。根据《中华人民共和国行政复议法》第十七条、《税务行政复议规则》第四十五条第一款的规定，决定不予受理……"

法院就以下几点争议作了说明：

一、丁某是否具备行政诉讼原告主体资格；

二、丁某是否存在向行政复议机关提起行政复议后，又向人民法院提起行政诉讼，不符合行政诉讼受理条件的情形；

三、被诉处罚决定是否合法。

针对丁某是否具备行政诉讼原告主体资格的问题。本院认为，根据《行政诉讼法》第二十五条的规定，行政行为的相对人以及其他与行政行为有利害关系的公民、法人或者其他组织，有权提起诉讼。本案中，S公司已经于2012年注销，其作为责任承担主体的法律地位已不存在，丁某作为S公司唯一的股东是该行政行为的利害关系人，具有对被诉处罚决定提起诉讼的权利，故丁某具备本案原告主体资格。

针对丁某是否存在向行政复议机关提起行政复议后，又向人民法院提起行政诉讼，不符合行政诉讼受理条件的问题。《税收征收管理法》第八十八条第二款规定，当事人对税务机关的处罚决定、强制执行措施或者税收保全措施不服的，可以依法申请行政复议，也可以依法向人民法院起诉。根据上述规定，行政复议并非针对税务机关的处罚决定提起行政诉讼的必经程序。《最高人民法院关于适用〈中华人民共和国行政诉讼法〉的解释》第一百三十三条规定，行政诉讼法第二十六条第二款规定的“复议机关决定维持原行政行为”，包括复议机关驳回复议申请或者复议请求的情形，但以复议申请不符合受理条件为由驳回的除外。本案中，原某市税务局作出的4号《不予受理复议申请决定》，并非对被诉处罚决定的维持。丁某如果对被诉处罚决定和4号《不予受理复议申请决定》有异议，可以按照《行政诉讼法》的规定，分别向人民法院提起行政诉讼。故丁某不存在向行政复议机关提起行政复议后，又向人民法院提起行政诉讼，不符合行政诉讼受理条件的情形。

针对被诉处罚决定是否合法的问题。法院认为，《中华人民共和国民法通则》第三十六条第二款规定，法人的民事权利能力和民事行为能力，从法人成立时产生，到法人终止时消灭。《中华人民共和国公司登记管理条例》第三条第一款规定，公司经公司登记机关依法登记，领取“企业法人营业执照”，方取得企业法人资格。第四十四条规定，经公司登记机关注销登记，公司终止。《行政处罚法》第三条规定，公民、法人或者其他组织违反行政管理秩序的行为，应当给予行政处罚的，依照本法由法律、法规或者规章规定，并由行政机关依照该法规定的程序实施。没有法定依据或者不遵守法定程序的，行政处罚无效。本案中，S公司已于2012年5月16日经公司登记机关注销登记，其企业法人资格彻底消灭，作为责任承担主体的法律地位已不存在，其不应再作为行政处罚的被处罚对象。故被诉处罚决定将S公司列为被处罚对象，属于缺乏相应的事实和证据支持，应当予以撤销。

法院基于上述理由，依照《中华人民共和国行政诉讼法》第七十条第（一）项之规定，判决《税务行政处罚决定书》。这一判决结果回答了“税务机关能否向股东追究公司存续期间的税收违法行为产生的行政处罚责任”的问题。

综上所述，我们得出的最终结论是：公司注销后，如果税务机关发现公司的股东（含未显明登记但对公司拥有实际控制权的隐名股东）滥用股东权利，导致公司存续期间存在应履行而未履行的税收责任，在追征期内税务机关可以要求公司股东代为承担缴纳税款及滞纳金的责任；但公司存续期间发生的税收违法行为产生的行政处罚，因为责任主体已经不存在，税务机关不能要求股东代为承担责任。

【政策法规链接】

《中华人民共和国公司法》第三条：“公司是企业法人，有独立的法人财产，享有法人财产权。公司以其全部财产对公司的债务承担责任。

有限责任公司的股东以其认缴的出资额为限对公司承担责任；股份有限公司的股东以其认购的股份为限对公司承担责任。”

《中华人民共和国公司法》第二十条：“公司股东应当遵守法律、行政法规和公司章程，依法行使股东权利，不得滥用股东权利损害公司或者其他股东的利益；不得滥用公司法人独立地位和股东有限责任损害公司债权人的利益。”

《中华人民共和国公司法》第一百八十条：“公司因下列原因解散：

（一）公司章程规定的营业期限届满或者公司章程规定的其他解散事由出现；

（二）股东会或者股东大会决议解散；

（三）因公司合并或者分立需要解散；

（四）依法被吊销营业执照、责令关闭或者被撤销；

（五）人民法院依照本法第一百八十二条的规定予以解散。"

《中华人民共和国税收征收管理法》第五十二条："因税务机关的责任，致使纳税人、扣缴义务人未缴或者少缴税款的，税务机关在三年内可以要求纳税人、扣缴义务人补缴税款，但是不得加收滞纳金。

因纳税人、扣缴义务人计算错误等失误，未缴或者少缴税款的，税务机关在三年内可以追征税款、滞纳金；有特殊情况的，追征期可以延长到五年。

对偷税、抗税、骗税的，税务机关追征其未缴或者少缴的税款、滞纳金或者所骗取的税款，不受前款规定期限的限制。"

《中华人民共和国公司登记管理条例》第四十四条："经公司登记机关注销登记，公司终止。"

《中华人民共和国税收征收管理法实施细则》第五十条："纳税人有解散、撤销、破产情形的，在清算前应当向其主管税务机关报告；未结清税款的，由其主管税务机关参加清算。"

《税务登记管理办法》（国家税务总局令第36号）第二十九条："纳税人办理注销税务登记前，应当向税务机关提交相关证明文件和资料，结清应纳税款、多退（免）税款、滞纳金和罚款，缴销发票、税务登记证件和其他税务证件，经税务机关核准后，办理注销税务登记手续。"

《中华人民共和国行政处罚法》第三条："公民、法人或者其他组织违反行政管理秩序的行为，应当给予行政处罚的，依照本法由法律、法规或者规章规定，并由行政机关依照本法规定的程序实施。没有法定依据或者不遵守法定程序的，行政处罚无效。"

◆ 第三部分 ◆

涉税行政行为与刑事司法行为的衔接

导 言

税收案件中涉税行政行为和刑事司法行为衔接的标准程序应该是两条路径：

1. 税先刑后，即税务机关先发起检查（通常是稽查部门立案），作出执法结论（税务处理决定和税务处罚决定），认定涉嫌犯罪的，按照《行政执法机关移送涉嫌犯罪案件的规定》移交刑事案件。

2. 税刑交叉，即税务机关在作出执法结论之前，刑事司法部门就已经立案侦查，具体又可以分成两种，一种是税务机关在作出执法结论之前向公安机关移交案件线索，公安机关经审查认定达到追诉刑事责任标准而立案侦查，在公安机关与税务机关联合查处重大违法案件，特别是发票违法案件中常见的工作方式，又被称为“公安机关提前介入”。另一种是公安机关自行发现税务违法行为涉嫌犯罪的线索，不待税务机关移交甚至不待税务机关立案，自行立案开展侦查的。

本部分第13号案件是“税刑交叉”程序的第二种情形，公安机关自行立案侦查，司法程序结束后税务机关才启动税务行政执法程序，结果导致《税收征收管理法》第四十五条规定的“税款优先于罚款、没收违法所得、罚金、没收财产”规则落空。因此，如果再发生类似的“税刑交叉”程序的第二种情形案件，税务机关应当和公安部门建立信息共享机制及时介入，保障税款有限权。

本部分第14号案件是“税刑交叉”程序的第一种情形。法院援引《中华人民共和国行政处罚法》第二十八条规定：“违法行为构成犯罪，人民法院判处拘役或者有期徒刑时，行政机关已经给予当事人行政拘留的，应当依法折抵相应刑期。违法行为构成犯罪，人民法院判处罚金时，行政机关已经给予当事人罚款的，应当折抵相应罚金。”根据上述规定，法院认为：对同一违法犯罪行为，原则上只能给予一次人身罚或者财产罚，不能重复适用。税务稽查局在市公安局立案后，应等待司法机关作出处理，如司法机关认定被税务稽查的行为构成犯罪并对其处以刑罚，税务稽查局就不应再作行政处罚。

本部分第15号案件是涉嫌危害税收征管罪中的一个特殊罪名——逃避纳税义务。《刑法修正案（七）》规定：“有第一款（逃税）行为，经税务机关依法下达追缴通知后，补缴应纳税款，缴纳滞纳金，已受行政处罚的，不予追究刑事责任”。这一规定隐含了两个连环条件——只有税务机关下达追缴通知，纳税人才知道自己应该补缴多少应纳税款、滞纳金和缴纳多少罚款；只有纳税人不补缴应纳税款，不缴纳滞纳金，不接受行政处罚，司法机关才能继续追究刑事责任。上述两个“只有”都是必要条件，因此得出的结论是：公安机关在追究涉嫌逃避纳税义务刑事责任之前，应该首先请求税务机关尽快作出结论。如果犯罪嫌疑人补缴税款、滞纳金及缴纳罚款，则刑事司法程序就应终结。

13. 已承担法律责任被没收的违法所得，是否包含当事人违法获得的税收利益？

【基本案情】

2015年2月至11月，K公司在没有发生业务往来的情况下，K公司实际控制人刘某某安排其他人员，让两家公司为K公司虚开增值税专用发票。K公司将上述38份增值税专用发票全部在税务部门进行了抵扣，共计抵扣税款577 273元。该事项被认定为涉嫌虚开增值税专用发票犯罪而提起公诉。

2017年7月，法院作出刑事判决：K公司犯虚开增值税专用发票罪，判处罚金20万元（已缴纳），对公安机关扣押的K公司违法所得577 273元予以追缴，上缴国库。该刑事判决已经生效。

2017年10月，税务稽查局对K公司税收违法行为立案调查，于2018年9月作出税务处理决定：（1）补缴增值税577 273元；（2）按日加收滞纳金。2018年11月向K公司送达该处理决定书。同年12月，稽查局向K公司送达催告书，限其在收到催告书之日起10日内履行下列义务：缴纳税款577 273元，并缴纳从滞纳税款之日起，按日加收滞纳税款万分之五的滞纳金，但K公司一直未缴纳。

2019年4月，稽查局向K公司送达税收强制执行决定书，决定从2019年4月3日起从K公司银行账户扣缴以下款项，缴入国库：税款577 273元，滞纳金348 095.62元，合计925 368.62元。

K公司不服，提起行政诉讼。K公司诉称稽查局作出的税务处理决定及税务强制执行决定，无事实依据与法律依据，2017年7月，经法院判决，对于公安扣押的原告退缴的税款577 273元已被追缴并上缴国库。2018年9月，税务稽查局依据判决内容又以同样的事实对原告作出处理，要求原告补缴增值税577 273元，并支付滞纳金；之后，被告又以原告未缴纳为由仍强制执行了925 368.62元。被告行为系重复处理。故要求：（1）撤销被告作出的税务处理决定书；（2）撤销被告作出的税收强制执行决定书；（3）由被告返还所扣划款项925 368.62元。

【裁判结果】

法院经审理后认为，根据《中华人民共和国刑法》第二百一十二条的规定，犯偷税罪、抗税罪、逃避追缴欠税罪、骗取出口退税罪、虚开增值税发票罪和虚开用于骗取出口退税、抵扣税款发票罪，被判处罚金、没收财产的，在执行前，应当先由税务机关追缴税款。据此，税收优先于罚款、没收财产。

但是，当司法机关已经对违法所得作出没收违法所得的判决，税务机关对税收如何进行征收？依据《最高人民法院 最高人民检察院 国家税务局关于印发〈关于办理偷税、抗税案件追缴税款统一由税务机关缴库的规定〉的通知》第四条，“偷税、抗税案件经人民法院判决应当予以追缴或退回的税款，判决生效后，由税务机关依据判决书收缴或退回。对被告人和其他当事人以及有关单位，拒绝依据判决书缴纳或划拨税款的，由人民法院强制执行。”

本案被告具有依生效的刑事判决书追缴税款的职责，但生效的刑事判决中查明的公安机关扣押的K公司退缴的税款应予以追缴，上缴国库，并被判决没收违法所得577 273元，二者数额一致，实同为K公司虚开增值税抵扣的税款577 273元。该部分税款实际已经上缴国库，被告再向原告作出税务处理决定，要求补缴，缺乏事实依据和法律依据。至于该款项在税务机关及司法机关之间如何划转以保证国家税收足额入库，则属于税务机关与司法机关依据法律、法规进行处理的问题。

因此，法院判决撤销税务处理决定以及税收强制执行决定，并判决由被告稽查局返还已经扣缴的税款和滞纳金925 368.62元。

【税案评析】

本案入选了“中国2019年度影响力税务司法审判案例”，案号为：（2019）湘0922行初63号。入选理由是：行政罚款和税款的重合性问题在增值税刑事案件处理中比较明显，理论界和实务界争议目前仍较大。该款项在税务机关及司法机关之间如何划转以保证国家税收足额入库，属于税务机关与司法机关都需要思考与协调的问题。该案例表明，行政权与司法权应当相互尊重、相互协调，不能因两权冲突而损害当事人的权益。执法者和司法者均应树立正确的执法与司法理念，保护当事人的合法权益。

K公司让他人为自己虚开发票并抵扣进项税额获得违法所得，在案发后被追缴。但是针对K公司的刑事判决存在瑕疵：（1）没收违法所得是行政处罚，不是刑罚种类。即使判决书不提及追缴违法所得，也不影响有关部门追究K公司行政责任。（2）按照《发票管理办法》的规定，没收违法所得的职权专属于税务机关，公安机关无权处理。

这一有瑕疵的刑事判决造成的后果是：公安机关成为了按照《发票管理办法》没收违法所得的执行主体。从公安机关的角度来看，K公司因为取得虚开发票获得额外抵扣的增值税进项税额的确属于“违法所得”，因此应予没收。但实际上从税收征管的角度来看，K公司因为取得虚开发票获得额外抵扣的增值税进项税额并不属于虚开发票的“违法所得”，而属于偷逃的税款。该案的入选理由提到“行政罚款和税款的重合性问题”，但实际上这是个伪问题——行政处罚和税款的重合性问题是不应该存在的。

广义的“违法所得”包括了行为人通过违法行为获得的所有经济利益，违法行为和不法利益之间存在因果联系，无违法行为则不能获得经济利益。可见广义的违法所得是包括偷逃税款的。但是对于税务机关而言，纳税人因为涉税违法行为而获得的不当利益分为两种：一是不当获得税收利益，包括少缴或晚缴税款；二是其他利益。在所有的让他人为自己虚开发票或为自己虚开发票的案件中，取得虚开发票都只是作为行为人达成其他不法目的的手段，这种不法目的可以是偷逃税款，可以是侵占企业财产（参见本书第1号案例“以职务侵占为目的让他人为自己虚开发票未被认定虚开发票犯罪”）、骗取贷款、财务舞弊或其他目的。

在《发票管理办法》规定的4种虚开情形中，“为自己虚开”和“让他人为自己虚开”均属于手段，目的是逃避纳税义务，因此不存在“违法所得”的说法；另外两种情形“为他人虚开”和“介绍他人虚开”，行为本身的目的就是通过虚开牟利，所获得的利益才能称之为“违法所得”。本案中虚开发票的主要目的是虚假抵扣进项税额而偷逃税款，属于第一种情形。税务机关针对该种利益的追缴属于征税行为，适用于税收征管法的“税款征收”专章；后一种才是适用行政处罚程序的“违法所得”（一般是为他人虚开或介绍他人虚开的行为人会产生此类违法所得）。本案中稽查局出具的文书为《税务处理决定书》而不是《行政处罚决定书》，也说明了这一点。而K公司虚开增值税专用发票的刑事判决混淆了当事人违法获利中的“税收利益”和“除税收利益之外的违法所得”，导致本应作为税款被征收的资金承担了不应承担的行政处罚责任。

如果本案中稽查局是出具《行政处罚决定书》并依照《发票管理办法》对K公司作出处罚，根据“一事不二罚”原则，公安已经处罚在先，现在税务部门就不能再以同一理由进行处罚了。这是K公司起诉书中提到的稽查局的行为系重复处理的法律依据。但是稽查局出具《税务处理决定书》并强制执行属于征税行为，并不是行政处罚，因此，K公司以“一事不二罚”作为法律依据是不能成立的。法院以“该部分税款实际已经上缴国库”认定稽查局再向原告作出税务处理决定，要求补缴，缺乏事实依据和法律依据，前提和结论都是错误的。

本案裁判结果中解释称：该款项在税务机关及司法机关之间如何划转以保证国家税收足额入库，则属于税务机关与司法机关依据法律、法规进行处理的问题。既然如此，日后再发生类似案情，税务机关是否可以不启动征补税款的执法程序？答案是否定的。从本案稽查局的角度来看，既然K公司已经被认定虚开增值税专用发票罪，鉴于刑事案件的证据证明标准高于行政案件，因此，K公司肯定涉及虚开增值税专用发票并逃税的行为；如果税务机关不予追究并责令K公司改正，则有渎职之嫌；但如果K公司更正增值税申报表，就会自动产生应补缴增值税税款及滞纳金。按照本案裁判结论，日后发生类似情况，税务机关仍然必须责令纳税人补缴税款，而这项税款又与被没收的违法所得这一行政处罚冲突，而且这种冲突会永远存在下去。

这一问题是否有解？答案应该从K公司虚开增值税专用发票的刑事判决找起。《中华人民共和国刑法》第二百一十二条已经规定危害税收征管秩序类犯罪被判处罚金、没收财产的，在执行前，应当先由税务机关追缴税款和所骗取的出口退税款。《税收征收管理法》也有类似规定。具体到本案，如果刑事裁判文书遵照“税款优先于罚款、没收违法所得、罚金、没收财产”的规定，写明“先由税务机关追缴K公司因虚开行为而违法少缴的税款”，则税务机关自然可以启动执法程序并追缴税款，不会造成多个部门之间执法冲突，也不会加重纳税人的负担。

和“税款优先于罚款、没收违法所得、罚金、没收财产”的规则相类似，涉嫌犯罪的涉税案件中还存在另一条规则——行政处罚不得代替刑事处罚，换言之“刑事处罚优先于行政处罚”。这是税务行政执法程序和刑事司法程序衔接中另一个值得关注的要点，我们另案分析。

【政策法规链接】

《中华人民共和国发票管理办法》第三十五条："违反本办法的规定虚开发票的，由税务机关没收违法所得；虚开金额在1万元以下的，可以并处5万元以下的罚款；虚开金额超过1万元的，并处5万元以上50万元以下的罚款；构成犯罪的，依法追究刑事责任。"

《中华人民共和国刑法》第二百零五条："虚开增值税专用发票或者虚开用于骗取出口退税、抵扣税款的其他发票的，处三年以下有期徒刑或者拘役，并处二万元以上二十万元以下罚金；虚开的税款数额较大或者有其他严重情节的，处三年以上十年以下有期徒刑，并处五万元以上五十万元以下罚金；虚开的税款数额巨大或者有其他特别严重情节的，处十年以上有期徒刑或者无期徒刑，并处五万元以上五十万元以下罚金或者没收财产。"

全国人民代表大会常务委员会对于"出口退税、抵扣税款的其他发票"作出的立法解释为：刑法规定的"出口退税、抵扣税款的其他发票"，是指除增值税专用发票以外的，具有出口退税、抵扣税款功能的收付款凭证或者完税凭证。

《中华人民共和国刑法》第二百一十二条："犯本节第二百零一条至第二百零五条规定之罪，被判处罚金、没收财产的，在执行前，应当先由税务机关追缴税款和所骗取的出口退税款。"

《关于办理偷税、抗税案件追缴税款统一由税务机关缴库的规定》（高检会〔1991〕31号）："四、偷税、抗税案件经人民法院判决应当予以追缴或退回的税款判决生效后，由税务机关依据判决书收缴或退回。对被告人和其他当事人以及有关单位，拒绝依据判决书缴纳或划拨税款的，由人民法院强制执行。"

《中华人民共和国税收征收管理法》第四十五条："税务机关征

收税款，税收优先于无担保债权，法律另有规定的除外；纳税人欠缴的税款发生在纳税人以其财产设定抵押、质押或者纳税人的财产被留置之前的，税收应当先于抵押权、质权、留置权执行。纳税人欠缴税款，同时又被行政机关决定处以罚款、没收违法所得的，税收优先于罚款、没收违法所得。"

14. 刑事处罚优先于同类行政处罚

【基本案情】

Z公司因涉嫌虚开增值税专用发票被某市国家税务局稽查局、某市公安局于2015年11月同日分别立案检查、侦查。2015年11月24日，某市公安局书面向某市国家税务局告知该案符合刑事立案条件，决定立案。被告某市国家税务局稽查局对该行政案件调查后，认为涉嫌犯罪，于2016年4月25日将案件材料向某市公安局进行了移送。在某市公安局对该案刑事侦查阶段，被告某市国家税务局稽查局于2016年4月29日对Z公司作出税务行政处罚决定，根据《中华人民共和国发票管理办法》第三十七条的规定，对Z公司虚开发票的行为，处以50万元的罚款。Z公司不服，于2016年6月20日向该院提起行政诉讼。

一审法院认为，本案中，某市公安局对Z公司涉嫌虚开增值税专用发票一案，于2015年11月24日立案侦查，并于当日书面向被告进行了告知。《行政执法机关移送涉嫌犯罪案件的规定》（2001年7月9日国务院令第310号）第三条规定："行政机关在依法查处违法行为过程中，发现违法事实涉及的金额、违法事实情节、违法事实造成的后果等，根据刑法关于破坏社会主义市场经济秩序罪、妨害社会管理秩序罪等罪规定和最高人民法院、最高人民检察院关于破坏社会主义市场经济罪、妨害社会管理秩序罪等罪的司法解释以及最高人民检察院、公安部关于经济犯罪案件的追诉标准等规定，涉嫌构成犯罪，依法需要追究刑事责任的，必须依照本规定向公安机关移送。”第八条规定：“公安机关应当自接受行政执法机关移送的涉嫌犯罪案件之日起3日内，依照刑法、刑事诉讼法以及最高人民法院、最高人民检察院关于立案标准和公安部关于公安机关办理刑事案件程序的规定，对所移送的案件进行审查。认为有犯罪事实，需要追究刑事责任，依法决定立案的，应当书面通知移送案件的行政执法机关；认为没有犯罪事实，或者犯罪事实显著轻微，不需要追究刑事责任，依法不予立案的，应当说明理由，并书面通知移送案件的行政机关，相应退回案卷材料。”第十条规定：“行政执法机关对公安机关决定不予立案的案件，应当依法作出处理；其中，依照有关法律、法规或者规章的规定应当给予行政处罚的，应当依法实施行政处罚。”第十一条第三款规定：“依照行政处罚法的规定，行政执法机关向公安机关移送涉嫌犯罪案件前，已经依法给予当事人罚款的，人民法院判处罚金时，依法折抵相应罚金。”第十三条规定：“公安机关对发现的违法行为，经审查，没有犯罪事实，或者立案侦查后认为犯罪事实显著轻微，不需要追究刑事责任，但依法应当追究行政责任的，应当及时将案件移送同级行政执法机关，有关行政执法机关应当依法作出处理。”《中华人民共和国行政处罚法》第七条第二款规定：“违法行为构成犯罪的，应当依法追究刑事责任，不得以行政处罚代替刑事处罚。”第二十八条第二款规定：“违法行为构成犯罪，人民法院判处罚金时，行政机关已经给予当事人罚款的，应当折抵相应罚金。”根据以上规定，对涉嫌犯罪的行为，公安机关立案后，依法应由司法机关作出处理；如公安机关认为犯罪事实显著轻微，不需要追究刑事责任不予立案的，或行政执法机关先予立案调查后，在向公安机关移送案件之前，行政执法机关可依法对违法行为作出行政处罚。但税务稽查局在已知公安机关对Z公司涉嫌虚开增值税专用发票一案进行了立案侦查的情况下，依法定程序应等待司法机关对本案的处理结果，再决定是否对该公司作出行政处罚。而税务稽查局在司法机关对该涉嫌犯罪行为未作出最后处理之前，就对原告Z公司作出税务行政处罚决定，违反了以上法律、法规规定，其处罚程序违法，依法应予以撤销。据此，依照《中华人民共和国行政诉讼法》第七十条第（三）项、第一百零二条的规定，判决如下：撤销被告某市国家税务局稽查局对原告Z公司作出的税务行政处罚决定。

某市国税局稽查局不服而提起上诉称，一审判决认定事实不清，适用法律错误，没有综合考虑本案的特殊性。某市国家税务局与某市国家税务局稽查局分属不同的执法主体；某市公安局告知对本案立案的对象是某市国家税务局，并非税务稽查局；将本案全案移送某市公安局的主体是某市国家税务局，并非税务稽查局；一审判决认定税务稽查局已知公安机关对Z公司涉嫌虚开增值税专用发票一案进行了立案侦查的情况，缺乏书证；税务稽查局对Z公司进行税务行政处罚执行的是某市国家税务局重大税务案件审理委员会的决定，该决定依法应当执行，并且作出予以税务行政处罚决定的时间是在某市国家税务局移送某市公安局之前。请求二审予以纠正。

【裁判结果】

二审法院认为，本案的主要争议焦点是一审法院判决认定税务稽查局在公安机关立案后对Z公司作出行政处罚属于程序违法是否正确。《中华人民共和国行政处罚法》第二十八条规定：“违法行为构成犯罪，人民法院判处拘役或者有期徒刑时，行政机关已经给予当事人行政拘留的，应当依法折抵相应刑期。违法行为构成犯罪，人民法院判处罚金时，行政机关已经给予当事人罚款的，应当折抵相应罚金。”根据上述规定，对同一违法犯罪行为，原则上只能给予一次人身罚或者财产罚，不能重复适用。根据

《关于行政执法机关移送涉嫌犯罪案件的规定》第三条、第五条、第八条、第十一条的规定，如果违法行为已构成犯罪，行政机关不得以行政处罚代替刑事处罚。对当事人的违法行为如何处理，首先应确定其行为的法律性质。如其行为构成犯罪，应由司法机关追究其刑事责任，税务机关作为行政机关对该案不具有管辖权；如其行为系一般行政违法，则应由税务机关依法处理，追究其行政违法责任，予以行政处罚。

因此，税务稽查局在某市公安局立案后，应等待司法机关作出处理，如司法机关认定Z公司的行为构成犯罪并对其处以刑罚，税务稽查局就不应再作行政处罚。税务行政处罚措施被刑法规定的刑罚措施所吸收，行政处罚与刑罚不应并列适用。如Z公司的行为不构成犯罪，依照《关于行政执法机关移送涉嫌犯罪案件的规定》，则公安机关应将案件移交税务机关，税务机关才可追究Z公司的行政责任，给予行政处罚。本案中税务稽查局在公安机关立案后尚未作出最后处理的情况下对Z公司作出行政处罚，违反上述规定。一审判决以其程序违法为由予以撤销，并无不当。税务稽查局的上诉理由不能成立。依照《中华人民共和国行政诉讼法》第八十九条第一款第（一）项之规定，判决如下：

驳回上诉，维持原判。

【税案评析】

“刑事处罚优先于行政处罚”和前一案例中“税款优先于罚款、没收违法所得、罚金、没收财产”的规则相类似，都是一种对行政相对人的法律责任承担顺序的规定，但是实质上这两个规则的底层逻辑是完全不同的：“税款优先于罚款、没收违法所得、罚金、没收财产”的规则中，税款和罚款等经济承担是完全不同的两类法律责任，虽然都表现为行政相对人或罪犯承担不利的经济后果，但税款是国家法定的经济义务，不具有惩罚性；而“刑事处罚优先于行政处罚”是指同类性质的惩罚中，一种被另一种所吸收，被吸收的惩罚不再作出。

所以，税款绝对优先于罚款、没收违法所得、罚金、没收财产；但是刑事处罚优先于行政处罚是有限制条件的——刑事立案时间先于作出行政处罚决定时间。

通常涉税案件如果涉嫌犯罪，税务行政执法程序和刑事司法程序有两种衔接方式：

1. 税先刑后，即税务机关先发起检查（通常是稽查部门立案），作出执法结论（税务处理决定和税务处罚决定），认定涉嫌犯罪的，按照《行政执法机关移送涉嫌犯罪案件的规定》移交刑事案件。

2. 税刑交叉，即税务机关在作出执法结论之前，刑事司法部门就已经立案侦查，具体又可以分成两种，一种是税务机关在作出执法结论之前向公安机关移交案件线索，公安机关经审查认定达到追诉刑事责任标准而立案侦查，这是在公安机关与税务机关联合查处重大违法案件，特别是发票违法案件中常见的工作方式，又被称为“公安机关提前介入”（本案属于这种情形）；另一种是公安机关自行发现税务违法行为涉嫌犯罪的线索，不待税务机关移交甚至不待税务机关立案，自行立案开展侦查的（参见本书第13号案件“已承担刑事责任被没收的违法所得，是否包括违法获得的税收利益？”）。

本案中某市国家税务局稽查局、某市公安局于2015年11月同日分别对Z公司立案检查、侦查，显然属于上述第二种衔接方式。因此，法院援引《行政处罚法》第七条规定：“违法行为构成犯罪的，应当依法追究刑事责任，不得以行政处罚代替刑事处罚。”法院认为司法机关认定Z公司的行为构成犯罪并对其处以刑罚，税务稽查局就不应再作行政处罚。税务行政处罚措施被刑罚规定的刑罚措施所吸收，行政处罚与刑罚不应并列适用，进而确认税务稽查局败诉，是完全正确的。

如果是“税先刑后”衔接的案件，税务机关可否作出并执行处罚决定再移送公安机关？如果公安机关刑事立案之前，行政处罚决定已经作出并执行，则在审判时由法院按照《行政处罚法》第二十八条规定“违法行为构成犯罪，人民法院判处罚金时，行政机关已经给予当事人罚款的，应当折抵相应罚金”作出处理。否则，税务机关仍然应当依照本案法院认可的方式“冻结”行政处罚决定。

【政策法规链接】

《中华人民共和国行政处罚法》第七条：“违法行为构成犯罪的，应当依法追究刑事责任，不得以行政处罚代替刑事处罚。”第二十八条：“违法行为构成犯罪，人民法院判处罚金时，行政机关已经给予当事人罚款的，应当折抵相应罚金。”

《行政执法机关移送涉嫌犯罪案件的规定》第三条：“行政执法机关在依法查处违法行为过程中，发现违法事实涉及的金额、违法事实的情节、违法事实造成的后果等，根据刑法关于破坏社会主义市场经济秩序罪、妨害社会管理秩序罪等罪的规定和最高人民法院、最高人民检察院关于破坏社会主义市场经济秩序罪、妨害社会管理秩序罪等罪的司法解释以及最高人民检察院、公安部关于经济犯罪案件的追诉标准等规定，涉嫌构成犯罪，依法需要追究刑事责任的，必须依照本规定向公安机关移送。”第五条：“行政执法机关对应当向公安机关移送的涉嫌犯罪案件，应当立即指定2名或者2名以上行政执法人员组成专案组专门负责，核实情况后提出移送涉嫌犯罪案件的书面报告，报经本机关正职负责人或者主持工作的负责人审批。

行政执法机关正职负责人或者主持工作的负责人应当自接到报告之日起3日内作出批准移送或者不批准移送的决定。决定批准的，应当在24小时内向同级公安机关移送；决定不批准的，应当将不予批准的理由记录在案。”

15. 税务机关认定偷税并作出处理处罚决定是追究犯罪嫌疑人逃税罪的前置条件吗?

【基本案情】

2003—2009年，J公司主要经营各种设备污垢现场清洗，工业废水处理设备的设计、安装、维护，以及自有房地产租赁等业务。2003—2007年，J公司收入总额为7 320 445.51元，应缴纳税款803 413.14元，已缴纳税款357 120.63元，逃避缴纳税款共计446 292.51元。2007年9月11日，原荆州市地方税务局稽查局将被告单位J公司、被告人J公司法定代表人李某某涉嫌逃税案移送公安机关，同年9月25日公安机关立案，李某某于9月30日经公安机关传唤后先后于同年9月30日、11月1日补缴了税款458 069.08元。本案一审重审阶段，J公司、李某某均表示认罪，并已缴纳罚金30万元。

某省某人民法院审理检察院指控被告单位J公司、被告人李某某犯逃避缴纳税款罪一案，于2009年9月19日作出刑事判决:

一、被告单位J公司犯逃避缴纳税款罪，判处罚金45万元（人民币，下同）。

二、被告人李某某犯逃避缴纳税款罪，判处有期徒刑三年，并处罚金45万元。

三、追缴逃避缴纳税款446 292.51元上缴国库。

原审被告单位J公司和原审被告人李某某均不服，向中级法院提出上诉。中级法院裁定撤销刑事判决，发回重新审判。初审法院依法另行组成合议庭重新审理后，于2010年4月29日作出、刑事判决：

一、被告单位湖J公司犯逃税罪，判处罚金65万元（已缴纳30万元，余款限于判决生效后五个月内缴清）。

二、被告人李某某犯逃税罪，免予刑事处罚。

三、退缴的逃税税款446 292.51元，依法上缴国库。

J公司和李某某仍不服，再次提出上诉，在二审审理过程中，J公司和李某某均申请撤回上诉，被法院准许。判决发生法律效力后，J公司和李某某对刑事判决不服，又向初审法院提出申诉，该院复查后驳回了J公司和李某某的申诉。J公司和李某某仍不服，向中级法院提出申诉亦被驳回。J公司和李某某遂向省高级法院提出申诉，高级法院于2013年7月作出再审决定，指令某区法院对本案进行再审。该区法院依法组成合议庭，公开开庭审理本案，并于2014年6月作出刑事裁定：一、驳回原审被告单位J公司、原审被告人李某某的申诉；二、维持初审刑事判决。

J公司和李某某还不服，再次向中级法院提出上诉，被驳回。J公司和李某某不服，又向省高级法院提出申诉。高级法院于2017年7月作出再审决定提审本案，并于2018年8月作出刑事裁定，驳回被告单位J公司及李某某的申诉。J公司及李某某仍不服，申诉至最高人民法院。最高人民法院于2019年9月作出再审决定，指令高级法院对本案进行再审。

申诉单位J公司申诉提出：请求撤销原判，宣告无罪。

申诉人李某某及其辩护人提出：（1）原判将鉴定结论中认为的“少缴税费”转换概念，认定为逃税数额，事实不清，定性错误。（2）原判认定J公司和李某某采取隐瞒、欺骗等手段，进行虚假纳税申报或不申报，没有证据予以支撑。（3）根据《中华人民共和国刑法》第十二条规定的从旧兼从轻原则，本案应适用经《中华人民共和国刑法修正案（七）》（以下简称《刑法修正案（七）》）修订后《中华人民共和国刑法》第二百零一条第四款的规定，J公司及李某某的行为不构成犯罪。

【裁判结论】

法院认为，原一、二审及再审认定J公司少缴税款446 292.51元的事实清楚，证据确实、充分，申诉单位J公司和申诉人李某某对该事实并无异议。关于申诉人李某某及其辩护人以及省人民检察院关于法律适用的申辩意见及出庭意见。经查，本案税务机关将本案移交公安机关处理时，《刑法修正案（七）》尚未出台，但公安机关最终移送审查起诉，检察机关提起公诉、原审法院作出一审裁判的时间均在《刑法修正案（七）》施行之后。

根据《中华人民共和国刑法》第十二条的规定，本案应适用经《刑法修正案（七）》修订后的《中华人民共和国刑法》第二百零一条第四款的规定。修订后的《中华人民共和国刑法》第二百零一条第四款规定，"有第一款行为，经税务机关依法下达追缴通知后，补缴应纳税款，缴纳滞纳金，已受行政处罚的，不予追究刑事责任。"《中华人民共和国刑法》作出这一修订的目的一方面是为保护税收征收管理秩序，有利于税务机关追缴税款，另一方面也给予纳税义务人纠正纳税行为的机会，对于维护企业正常经营发展具有重要作用。根据《中华人民共和国税收征收管理法》的相关规定，税务部门在发现J公司可能有逃税行为后，应当先由税务稽查部门进行税务检查，根据检查结论对纳税人进行纳税追缴或行政处罚，对涉嫌刑事犯罪的纳税人移送公安机关立案侦查。本案未经税务机关依法下达追缴通知即直接移送公安机关立案侦查并追究J公司和李某某的刑事责任，剥夺了纳税义务人纠正纳税行为的权利，没有经过行政处置程序而由侦查机关直接介入，不符合《中华人民共和国刑法》修订后的立法精神。J公司、李某某在侦查阶段补缴全部少缴税款，后又根据原生效判决缴纳了判罚的全部罚金。对J公司、李某某应当适用《中华人民共和国刑法》第二百零一条第四款的规定，不予追究刑事责任。对J公司、李某某及其辩护人提出的申辩意见和检察机关的出庭意见，法院均予以采纳。J公司曾经是一家优秀的科技服务型企业，拥有专利技术，其法定代表人李某某亦曾是荆州市政协委员，但因本案未经行政处置程序而直接追究J公司及李某某个人的刑事责任，对企业的经营、发展造成了不良影响，故对原一、二审及再审裁判适用法律的错误，法院依法予以纠正。依照《中华人民共和国刑法》第十二条、第二百零一条第四款和《中华人民共和国刑事诉讼法》第二百五十三条第（三）项、第二百五十六条及最高人民法院《关于适用〈中华人民共和国刑事诉讼法〉的解释》第三百八十四条第二款、第三百八十九条第一款第（三）项之规定，判决如下：

一、撤销……号刑事裁定、……号刑事判决；

二、申诉单位J公司无罪；

三、申诉人李某某无罪。

【税案评析】

《中共中央 国务院关于完善产权保护制度依法保护产权的意见》（以下简称《产权保护意见》）强调，要坚持有错必纠，对确属适用法律错误的要依法予以纠正，依法妥善处理民营企业经营过程中存在的不规范问题。本案再审判决根据《中华人民共和国刑法》第十二条规定的从旧兼从轻原则，依法适用经《刑法修正案（七）》修正后的《中华人民共和国刑法》第二百零一条第四款关于对逃税初犯附条件不予追究刑事责任的规定，宣告申诉单位J公司和申诉人李某某无罪。

还原本案的查处过程可以发现，税务机关在出具处理处罚决定之前已经把案件移交给了公安机关立案侦查。从犯罪构成的角度来看，公安机关认为J公司和J公司法定代表人李某某是逃税罪的犯罪嫌疑人没有任何不当之处，而税收征管法也没有限制税务机关必须在出具处理处罚决定后才能移交刑事案件，因此，也不存在执法程序瑕疵。

然而终审法院指出：本案税务机关将本案移交公安机关处理时，《刑法修正案（七）》尚未出台，但公安机关最终移送审查起诉，检察机关提起公诉、原审法院作出一审裁判的时间均在《刑法修正案（七）》施行之后。因此，在“从旧兼从轻”的刑法适用方面，原审判决是存在瑕疵的，忽视了刑法的谦抑性。

司法机关只有对犯罪嫌疑人是否“补缴应纳税款，缴纳滞纳金，已受行政处罚”作出判断才能决定是否继续追究刑事责任，而“税务机关依法下达追缴通知”后犯罪嫌疑人才能知晓自己承担税法责任的边界。因此，税务机关认定偷税并作出处理处罚决定是追究犯罪嫌疑人逃税罪的前置条件。如果公安机关在移送审查起诉前参考新出台的《刑法修正案（七）》中“有第一款行为，经税务机关依法下达追缴通知后，补缴应纳税款，缴纳滞纳金，已受行政处罚的，不予追究刑事责任”的规定，就应该首先请求税务机关尽快作出结论。如果J公司和李某某补缴税款、滞纳金及缴纳罚款，则追究本案嫌疑人刑事责任的刑事诉讼程序就应终结。

按照《刑法修正案（七）》针对逃税罪的“行政处理前置”规定，追究逃税罪犯罪嫌疑人的行政执法和刑事司法程序衔接流程为：

一、税务机关先立案稽查的

1.税务机关出具《税务处理决定书》与《税务行政处罚决定书》并送达纳税人，明确定性为偷税。

2.纳税人在《税务处理决定书》与《税务行政处罚决定书》限定的期限内缴纳应补缴的税款、滞纳金及罚款。

3.如果纳税人在限期内缴纳，税务机关做结案处理。同时纳税人可以按照相关法规提起行政复议或行政诉讼；纳税人逾期未缴纳，税务机关以涉嫌逃税犯罪向公安机关移送刑事案件。

二、公安机关先立案侦查的（通常这种情况下纳税人不是因涉嫌逃税犯罪被立案侦查，而是涉嫌其他涉税犯罪，特别是虚开发票类犯罪被立案侦查）

1.公安机关向税务机关移送案件线索，税务机关立案稽查。

2.（1）税务机关出具《税务处理决定书》与《税务行政处罚决定书》并送达纳税人，明确定性为偷税；

（2）公安机关侦查工作同步进行，对犯罪嫌疑人除逃税罪以外的涉嫌其他犯罪的查处正常进行。

3.纳税人在《税务处理决定书》与《税务行政处罚决定书》限定的期限内缴纳应补缴的税款、滞纳金及罚款。

4.如果纳税人在限期内缴纳，税务机关做结案处理。同时纳税人可以按照相关法规提起行政复议或行政诉讼；纳税人逾期未缴纳，税务机关以涉嫌逃税犯罪向公安机关移送刑事案件。

需要注意的是：

第一，除逃税罪之外，公安机关查处犯罪嫌疑人的其他涉税犯罪并不受税务机关是否出具行政执法结论的任何影响，税务机关出具的行政执法结论也不必然构成对公安机关的建议或鉴定结论。所以这一类案件中税务机关的处理处罚决定并不是“前置”的，而是可以与追究刑事责任的诉讼程序平行进展的。

第二，只有五年内首次发生偷税行为才能享受《刑法修正案（七）》规定的“罚了不打”这一豁免追究刑事责任的特殊待遇。如果五年内存在第二次偷税且达到追究刑事责任的起点，则公安机关可以不待税务机关出具处理处罚结论而径行推进刑事司法程序，因为这种情况下纳税人是否在税务机关出具处理处罚结论后承担税法责任已经不构成豁免追究刑事责任的条件了。

【政策法规链接】

《最高人民检察院 公安部关于公安机关管辖的刑事案件立案追诉

标准的规定（二）》第五十二条：“【逃税案（刑法第二百零一条）】逃避缴纳税款，涉嫌下列情形之一的，应予立案追诉：

（一）纳税人采取欺骗、隐瞒手段进行虚假纳税申报或者不申报，逃避缴纳税款，数额在十万元以上并且占各税种应纳税总额百分之十以上，经税务机关依法下达追缴通知后，不补缴应纳税款、不缴纳滞纳金或者不接受行政处罚的；

（二）纳税人五年内因逃避缴纳税款受过刑事处罚或者被税务机关给予二次以上行政处罚，又逃避缴纳税款，数额在十万元以上并且占各税种应纳税总额百分之十以上的；

（三）扣缴义务人采取欺骗、隐瞒手段，不缴或者少缴已扣、已收税款，数额在十万元以上的。

纳税人在公安机关立案后再补缴应纳税款、缴纳滞纳金或者接受行政处罚的，不影响刑事责任的追究。”

《刑法修正案（七）》：“三、将刑法第二百零一条修改为：‘纳税人采取欺骗、隐瞒手段进行虚假纳税申报或者不申报，逃避缴纳税款数额较大并且占应纳税额百分之十以上的，处三年以下有期徒刑或者拘役，并处罚金；数额巨大并且占应纳税额百分之三十以上的，处三年以上七年以下有期徒刑，并处罚金。

扣缴义务人采取前款所列手段，不缴或者少缴已扣、已收税款，数额较大的，依照前款的规定处罚。对多次实施前两款行为，未经处理的，按照累计数额计算。

有第一款行为，经税务机关依法下达追缴通知后，补缴应纳税款，缴纳滞纳金，已受行政处罚的，不予追究刑事责任；但是，五年内因逃避缴纳税款受过刑事处罚或者被税务机关给予二次以上行政处罚的除外。’”

◆ 第四部分 ◆

偷税与逃避纳税义务罪

导 言

《税收征收管理法》对偷税的定义是：

纳税人伪造、变造、隐匿、擅自销毁账簿、记账凭证，或者在账簿上多列支出或者不列、少列收入，或者经税务机关通知申报而拒不申报或者进行虚假的纳税申报，不缴或者少缴应纳税款的，是偷税。

上述文字通篇没有提到需要以纳税人存在主观故意作为偷税的构成要件，但我们看关于手段行为的描述：

1. 伪造、变造、隐匿、擅自销毁账簿、记账凭证（舞弊）；

2. 在账簿上多列支出或者不列、少列收入（舞弊）；

3. 经税务机关通知申报而拒不申报（拒绝申报）；

4. 进行虚假的纳税申报（虚假申报）。

上述所有行为都不可能是纳税人的无心之失，也不可能是疏忽大意的“过失”，而是有目的的行为，目的就是“不缴或者少缴应纳税款”。也就是说，构成偷税既要有手段的故意，也要有目的的故意。

本部分选取的案件呈现出以下特点：

第16号案件：税务机关以行政相对人拒不按照税审鉴证结论更正申报、补缴税款为由，认定存在偷税；行政相对人以“纳税事实尚未确定”为理由抗辩，法院最终采纳了行政相对人的意见。如果事实尚未确定，行政相对人既不存在“行为的故意”，也不存在“目的的故意”。

第17号案件：行政相对人确实有让他人为自己虚开发票的行为，但是支出是真实发生的，不存在“目的的故意”；而“行为的故意”是存在的（行政相对人虚构业务，伪造税收凭证，存在财务舞弊行为）。

第18号案件：本案不是偷税争议，而是漏税争议。漏税争议不要求行政相对人有“行为的故意”，税务机关认为行政相对人只要出现“未达到相应的污染物排放标准”这一情况，就存在违规排放行为，就不再符合享受税收优惠条件；但是法院认为：针对不再符合税收优惠的事实依据应当由环保部门认定，不属于国家税务机关的职能。因此，税务机关以自行认定违规排放的事实作出处理结论是不能成立的。

第19号案件为扣缴义务人提起的涉税争议。迄今为止，税务机关也不能像掌握企业纳税人登记信息那样掌握个人所得税纳税人的身份信息和户籍信息，所以针对纳税人开展征管执法的难度大、成本高。即使税务机关能够联系到纳税人，受税收征管法的授权限制，也无法对纳税人采取任何强制措施（目前个人纳税征信负面评价不包括拒不配合税务机关检查的情形，这一点亟待完善），且难以识别纳税人是否有可供执行的财产。因此，扣缴义务人制度作为一种转嫁计税和申报义务，减少税收征管成本的特殊机制被普遍应用。本案的行政相对人抗辩称自己没有履行扣缴义务的能力，不能作为正当理由证明其不具有不作为的“行为的故意”。虽然他没有造成纳税人少缴税款的“目的的故意”，但是《税收征收管理法》对扣缴义务人不作为行为的处理本身也不以“目的的故意”为构成条件，这是与认定偷税不同的地方。

第20号案件是一场非常典型的不知法而作茧自缚的悲剧。税务机关穷尽所有执法流程，但当事人不清楚构成偷税的条件，不清楚欠税与偷税的法律责任孰轻孰重，不清楚偷税行为在何种情况下会触发刑事责任追究的风险。最后因为消极行为而承担刑事责任，教训不可谓不沉痛。

16. 没“偷”的动机，何来“偷税”的定性

——无主观故意不构成偷税

【基本案情】

稽查局于2017年7月对L公司作出《税务行政处罚决定书》，认定L公司存在偷税的违法行为，且单位账簿、记账凭证等有关资料保管不善，决定对L公司作出以下处罚：

1. 根据《中华人民共和国税收征收管理法》第六十三条第一款规定，对公司处以未缴税款百分之五十的罚款。

2. 根据《中华人民共和国税收征收管理法》第六十条第一款第（二）项规定，对L公司未按规定保管账簿、记账凭证和有关资料的行为，处以5 000元罚款。

L公司不服，诉至一审法院。

一审法院查明：原告L公司于2014年1月从外网申报税费1 412 831.24元，但次日又退回。该申报数额已经超过了税务师事务所确定的应纳税数额。2016年12月，稽查局对原告L公司涉嫌偷逃税款立案检查。认定原告L公司未将涉及其他案件的应收未逾期利息及其他款项列入全部收入申报纳税，属于虚假申报的偷税。L公司不服稽查局的处罚意见，提起行政诉讼，要求撤销认定其属于偷税的处罚决定。

一审法院认为：《中华人民共和国税收征收管理法》第六十三条规定，纳税人伪造、变造、隐匿、擅自销毁账簿、记账凭证，或者在账簿上多列支出或者不列、少列收入，或者经税务机关通知申报而拒不申报

或者进行虚假的纳税申报，不缴或者少缴应纳税款的，是偷税。对纳税人偷税的，由税务机关追缴其不缴或者少缴的税款、滞纳金，并处不缴或者少缴的税款百分之五十以上五倍以下的罚款；构成犯罪的，依法追究刑事责任。

本案中，稽查局认为，涉案行政处罚主要是认定原告L公司未将涉及其他案件的应收未逾期利息及其他款项进行纳税申报，属于虚假纳税申报的偷税。由此，原、被告双方当事人争议的主要问题是原告L公司是否存在虚假纳税申报的偷税行为。偷税是指行为人明知自己的行为会造成国家税收损失，而积极希望或追求这一危害结果，采取伪造、变造、隐匿、擅自销毁账簿、记账凭证等欺骗、隐瞒手段来不缴或少缴税款。在主观上偷税是出于故意。

在税务师事务所出具的鉴证报告中，确定L公司2010年4月—2013年6月各项共应补缴1 208 636.31元，原告L公司于2014年1月从外网申报税费1 412 831.24元，但次日又退回。该申报数额已经超过了税务师事务所确定的应纳税数额。在庭审中，原告L公司称因该公司经营困难无力缴纳所申报税款，负责原告公司的税务工作人员告知当年税务机关实行零欠税，要求原告撤回申报，改为零报税，故原告撤回了申报，改为零报税。虽然税务工作人员出庭说明不存在实行零欠税、要求原告撤回申报的情况，但是原告L公司在税务师事务所出具审查意见后，确已申报税费，且申报数额超过了审查意见确定的应纳税数额，并且，被告工作人员称申报后网络即有相应记录。因此，不能由此确定原告L公司存在虚假纳税申报的故意。本案当事人均认可原告L公司并未将涉及其他案件的应收未逾期利息及其他款项收回。在稽查局对L公司涉案行政处罚调查过程中，L公司的主管税务机关于2017年4月对L公司未收回的逾期利息是否应当缴纳营业税进行请示。由此，作为税务行政机关对原告L公司未收回的逾期利息是否应当缴纳营业税尚无法确定的情况下，涉案处罚决定书认定原告

L公司未将逾期利息进行纳税申报属于虚假纳税申报的偷税，属于事实不清，主要证据不足。最终一审法院判决撤销了稽查局对L公司的偷税处罚结论。

稽查局不服原审判决，上诉称：一审判决认定被上诉人不存在偷税行为，系事实认定错误。理由为：

一、一审法院认为“原告L公司在税务师事务所出具审查意见后，确已申报税费，且申报数额超过了审查意见确定的应纳税数额”，进而认定被上诉人不存在虚假纳税申报的故意，系事实认定错误。在税务师事务所出具的鉴证报告中，确定L公司2010年4月—2013年6月各项共应补缴1 208 636.31元，原告L公司于2014年1月从外网申报税费1 412 831.24元，说明被上诉人明知其应纳税数额，但被上诉人最终只申报了104元。足以证明被上诉人具有逃避缴纳税款、积极追求国家税收损失后果的主观故意。根据最高人民法院关于《审理偷税抗税刑事案件具体应用法律若干问题的解释》（法释〔2002〕33号）第一条的规定，纳税人实施下列行为之一，不缴或者少缴应纳税款，偷税数额占应纳税额的百分之十以上且偷税数额在一万元以上的，依照刑法第二百零一条第一款的法规定罪处罚：……（四）进行虚假纳税申报。被上诉人明知税务师事务所出具的审查意见书中确定的1 208 636.31元应当申报，但最终按104元的数额申报，造成少缴税款的后果，其行为已构成偷税。其次，本案中，被上诉人进行了多次纳税申报，但一审法院仅仅关注了被上诉人进行的第一次纳税申报，纳税申报是一个连续的过程，认定被上诉人的行为是否构成偷税，应以被上诉人最终申报的税额为依据。

二、L公司的主管税务机关于2017年4月对被上诉人未收回的逾期利息是否应当缴纳营业税进行请示，并非是因为该税务机关对被上诉人未收回的逾期利息是否应当缴纳营业税无法确定，而是由于本案经举报人多次举报，甚至多次向省行风热线、国家税务总局反映，造成严重的社会影响，该税务机关本着谨慎的原则进行请示。且被上诉人在2013年税务师事务所出具审查意见后，就已明知其具有纳税义务及应纳税数额。

综上所述，请求二审法院依法撤销原审判决，改判驳回被上诉人的诉讼请求。

【裁判结果】

二审法院认为：《中华人民共和国税收征收管理法》第六十三条第一款规定："纳税人伪造、变造、隐匿、擅自销毁账簿、记账凭证，或者在账簿上多列支出或者不列、少列收入，或者经税务机关通知申报而拒不申报或者进行虚假的纳税申报，不缴或者少缴应纳税款的，是偷税。对纳税人偷税的，由税务机关追缴其不缴或者少缴的税款、滞纳金，并处不缴或者少缴的税款百分之五十以上五倍以下的罚款；构成犯罪的，依法追究刑事责任。"《最高人民法院关于审理偷税抗税刑事案件具体应用法律若干问题的解释》（法释〔2002〕33号）第二条第三款规定："刑法第二百零一条第一款规定的'虚假的纳税申报'，是指纳税人或者扣缴义务人向税务机关报送虚假的纳税申报表、财务报表、代扣代缴、代收代缴税款报告表或者其他纳税申报资料，如提供虚假申请，编造减税、免税、抵税、先征收后退还税款等虚假资料等。"从上述规定可以看出，构成虚假纳税申报的偷税行为，主观上必须出于故意，即行为人明知自己的行为会造成国家税收损失，而积极希望或追求这一危害结果；客观上实施了提供虚假申请、编造相关虚假资料等行为。

本案中，稽查局认定被上诉人L公司存在虚假纳税申报的偷税行为，主要是认为L公司未将涉及其他案件的应收未逾期利息及其他款项并入收入总额进行纳税申报。被上诉人L公司认为，根据财政部印发的《金融企业会计制度》和《国家税务总局关于金融企业贷款利息收入确认问题的公告》（国家税务总局公告2010年第23号）的规定，不应对涉及其他案件的应收未逾期利息及其他款项征收营业税。为此，2017年4月L公司的主管税务机关还专门就被上诉人涉税问题向上级有关部门予以请示。上述事实说明，当事人就被上诉人涉及其他案件的应收未逾期利息及其他款项是否纳税存在着法律认识上的争议。因此，被上诉人L公司未将逾期利息进行纳税申报，不足以认定其具有“虚假纳税申报”的故意。稽查局认定被上诉人存在虚假纳税申报的偷税行为，并据此作出行政处罚，属适用法律错误，该处罚决定依法应予撤销。

最终判决如下：驳回上诉，维持原判。

【税案评析】

一审和二审的法院推翻了稽查局对L公司的偷税认定，是稽查案件中对偷税定性“客观归责”倾向的一次重大否定。《税收征收管理法》第六十三条第一款规定：“纳税人伪造、变造、隐匿、擅自销毁账簿、记账凭证，或者在账簿上多列支出或者不列、少列收入，或者经税务机关通知申报而拒不申报或者进行虚假的纳税申报，不缴或者少缴应纳税款的，是偷税。”纳税人具有侵占国家税收利益的主观故意是构成《税收征收管理法》第六十三条认定偷税的必要条件，对这一点是没有任何争议的。如国税办函〔2007〕513号：

国家税务总局办公厅关于呼和浩特市昌隆食品有限公司有关涉税行为定性问题的复函

国税办函〔2007〕513号　　2007-05-05

最高人民检察院：

《税收征管法》未具体规定纳税人自我纠正少缴税行为的性质问题，在处理此类情况时，仍应按《税收征管法》关于偷税应当具备主观故意、客观手段和行为后果的规定进行是否偷税的定性。

税务机关在实施检查前纳税人自我纠正属补报补缴少缴的税款，不能证明纳税人存在偷税的主观故意，不应定性为偷税。

国家税务总局办公厅

二〇〇七年五月五日

另外，《国家税务总局关于进一步做好税收违法案件查处有关工作的通知》（税总发〔2017〕30号）第二条也规定，“（二）……对涉嫌偷税案件，要着重取得不缴、少缴税款主观故意方面的证据”，说明税务总局对“客观归责”的偷税认定持明确否定态度。

除此之外，既有的司法案例中，法院一般也认为主观故意是构成偷税行为的必要条件。如（2020）辽行再24号案中，法院认为：“因为税务机关的责任、纳税人的失误或者纳税人的主观故意均可能导致纳税人未缴或者少缴税款的结果，但即使客观上存在纳税人未缴或者少缴税款的事实也不能必然得出纳税人构成偷税的结论。纳税人只有同时具备主观故意、法定方式以及行为后果三个法定要件才能构成偷税，即纳税人主观上存在故意，且具有逃避缴纳应缴税款义务而非法获利的目的。”（2020）浙行再44号案中，法院认为：“故国家税务总局杭州市税务局稽查局称税法并没有强调偷税主观故意的意见，与法不符，不能成立。而对于行为人主观故意的认定，通常应从行为人的具体行为进行综合分析。鉴于在行政诉讼中，行政机关对其作出的行政行为的合法性负有举证责任。因此，税务机关对偷税违法行为的认定、处理，应当对当事人不缴、少缴应纳税款的主观故意进行调查、认定，并在行政诉讼程序中就此承担举证责任。”

但是税务稽查过程中，除非直接取得纳税人承认其具有偷税动机的笔录，否则对于纳税人是否具有主观故意通常没有直接的证据，一般通过推定的方式来确认。如果稽查部门固定以下证据，就倾向于推定纳税人存在偷税的主观故意：

1.存在故意的发票违法行为导致少缴或晚缴当期税款（如为自己虚开发票或让他人为自己虚开发票扣除成本费用）；

2.存在财务舞弊行为导致少缴或晚缴当期税款（如故意推迟确认收入或错记会计科目，采用“两套账”隐瞒不开票收入，虚增成本费用等）；

3.故意选择某种交易安排作为法律形式以掩饰交易实质，导致少缴或晚缴当期税款（如“明股实债”）；

4.把不能享受税收优惠的经营业务混入能够享受税收优惠的经营业务，或者明知不符合条件而享受税收优惠导致少缴或晚缴当期税款（如把不属于研发费用的支出列入研发费用而滥用加计扣除税收优惠）；

5.故意进行虚假申报（本案中稽查部门认定偷税的理由）导致少缴或晚缴当期税款；

6.故意混淆税种税目，就低避高导致少缴或晚缴当期税款（如把个人劳务所得分拆为多项生产经营所得）；

7.故意变更销售品名，以达到规避较高税率而适用较低税率的目的（如对外销售食品而确认为提供“餐饮服务”）；

8.故意不确认视同销售收入；

9.故意推迟纳税义务发生时间；

10.为少贴印花而变更合同名称或故意漏贴印花税票；

11.其他故意违法行为，导致少缴或晚缴当期税款（如不通知税务机关而走逃失联）。

如何判断纳税人发生上述差错是出于故意？实际举证责任在于稽查部门，但是目前并没有确定的标准作为衡量偷税与否的条件。而实践中稽查部门不可能有或几乎不可能有行政相对人对偷税故意予以承认的证据（税务机关没有讯问权，也不能采取限制人身自由的强制措施，对行政相对人的相关人员不可能构成迫使其如实陈述的心理压力）。《税收征收管理法》第五十六条规定的“纳税人、扣缴义务人必须接受税务机关依法进行的税务检查，如实反映情况，提供有关资料，不得拒绝、隐瞒”，因为没有对应罚则而在实践中利用率不高。从法律意义上讲，故意是行为人即使预见了自己行为的结果，仍然希望它发生或者听任它发生的主观心理状态。既然是一种主观心理态度，外人就无法直接感知，只能通过行为人的言行去推断，即“行为确定偏好”，通过行为人的具体行为反推。这就是在偷税定性问题上执法者容易滑向“客观归责”的原因——上述11种类型均为“反推的故意”，而与之相对，如果纳税人可以用“会计估计差异”“非故意的会计差错”“非故意的申报漏税”解释，说明他对纳税义务的确定性存在疑问，无法“预见（不申报）行为是否会造成损害国家税收利益的后果”，进而可以说明稽查部门“行为反推”的依据不足，不应确定为偷税。这一规则在国家税务总局税总函〔2016〕274号批复也有所体现：

国家税务总局关于北京聚菱燕塑料有限公司偷税案件复核意见的批复

税总函〔2016〕274号　　2016-06-19

北京市国家税务局：

你局《关于对2009年北京聚菱燕塑料有限公司偷税案件复核意见有关问题的请示》（京国税发〔2016〕138号）收悉。经研究，批复如下：

根据《中华人民共和国企业所得税法实施条例》第三十六条，该企业为部分管理人员购买的商业保险支出不得在企业所得税税前扣除。但是，该企业税前扣除的上述支出，是企业真实发生的支出。

根据你局提供的材料：

一、除本案所涉及稽查外，未对该企业进行过其他稽查立案处理；

二、除本案所涉违规列支行为外，未发现该企业成立以来存在其他违规列支行为；

三、本案所涉该企业为部分管理人员购买的商业保险已在当期代扣代缴了个人所得税。

据此，从证据角度不能认定该企业存在偷税的主观故意。

综上，我局同意你局的第二种复核意见，即不认定为偷税。

国家税务总局

2016年6月19日

上述批复函涉及的案件中，纳税人的支出是实际发生的，而且也履行了代扣代缴个人所得税的义务，虽然属于“与企业取得收入无关的支出”，但其行为不足以推断其存在偷税的主观故意，也即“证据不足”，因此，税务总局批复认为倾向于不认定偷税。

本案中稽查部门坚持对L公司的偷税定性，其最主要的证据是税务师事务所曾经就L公司未收回的逾期利息一事出具过鉴证意见，确定L公司2010年4月—2013年6月各项共应补缴1 208 636.31元，原告L公司于2014年1月从外网申报税费1 412 831.24元，但次日又退回。该申报数额已经超过了税务师事务所确定的应纳税数额。根据这一证据，稽查部门确定“L公司明知应当按照鉴证意见申报而修改申报金额，修改后的金额不包含L公司未收回的逾期利息”，因此，认定属于L公司构成虚假申报的偷税。

L公司反对偷税定性除了认为稽查定性缺乏法律依据［L公司认为，根据财政部印发的《金融企业会计制度》和《国家税务总局关于金融企业贷款利息收入确认问题的公告》（国家税务总局公告2010年第23号）的规定，不应对未收回的逾期利息及其他款项征税］，但最关键的证据是2017年4月L公司的主管税务机关还专门就被上诉人涉税问题向上级有关部门予以请示。这也就意味着：L公司认为未收回的逾期利息不应承担纳税义务，而L公司的主管税务机关自己无法以明确意见指导L公司作出税务处理，这种情况下，L公司有理由认为税审鉴证报告的意见存在不正确可能，而需要等待获得明确请示后再作出税务处理。一审和二审法院均认为上述事实说明，当事人就被上诉人涉及其他案件的应收未逾期利息及其他款项是否纳税存在着法律认识上的争议。因此，L公司撤回申报的行为不足以反推其具有偷税的主观故意。当然，如果L公司的主管税务机关经请示得到的回复意见与税审鉴证报告一致，而L公司仍然不补税，就肯定构成偷税了。

除了本案中L公司提出的“主管税务机关已经就该问题向上级部门请示，尚不明确”的理由之外，行政相对人还可能提出以下理由以反驳稽查部门对“偷税故意”的认定：

1. 纳税人没有专职财务人员；

2. 财务人员工作能力不强，对纳税义务和税会差异存在认识错误；

3. 财务人员计算错误，申报错误或遗漏某些信息；

4. 由于不可抗力原因或其他不可归责于纳税人的因素导致纳税人无法及时知晓纳税义务是否已经发生；

5. 该项纳税义务应由付款人代收代缴或代扣代缴，而付款人没有履行代收代缴或代扣代缴义务；

6. 由于不可归责于纳税人主观故意的其他原因导致发生少缴、晚缴税款。

本案中，如果没有L公司的主管税务机关专门就被上诉人涉税问题向上级有关部门予以请示这一证据，法院又会如何裁判？笔者认为L公司大概率会败诉。因为国家税务总局税总函〔2016〕274号所涉聚菱燕案是属于“证据不足以推定纳税人有偷税主观故意”；而本案中稽查部门已经取得了对L公司非常不利的证据——税务师事务所出具的鉴证意见，以证明L公司明知应当申报纳税而仍然不申报。稽查部门之所以败诉不是因为“证据不足”，而是因为“行政相对人有充分的相反证据推翻结论”。

在行政诉讼案件中，如果证明标准上达不到明显优势，则行政结论就有可能被推翻。所以如果缺乏这一关键证据，L公司能否胜诉就要打一个问号了。

【政策法规链接】

《中华人民共和国税收征收管理法》第五十二条："……因纳税人、扣缴义务人计算错误等失误，未缴或者少缴税款的，税务机关在三年内可以追征税款、滞纳金；有特殊情况的，追征期可以延长到五年。

对偷税、抗税、骗税的，税务机关追征其未缴或者少缴的税款、滞纳金或者所骗取的税款，不受前款规定期限的限制。"

《中华人民共和国税收征收管理法》第五十六条："纳税人、扣缴义务人必须接受税务机关依法进行的税务检查，如实反映情况，提供有关资料，不得拒绝、隐瞒。"第六十三条："纳税人伪造、变造、隐匿、擅自销毁账簿、记账凭证，或者在账簿上多列支出或者不列、少列收入，或者经税务机关通知申报而拒不申报或者进行虚假的纳税申报，不缴或者少缴应纳税款的，是偷税。对纳税人偷税的，由税务机关追缴其不缴或者少缴的税款、滞纳金，并处不缴或者少缴的税款百分之五十以上五倍以下的罚款；构成犯罪的，依法追究刑事责任。"

《税收征收管理法》第六十三条："纳税人伪造、变造、隐匿、擅自销毁账簿、记账凭证，或者在账簿上多列支出或者不列、少列收入，或者经税务机关通知申报而拒不申报或者进行虚假的纳税申报，不缴或者少缴应纳税款的，是偷税。对纳税人偷税的，由税务机关追缴其不缴或者少缴的税款、滞纳金，并处不缴或者少缴的税款百分之五十以上五倍以下的罚款；构成犯罪的，依法追究刑事责任。"

《行政处罚法》第三十三条："当事人有证据足以证明没有主观过错的，不予行政处罚。法律、行政法规另有规定的，从其规定。"

17. 虚开发票方式为职工发放工资，是否属于偷税行为？

【基本案情】

经税务机关查明，2008—2013年Y公司从四家公司取得合计146 226 770.12元虚开发票，为取得虚开发票支付3 474 276.37元款项。虚开发票名目下支出情况：1.为本公司员工发放并在企业所得税前扣除的工资性支出145 422 763.12元；2.税前多列支业务招待费46 320元；3.未取得合法凭证税前列支业务招待费274 014元；4.发放给非本公司员工的工资性支出483 673元。税务稽查部门认定应调增Y公司2008—2013年应纳税所得额149 701 046.49元，造成少缴所得税37 425 261.63元构成偷税。2017年5月15日，税务稽查部门作出《税务处理决定书》，决定追缴企业所得税37 425 261.63元。Y公司不服，提起行政复议，2017年9月7日，上级税务机关作出《行政复议决定书》，维持上述处理决定。

一审法院认为，企业职工取得必要的、适当的工资收入既合法又合理。Y公司认为给职工支付的145 422 763.12元工资未违反本公司的工资制度，税务稽查部门否认Y公司支付145 422 763.12元工资的合理性，但未提供充分证据予以证明，应承担举证不能的法律责任，该工资应认定为合理支出。应当指出，企业职工工资的合理性与工资资金的来源方式是否合法没有必然联系，Y公司虚开发票套取本企业资金，其行为违法并不必然导致Y公司使用套取的资金给职工发放工资违法。《中华人民共和国企业所得税法》第八条规定："企业实际发生的与取得收入有关的、合理的支出，包括成本、费用、税金、损失和其他支出，准予在计算应纳税所得额时扣除。”本案争议的145 422 763.12元工资性支出是Y公司生产经营中客观存在的成本，税务稽查部门根据该资金来源的违法性否定为职工支付工资的合理性既不符合《中华人民共和国企业所得税法》第八条之规定，也存在主要证据不足的问题。税务稽查部门认定145 422 763.12元工资性支出为应调增应纳税所得额依法不能成立，以此为依据作出的税务处理决定依法应予撤销。依照《中华人民共和国行政诉讼法》第七十条第（一）项之规定，判决如下：一、撤销税务稽查部门作出的《税务处理决定书》。二、撤销上级税务机关作出的《行政复议决定书》。三、责令税务稽查部门在本判决生效后六十日内重新作出处理决定。

税务稽查部门不服，上诉称：一审判决认定事实、适用法律错误，依法应予撤销。

一、一审法院认为“税务稽查部门否认Y公司支付14 522 763.12元工资的合理性，但未提供充分证据予以证明，应承担举证不能的法律责任”，认定“存在主要证据不足”与事实不符。税务稽查部门作出的《税务处理决定书》认定Y公司少缴企业所得税行为属于偷税，事实清楚，证据充分。税务稽查部门为证明Y公司存在利用虚开发票套取资金发放工资，增加成本，减少了应纳税所得额，少缴企业所得税属于偷税行为，在举证期限内税务稽查部门向一审法庭提交了以下主要证据：稽查局出具的关于四家劳务派遣公司虚开发票案件情况报告、调查笔录、2008—2013年Y公司预算、2008—2013年Y公司应付职工酬金计提支付表、2008—2013年Y公司职工薪酬明细表、各种明细账等150份事实方面的证据，并提供了9份法律依据方面的证据。Y公司对税务稽查部门在一审提交证据的真实性、合法性予以认可，一审判决对证据的真实性也作出了认定，不存在未提供充分证据予以证明的问题。Y公司对税务稽查部门在一审提交证据的关联性提出了异议，但一审判决并未明确予以采纳。税务稽查部门提交的证据足以证明Y公司违反工资制度发放工资不符合税法所规定的“合理性”要求，违规税前列支招待费，违规扣除为取得虚开发票支付费用，所证明的事实是清楚的，不存在《行政诉讼法》第七十条第（一）项规定的主要证据不足的问题。

二、一审法院认为“税务稽查部门否认Y公司支付14 522 763.12元工资的合理性，但未提供充分证据予以证明，应承担举证不能的法律责任，该工资应认定为合理工资”，“该工资应认定为合理工资”属于事实认定错误。劳动者付出劳动获得劳动报酬无可非议，更不能要求劳动者考虑企业发放劳动报酬资金的来源是否合法的问题。从劳动者的角度说，无论发放工资资金的来源是合法的还是非法的，只要获得的是应得的劳动报酬就不存在是否违法的问题，劳动者本身没有过错。本案当中，行政处理的是Y公司违反税务行政法律法规的违法行为，并未否定其职工取得工资的合法行为。Y公司违反相关企业所得税法律法规发放的该部分工资不属于企业所得税法规定的“合理工资”。Y公司制定了《工资总额管理办法》等较为规范的工资薪金制度，但Y公司并未按照工资薪金制度执行，而是利用让他人虚开发票套取资金后，一部分纳入工资总额通过“应付职工薪酬”在有关成本费用类科目列支并在企业所得税税前扣除，另一部分以“劳务费”的名义计入有关成本费用类科目并在企业所得税税前扣除，主观上存在逃避工资薪金制度监管的故意。根据《企业所得税法》第八条、《企业所得税法实施条例》第三十四条、《国家税务总局关于企业工资薪金及职工福利费扣除问题的通知》（国税函〔2009〕3号）的相关规定，该部分违规发放的工资薪金当然不属于企业所得税法规定的“合理工资”范畴。让他人虚开发票是严重违反税务行政管理法律法规的行为，始终是国家严厉打击的税收违法行为。Y公司利用虚开发票套取资金发放工资并列入成本核算，事实清楚，证据充分，一审法院也予以了认可。税务稽查部门作出追缴企业所得税的税务行政处理决定，依据的主要事实是Y公司具有让他人虚开发票、用虚开发票虚列成本、违反工资制度发放工资从而造成少缴企业所得税的违法事实。一审法院简单认为“企业职工工资的合理性与工资资金的来源方式是否合法没有必然联系，Y公司虚开发票套取本企业资金，其行为违法并不必然导致Y公司使用套取的资金给职工发放工资违法”，明显属于以偏概全和事实认定错误。

三、一审法院认为“本案争议的145 422 763.12元工资性支出是Y公司生产经营中客观存在的成本，税务稽查部门根据该资金来源的违法性否定为职工支付工资的合理性既不符合《中华人民共和国企业所得税法》第八条之规定”，属于法律适用错误。《企业所得税法》第八条仅是一种原则性规定，《企业所得税法》第二十条又明确规定，“本章规定的收入、扣除的具体范围、标准和资产的税务处理的具体办法，由国务院财政、税务主管部门规定。”一审法院忽略了《企业所得税法实施条例》第三十四条、《国家税务总局关于企业工资薪金及职工福利费扣除问题的通知》（国税函〔2009〕3号）的具体要求，明显属于法律适用问题。

四、Y公司违反工资制度，以让他人虚开发票套取资金方式发放工资，所造成少缴企业所得税属于偷税，应当予以追缴。作为企业必须按照国家税法的规定，对企业工资薪金进行企业所得税扣除。违反工资制度，特别是Y公司这种采用虚开发票及其他违法方法套取资金属于严重违反税收法规的行为，势必扰乱社会主义市场经济秩序，是应当受到行政处理的行为，按照《税收征收管理法》第六十三条第一款的规定，税务机关应当追缴税款Y公司少缴税款。上诉请求：依法撤销一审判决，驳回Y公司的诉讼请求。

复议机关（上级税务机关）上诉称：一审判决认定事实、适用法律错误，依法应予撤销。

一、税法并不限制企业为职工发放工资薪金数额，但会依据税法规定对企业发放的工资予以评价，从而影响企业应纳税数额。一审法院并未考虑涉案工资支出是否符合税法规定，即该支出在税法中的“合法性”问题。换言之，该支出的“客观存在”并不意味着即具有税法上的“合法性”。劳动者享有取得劳动报酬的权利，企业为职工发放工资属于自主的市场行为，企业可以根据自身经营状况、管理战略等自行决定发放工资的具体数额。但是在税法中，并不是企业发放的所有“工资薪金”都可以得到认可，尤其在企业所得税法中，会计处理与税务处理存在较大差异，根据《企业所得税法实施条例》第三十四条规定，即使是企业生产经营中客观存在的工资薪金，只有被税法评价为“合理的工资薪金”时，才允许在企业所得税税前扣除。

二、税法对Y公司所支付145 422 763.12元工资予以否定评价，故不属于“合理工资薪金”。关于合理工资薪金问题，《企业所得税法》第八条、《企业所得税法实施条例》第三十四条、《国家税务总局关于企业工资薪金及职工福利费扣除问题的通知》(国税函〔2009〕3号)有明确规定。Y公司已经制定了较为规范的工资薪金制度，但在执行过程中，Y公司并未按照工资薪金制度执行。作为争议焦点的145 422 763.12元“工资”并未纳入Y公司的工资薪金制度管理范围，税务机关提交的证据资料以及Y公司《关于劳务派遣事项的说明》《机电等分公司情况说明》等自述材料都已证明，该部分是Y公司为规避自身工资制度而采取特殊手段发放的，当然属于违反工资制度的“不合理工资薪金”。

三、Y公司明知145 422 763.12元工资发放违反企业工资薪金制度，仍通过违法违规方式进行了发放，并在企业所得税税前扣除，属于偷税。一审法院认为，Y公司虚开发票套取资金，并不必然导致工资发放违法。需要明确的是，一审法院此处所称“违法”是指违反税法还是其他法律？如指违反税法，上文已清晰指出，该支出是不符合税法相关规定的。如指其他法律，则不在本案讨论范围内，无须研究。正是Y公司采用了虚开发票套取资金进行工资发放的行为，说明了其明知该支出违反自身工资制度而故意为之，其必然不被税法所认可。但Y公司为了该支出能够在企业所得税税前扣除，虚构业务、虚开发票、虚假记账、虚假申报，根据《税收征收管理法》第六十三条的规定，其行为属于偷税无疑。上诉请求：依法撤销一审判决，驳回Y公司的诉讼请求。

Y公司答辩如下：

一、一审法院认定“存在主要证据不足”，与事实相符。一审法院对税务稽查部门提交的证据从真实性、合法性与关联性的角度进行了综合考虑。税务稽查部门提交的证据不足以证明企业职工工资的不合理性，即不足以证明公司合理的工资成本不能在税前扣除。

二、税务稽查部门第二点上诉理由存在逻辑错误，Y公司虽然存在以“虚开发票”的形式发放职工工资的行为，但是该行为并不必然导致该部分工资不属于企业所得税法规定的“合理工资”或者导致Y公司所发放的该部分工资不能被税前扣除。首先，税务稽查部门已经明确表示，其不否定Y公司职工取得的14 522 763.12元工资属于合法行为。既然Y公司职工有权获得该部分工资，这就表示Y公司职工付出了与该工资相对应的劳动，因此，该部分工资必然属于Y公司所应负担的与生产经营活动有关的成本。其次，Y公司通过“虚开发票”发放工资的形式虽然不符合税务行政法规，但是该“虚开行为”不会导致Y公司真实发生的生产经营成本（即职工的工资薪金）不能得到税前扣除。一方面不允许税前扣除不符合税法的比例原则。对“虚开”发票（而且是在发票所载的成本金额是真实发生的，只是发票的内容描述与实际不符的情形下）违法行为的制裁手段和所造成的损害后果远远超出了法益保护的必要性；另一方面，不允许Y公司税前扣除该部分支出也不符合现行税收法律法规规定。我国现行税收法律法规对于虚开发票行为和企业税前成本的扣除分别做出了相关规定，对于虚开发票行为及后果规定在《中华人民共和国发票管理办法》第二十二条和第三十七条中，而企业税前成本的扣除则被规定在《企业所得税法》第八条和《企业所得税法实施条例》第二十七条中。因此，虚开发票这一行为并不必然导致虚开发票所载成本不能被扣除，只有虚开发票所载金额不属于企业真实经营成本支出的，才会导致虚开发票所载金额不能被税前扣除。对此，也可以同样参见国家税务总局于2018年6月6日最新发布的《关于发布〈企业所得税税前扣除凭证管理办法〉的公告》（国家税务总局公告2018年第8号，以下简称“28号公告”），28号公告第七条、第八条明确了企业税前扣除凭证不仅包括发票，还包括合同协议、支出依据、付款凭证等。本案中，虽然Y公司取得的劳务派遣发票不符合规定，但是根据28号公告第十三条所体现的精神，如果Y公司能够补充提供其他相关有效凭证，证明支出真实且已经实际发生，则该支出仍可以在税前扣除。28号公告第十条规定，如果一项支出不属于应税项目，且对方为个人的，以内部凭证作为税前扣除凭证。本案中，Y公司支付给职工的工资薪金不属于应税项目，且税务总局没有规定对发放工资的行为需要开具发票，Y公司可以以内部凭证作为税前扣除凭证。

三、一审法院在审理和判决中并无法律适用错误。首先，根据《行政诉讼法》第六十三条规定，人民法院审理行政案件，以法律和行政法规、地方性行政法规为依据，参照规章。而国税函〔2009〕3号文不属于法律、行政法规、地方性法规，也并不属于规章，而仅仅是其他一般规范性文件，人民法院审理案件无须依据或参照该文件的规定。其次，税务稽查部门所依据的国税函〔2009〕3号文违反上位法《企业所得税法实施条例》。根据《企业所得税法》第八条、《企业所得税法实施条例》第二十七条、《企业所得税法实施条例》第三十四条之规定，工资薪金是本企业给任职或者受雇员工的劳动报酬，只要该工资薪金符合第二十七条“合理”支出的定义，根据该三十四条第一款的规定就应该在所得税前准予扣除。国税函〔2009〕3号文第一条关于合理工资薪金问题中的什么是“合理工资薪金”的解释，除了“实际发放给员工的工资薪金”尊重了《企业所得税法实施条例》第三十四条，其他增添的内容均缩小了上位法规定的纳税主体的权利范围，直接限制或者剥夺了企业的权利。

四、Y公司通过两个渠道发放工资是合理的，并未违反自己制定的工资管理制度。Y公司的行为并不构成偷税。

第一，Y公司主管单位要求对Y公司每年发放给本单位员工的工资总额根据Y公司上年度效益情况核定。为了保证将每年发放给员工的工资总额控制在核定的额度内，Y公司对下属各单位每月工资总额严格按照Y公司制定的《工资总额管理办法》中工效挂钩的要求进行考核、控制，按照规定，各单位工资总额实行月预支、次月结算、年度总结算的办法，即员工每月工资的多少是由当月本单位利润完成情况决定的。而作为施工企业，Y公司每月的利润具有不确定性，若某单位某一时期出现利润水平低甚至亏损时，则该单位员工虽然付出了艰苦的劳动，但只能拿到很少的工资。这将严重影响员工的正常生活，极大挫伤员工特别是一线作业员工工作积极性，导致工程项目建设和正常的生产经营秩序受到极为不利的影响。即便相关单位之后完成了年度利润指标，想要采取事后补发的方式补发利润完成不好月份员工应得的工资，也需要在第二年对Y公司上年度工资总额清算结束后根据清算结果进行，期间间隔时间过长，无法解决员工面临的现实生活需求。因此，鉴于利润完成的不确定性和最终无奈之下，个别效益不好的单位为保证劳动者切身利益，保证公司正常的生产经营活动，采取了两种渠道发放工资。每年集团对Y公司工资总额清算结果出来后，Y公司都会及时根据有关单位的申请和该单位利润完成情况，对该单位超过工效挂钩部分的工资总额进行考核追认，并没有违反国税函〔2009〕3号第一条的规定。

第二，税务稽查部门通过开具劳务派遣发票的形式支付员工工资虽然具有不规范性，但是主观上并不存在“进行虚假纳税申报”的故意，客观上也没有因此获取利益和造成少缴企业所得税的后果，因此，该行为不应当被认定为偷税。Y公司和税务稽查部门在庭审中均同意该费用实质是支付给员工的劳动报酬，根据实质优于形式的原则，该劳动报酬如没有明显不合理的理由，应允许企业税前扣除。税务稽查部门仅根据表面分析，将不规范的开具发票行为等同于偷税，而没有深入正确理解发票所载金额的实质以及Y公司不得已采取两种方式发放工资的公司制度限制因素。

【裁判结果】

二审法院认为：本案的争议焦点主要是Y公司接受虚开发票方式为职工发放工资145 422 763.12元的行为是否属于偷税行为。《中华人民共和国税收征收管理法》第六十三条第一款规定，“纳税人伪造、变造、隐匿、擅自销毁账簿、记账凭证，或者在账簿上多列支出或者不列、少列收入，或者经税务机关通知申报而拒不申报或者进行虚假的纳税申报，不缴或者少缴应纳税款的，是偷税。对纳税人偷税的，由税务机关追缴其不缴或者少缴的税款、滞纳金，并处不缴或者少缴的税款百分之五十以上五倍以下的罚款；构成犯罪的，依法追究刑事责任。”根据该条规定，造成不缴或少缴应纳税款后果的，是偷税，应予处罚（研习：法官对偷税行为的规定的理解）。《中华人民共和国企业所得税法》第八条规定：“企业实际发生的与取得收入有关的、合理的支出，包括成本、费用、税金、损失和其他支出，准予在计算应纳税所得额时扣除。”《中华人民共和国企业所得税法实施条例》二十七条规定：“企业所得税法第八条所称有关的支出，是指与取得收入直接相关的支出。企业所得税法第八条所称合理的支出，是指符合生产经营活动常规，应当计入当期损益或者有关资产成本的必要和正常的支出。”《中华人民共和国企业所得税法实施条例》第三十四条规定：“企业发生的合理的工资薪金支出，准予扣除。前款所称工资薪金，是指企业每一纳税年度支付给在本企业任职或者受雇的员工的所有现金形式或者非现金形式的劳动报酬，包括基本工资、奖金、津贴。”税务稽查部门及Y公司对于该145 422 763.12元属于给职工支付的工资并无异议。且税务稽查部门上诉称“行政处理的是Y公司违反税务行政法律法规的违法行为，并未否定其职工取得工资的合法行为”，145 422 763.12元工资性支出不准在税前扣除，为应调增应纳税所得额，不符合上述法律法规的规定，作出的税务处理决定理据不足，依法应予撤销。综上所述，税务稽查部门上诉理据均不足，本院不予支持，判决驳回上诉，维持原判。

【税案评析】

本案的争议事项非常简单：即Y公司接受虚开发票方式为职工发放工资145 422 763.12元的行为是否属于偷税行为。但是税务机关和法院的意见是完全不一致的。

税务机关认为：Y公司存在利用虚开发票套取资金发放工资，增加成本，减少了应纳税所得额，少缴企业所得税的偷税行为。依据是：（1）Y公司违反工资制度发放工资不符合税法所规定的“合理性”要求。（2）Y公司主观上存在逃避工资薪金制度监管的故意。（3）该支出的“客观存在”并不意味着即具有税法上的“合法性”。即使是企业生产经营中客观存在的工资薪金，只有被税法评价为“合理的工资薪金”时，才允许在企业所得税税前扣除。（4）现有证据证明145 422 763.12元工资是Y公司为规避自身工资制度而采取特殊手段（取得虚开发票）发放的，当然属于违反工资制度的“不合理工资薪金”。

法院认为：Y公司认为给职工支付的145 422 763.12元工资未违反本公司的工资制度，税务稽查部门否认Y公司支付145 422 763.12元工资的合理性，但未提供充分证据予以证明。法院强调：企业职工工资的合理性与工资资金的来源方式是否合法没有必然联系，Y公司虚开发票套取本企业资金，其行为违法并不必然导致Y公司使用套取的资金给职工发放工资违法。值得注意的是，无论一审裁判还是二审裁判，说理部分的篇幅都不长，说明法院认为得出结论无须做过于负责的论证，本案税务机关败诉的最重要的原因是无法提供充分证据证明Y公司列支工资费用是“不具有合理性”的，这就反驳了税务机关提出的第1点和第3点理由，且否认了第4点理由。既然“不具有合理性”的认定被推翻，税务机关提出的第2点理由“Y公司有逃避工资监管制度的故意”也就无从谈起了。

从税务机关和法院的以上分歧中可以看出，税务机关坚持在企业所得税税前扣除工资需要做到“经济实质和法律形式并重”，既要有相关支出，又要采用合规的凭证；而法院更偏重经济实质而非虚开发票的法律形式。按照规范性文件《关于企业工资薪金及职工福利费扣除问题的通知》（国税函〔2009〕3号）。该文件对“合理工资薪金”的定义是：

> 《实施条例》第三十四条所称的“合理工资薪金”，是指企业按照股东大会、董事会、薪酬委员会或相关管理机构制订的工资薪金制度规定实际发放给员工的工资薪金。税务机关在对工资薪金进行合理性确认时，可按以下原则掌握：
>
> （一）企业制订了较为规范的员工工资薪金制度；
>
> （二）企业所制订的工资薪金制度符合行业及地区水平；
>
> （三）企业在一定时期所发放的工资薪金是相对固定的，工资薪金的调整是有序进行的；
>
> （四）企业对实际发放的工资薪金，已依法履行了代扣代缴个人所得税义务。
>
> （五）有关工资薪金的安排，不以减少或逃避税款为目的。

本案裁判文书中税务机关和Y公司均未提到取得虚开发票发放这部分工资时是否“依法履行了代扣代缴个人所得税义务”这一点，姑且假定Y公司履行了代扣代缴义务，则企业以取得的虚开发票支付工资并不违反上述文件的其他要求。按照Y公司在二审答辩中的解释，之所以采用这种方法发放工资是有合理原因的："作为施工企业，Y公司每月的利润具有不确定性，若某单位某一时期出现利润水平低甚至亏损时，则该单位员工虽然付出了艰苦的劳动，但只能拿到很少的工资。这将严重影响员工的正常生活，极大挫伤员工特别是一线作业员工工作积极性，导致工程项目建设和正常的生产经营秩序受到极为不利的影响。即便相关单位之后完成了年度利润指标，想要采取事后补发的方式补发利润完成不好月份员工应得的工资，也需要在第二年对Y公司上年度工资总额清算结束后根据清算结果进行，期间间隔时间过长，无法解决员工面临的现实生活需求。"而且"每年集团对Y公司工资总额清算结果出来后，Y公司都会及时根据有关单位的申请和该单位利润完成情况，对该单位超过工效挂钩部分的工资总额进行考核追认"。遍览裁判文书可以注意到：税务机关并没有对Y公司给出的上述申辩理由予以反驳，说明税务机关是认可这一事实的，只是未采纳相关证据。站在Y公司角度，既有合理原因，又有完整核算过程确保不会虚增工资薪金，足以证明其不存在偷税的主观故意（其实只要没有造成税收利益损失，纳税人无须证明存在偷税的故意，因为只有主观故意而没有客观结果不能构成偷税）。

综上所述，按照国税函〔2009〕3号文件的要求，税务机关是没有理由否认Y公司扣除这部分工资的合理性的。因此，税务机关之所以认定Y公司偷税，只有一个理由：Y公司是以虚开发票作为扣除凭证的。如果Y公司存在其他需要取得发票的支出但未能取得，因此，以取得的虚开发票作为税收凭证使用，这种情况下Y公司肯定违反了《企业所得税税前扣除凭证管理办法》（国家税务总局公告2018年第28号），相关的发票属于"张冠李戴"，税务机关可以要求企业补税（但这种情况下仍然没有充足的依据认定为偷税，除非能够证明企业有无中生有、虚列成本的主观故意）。但是对于工资支出，并不需要取得发票作为税收凭证，而是由企业自制内部凭证——这样就不属于"张冠李戴"情形了，因为企业可以立即补充相应的内部凭证替换掉虚开的发票，税务机关就不宜认定企业存在漏税或偷税了。

如果本案中Y公司不是以取得的虚开发票作为扣除工资费用的凭证，而是作为扣除其他需要取得发票的费用的凭证，只是其他费用无法取得发票或者无法在企业报销才冒用虚开发票（这种情况普遍存在，例如以加油费、餐费、住宿费、交通费等发票替代无法取得发票的支出或容易被税务机关认定为与企业取得收入无关的支出），税务机关应当如何处理？这种情况下，税务机关可以要求企业补税，因为相关的业务本不存在，但是能否认定为偷税则还须商量。如果企业的支出是与企业取得收入无关的，则属于偷税无疑；如果是与企业取得收入相关的，且企业能够证明并非出于企业自身原因导致无法取得发票（如零星购买商品无法取得发票），则不宜认定为偷税。

【政策法规链接】

《中华人民共和国企业所得税法》第八条："企业实际发生的与取得收入有关的、合理的支出，包括成本、费用、税金、损失和其他支出，准予在计算应纳税所得额时扣除。"

《中华人民共和国企业所得税法实施条例》第二十七条："企业所得税法第八条所称有关的支出，是指与取得收入直接相关的支出。企业所得税法第八条所称合理的支出，是指符合生产经营活动常规，应当计入当期损益或者有关资产成本的必要和正常的支出。"第三十四条："企业发生的合理的工资薪金支出，准予扣除。前款所称工资薪金，是指企业每一纳税年度支付给在本企业任职或者受雇的员工的所有现金形式或者非现金形式的劳动报酬，包括基本工资、奖金、津贴、补贴、年终加薪、加班工资，以及与员工任职或者受雇有关的其他支出。"

《税收征收管理法》第六十三条："纳税人伪造、变造、隐匿、擅自销毁账簿、记账凭证，或者在账簿上多列支出或者不列、少列收入，或者经税务机关通知申报而拒不申报或者进行虚假的纳税申报，不缴或者少缴应纳税款的，是偷税。对纳税人偷税的，由税务机关追缴其不缴或者少缴的税款、滞纳金，并处不缴或者少缴的税款百分之五十以上五倍以下的罚款；构成犯罪的，依法追究刑事责任"。

18. 能不能享受减免，究竟谁说了算？

——税收优惠的事实基础应当以税务部门认定为准还是以职能部门认定为准?

【基本案情】

T公司于2010年9月成立，公司经营范围为环保工程项目投资及经营管理、污水处理，其中污水处理的劳务符合免征增值税的规定，2011年1月1日至2015年6月30日期间向主管税务机关办理备案并申报享受污水处理劳务免征增值税优惠。2010年11月，T公司控股的H公司与当地环保部门签订了《城市污水处理厂TOT特许经营协议》，其中约定如果污水进水水质超标，T公司对污水处理项目没有能力处理，由T公司与当地环保部门双方共同协商处理办法，制订改造方案，并豁免由此造成T公司方的出水水质超标的责任。2014年1月，环保部门对T公司废水排放情况进行监测，并作出监测报告，经监测，T公司排放废水超标。2014年2月，当地环保部门向T公司发出《整改通知》，要求T公司加强废水处理设施的管理和维护，确保水污染物达标排放。2014年2月14日，T公司向环保部门提交《关于请求重新取样监测的申请》，告知环保部门因进水指标超标，导致出水指标超标，请求重新监测。同月17日，环保部门对T公司废水排放情况进行了重新监测，并作出新的监测报告，监测结果显示T公司废水排放中悬浮物超标0.6倍、粪大肠菌群超标8.2倍、总磷超标0.17倍。2014年5月20日，环保部门向当地环保部门发出《环境监察通知书》，责成当地环保部门对T公司环境违法事实征收118 963元排污费。并于2014年7月在环保部门网站信息公开页面上公布了环境违法行为限期改正决定。同月21日，T公司缴纳了排污费。

2016年12月，主管税务机关要求T公司提交关于其是否符合享受资源综合利用增值税优惠政策相关情况并上报相关资料。同月14日，T公司向主管税务机关提交了《T公司享受资源综合利用增值税优惠政策的自查报告及情况说明》，说明其于2014年2月因超标排放收到过处罚，但自2015年7月起成为增值税纳税人后未受到过环境保护法律法规的处罚，是可以享受国家增值税即征即退优惠政策条件的纳税人。2017年1月，T公司向主管税务机关提交了关于其享受资源综合利用增值税优惠政策的补充说明。2017年2月，主管税务机关向环保部门发出《关于核实T公司超标排污有关情况的函》，告知将委派工作人员到该局了解T公司2014年超标排污的具体情况。环保部门致电主管税务机关其2014年未对T公司作出过行政处罚，对T公司征收双倍排污费的相关资料可向当地环保部门获取。同月14日，主管税务机关作出《税务事项通知书》，要求T公司提供2014年以来因违反环境保护法律规定而被处理导致减免税条件发生变化的自查说明。并于2017年2月将该通知书送达T公司。同月，T公司向主管税务机关提交《T公司享受资源综合利用增值税优惠政策的自查报告及情况补充说明》。2017年3月9日，主管税务机关向当地环保部门发出《关于核实T公司超标排放有关情况的函》，提请该局协助提供对T公司2014年存在排放水污染物超过国家规定的水污染物排放标准的违法事实进行处理的有关证明文件材料，并于次日送达当地环保部门。当地环保部门于2017年3月向主管税务机关提供了T公司《整改通知》、监测报告。2017年3月，主管税务机关通知T公司因其2014年1月污染物排放未达标，不再符合免税条件。要求T公司对2014年1月15日—2015年6月30日发生的免税收入补缴相应税款及滞纳金。并于同月16日将该通知书送达T公司。2017年3月20日，T公司向环保部门发出《关于2017年3月15日T公司补缴税款通知书的相关情况查证确认申请》，申请环保部门查证确认T公司对税务事项通知书的相关异议点。次日，环保部门函复T公司，确认其2014年2月17日因进水超标导致出水超标的相关事实，并说明在对T公司废水排放口超标事件的调查中，未发现T公司存在环境违法违规行为。同月22日，T公司向主管税务机关申请延缓支付税款。2017年4月5日，环保部门函复主管税务机关，其认为T公司2014年2月17日出水超标的客观事实存在，但是超标是由于进水污染物指标超出该厂设计能力造成的，在对T公司废水排放超标事件的调查中，未发现T公司存在环境违法违规行为。环保部门随函附送了排污费缴纳通知单。同月20日，主管税务机关就T公司涉税问题处理工作进行座谈，听取T公司情况说明，并制作了《税企负责人座谈会会议纪要》。同日，主管税务机关作出6464号《税务事项通知书》并依法送达T公司，通知T公司经环保部门查证确认，T公司2014年2月17日污染物排放未达标，不再符合增值税免税条件，要求T公司对2014年2月17日至2015年6月30日发生的免税收入进行更正申报，补缴税款并缴纳滞纳金。2017年4月25日，T公司补缴了相关税款及滞纳金。2017年6月15日，T公司向上一级税务机关申请行政复议，上一级税务机关经审查后于同月21日作出了《受理复议通知书》并于同月22日将该通知书送达T公司。2017年12月12日，上一级税务机关经审查后作出《行政复议决定书》，维持了主管税务机关作出的6464号税务事项通知书，并于同日将该复议决定书送达给各方当事人。T公司对复议决定不服，提起行政诉讼。

原审法院认为，根据《中华人民共和国税收征收管理法》第五条第一款“国务院税务主管部门主管全国税收征收管理工作。各地国家税务局和地方税务局应当按照国务院规定的税收征收管理范围分别进行征收管理”的规定，主管税务机关作为县级的国家税务局，具有对其行政区域内的税收征收进行管理的法定职责，是本案的适格被告。根据《中华人民共和国行政复议法》第十二条第二款“对海关、金融、国税、外汇管理等实行垂直领导的行政机关和国家安全机关的具体行政行为不服的，向上一级主管部门申请行政复议”的规定，上一级税务机关作为主管税务机关的上一级主管部门，有权根据T公司的申请，履行法定的行政复议职权，亦是本案的适格被告。

根据环保部门提供的监测报告，T公司于2014年2月17日废水排放超标，但监测报告显示，T公司出水超标的原因是进水指标超过了T公司污水处理厂的设计最大能力，且根据T公司控股的H公司与当地环保部门签订的《污水处理厂TOT特许经营协议》，其中约定：“如果污水进水水质超标，原告对污水处理项目没有能力处理，由原告与当地环保部门双方共同协商处理办法……并豁免由此造成原告方的出水水质超标的责任。”且环保部门针对T公司进水和出水超标的特殊性并未对T公司作出行政处罚。《财政部 国家税务总局关于印发〈资源综合利用产品和劳务增值税优惠政策目录〉的通知》（财税〔2015〕78号，以下简称78号文）第四条规定：“已享受本通知规定的增值税即征即退政策的纳税人，因违反税收、环境保护的法律法规受到处罚（警告或单次1万元以下罚款除外）的，自处罚决定下达的次月起36个月内，不得享受本通知规定的增值税即征即退政策。”因此，不得享受增值税即征即退政策的适用前提为因违反税收、环境保护的法律法规受到处罚。主管税务机关适用《财政部 国家税务总局关于享受资源综合利用增值税优惠政策的纳税人执行污染物排放标准有关问题的通知》（财税〔2013〕23号）第三条“对未达到相应的污染物排放标准的纳税人，自发生违规排放行为之日起，取消其享受资源综合利用产品及劳务增值税退税、免税政策的资格，且三年内不得再次申请。纳税人自发生违规排放行为之日起已申请并办理退税、免税的，应予追缴。发生违规排放行为之日，是指已经污染物排放地环境保护部门查证确认的，纳税人发生未达到应予执行的污染物排放标准行为的当日”的规定，作出案涉《税收事项通知书》也应查实T公司是否存在违规排放行为。违规排放行为认定的职能部门是环保部门，不属于国家税务机关的职能，本案中，主管税务机关没有提供证据证明环境保护部门对T公司的案涉行为是否违反税收、环境保护的法律法规进行认定和对T公司进行行政处罚。综上所述，主管税务机关依据环保部门提供的监测报告，作出6464号税务事项通知书，自行认定T公司减税、免税发生变化的，要求T公司对2014年2月17日至2015年6月30日发生的免税收入进行更正申报及补缴相应税款、滞纳金，属事实认定不清、主要证据不足，应予撤销。同理，上一级税务机关作出的《行政复议决定书》亦应予撤销。法院最终裁判税务机关败诉。

税务机关不服原审判决，向二审法院提出上诉。事实和理由为：

一、原审判决认定主管税务机关没有证据证明环保部门对T公司案涉行为是否违反税收、环境保护的法律法规进行认定，以及认定“主管税务机关依据《监测报告》，作出6464号税务事项通知书，自行认定T公司减税、免税发生变化”存在错误。

1. T公司的案涉行为是否违反税收的法律法规，T公司是否符合增值税免税条件，根据《中华人民共和国税收征收管理法》第五条的规定，是税务部门的职责认定范围，不是环保部门的职责认定范围。主管税务机关6464号税务事项通知书中“自2014年2月17日起不再符合增值税免税条件”是主管税务机关根据环保部门查证确认的事实作出的认定。

2. T公司案涉发生的废水违规排放行为，已经环保部门查证确认。根据环保部门于2017年4月5日向税务机关出具和提供的《环保部门关于核实T公司城市污水处理厂超标排污有关情况的复函》和附件可反映事实：2014年2月17日T公司排放的废水中污染物超过其应予执行的《城镇污水处理厂污染物排放标准》（GB 18918–2002）一级A标准。根据环保部门复函，环保部门对T公司2014年2月17日排放水污染物超标的事实是经查证确认的，并说明了其相关调查工作和处理结果，根据《中华人民共和国行政处罚法》第二十七条的规定对T公司不予行政处罚，并要求市环境保护局对该厂征收排污费。依《中华人民共和国行政处罚法》第二十七条“当事人有下列情形之一的，应当依法从轻或者减轻行政处罚：（一）主动消除或者减轻违法行为危害后果的；（二）受他人胁迫有违法行为的；（三）配合行政机关查处违法行为有立功表现的（四）其他依法从轻或者减轻行政处罚的。违法行为轻微并及时纠正没有造成危害后果的，不予行政处罚”的规定，环保部门据该条对T公司不予行政处罚并要求市环境保护局对该厂征收排污费，即是确认了T公司存在违法行为。

二、原审判决根据《财政部 国家税务总局关于印发〈资源综合利用产品和劳务增值税优惠政策目录〉的通知》（财税〔2015〕78号，以下简称财税78号文）审理本案，适用法律错误。

1.主管税务机关作出6464号税务事项通知书依据的法律及税收规范性文件正确。根据《财政部 国家税务总局关于享受资源综合利用增值税优惠政策的纳税人执行污染物排放标准有关问题的通知》（财税〔2013〕23号，以下简称财税23号文）第一条“纳税人享受资源综合利用产品及劳务增值税退税、免税政策的，其污染物排放必须达到相应的污染物排放标准”、第四条“污水处理是指将污水（包括城镇污水和工业废水）处理后达到《城镇污水处理厂污染物排放标准》（GB 18918–2002），或达到相应的国家或地方水污染物排放标准中的直接排放限值的业务”及根据《财政部 国家税务总局关于资源综合利用及其他产品增值税政策的通知》（财税〔2008〕156号，以下简称财税156号文）“二、对污水处理劳务免征增值税。污水处理是指将污水加工处理后符合GB 1918–2002有关规定的水质标准的业务”的规定，T公司在2015年7月1日前享受增值税免税政策的必要条件是“将污水加工处理后符合GB 18918–2002有关规定的水质标准”，即其污染物排放必须达到相应的污染物排放标准。依财税23号文第三条“对未达到相应的污染物排放标准的纳税人，自发生违规排放行为之日起，取消其享受资源综合利用产品及劳务增值税退税、免税政策的资格，且三年内不得再次申请。纳税人自发生违规排放行为之日起已申请并办理退税、免税的，应予追缴。发生违规排放行为之日，是指已经污染物排放地环境保护部门查证确认的，纳税人发生未达到应予执行的污染物排放标准行为的当日”的规定，主管税务机关认为T公司案涉发生的废水违规排放行为，已经环保部门查证确认，认定T公司“自2014年2月17日起不再符合增值税免税条件”，适用法律正确。

2.虽然上述财税23号文和财税156号文已于2015年7月1日废止，但根据《最高人民法院关于印发〈关于审理行政案件适用法律规范问题的座谈会纪要〉的通知》“三、关于新旧法律规范的适用规则。根据行政审判中的普遍认识和做法，行政相对人的行为发生在新法施行以前，具体行政行为作出在新法施行以后，人民法院审查具体行政行为的合法性时，实体问题适用旧法规定，程序问题适用新法规定”的规定，T公司的违规排放行为发生在2014年2月，主管税务机关认定T公司自违规排放之日即2014年2月17日起至2015年6月30日是否符合增值税免税条件属于实体问题，适用旧法规定即财税23号文公平合理，原审法院适用财税78号文无法律依据。

3.财税78号文并不适用于认定“T公司自2014年2月17日起是否符合增值税免税条件”。财税78号文第四条“已享受本通知规定的增值税即征即退政策的纳税人，因违反税收、环境保护的法律法规受到处罚（警告或单次1万元以下罚款除外）的，自处罚决定下达的次月起36个月内，不得享受本通知规定的增值税即征即退政策”适用对象是“已享受本通知规定的增值税即征即退政策的纳税人”，结论是“不得享受本通知规定的增值税即征即退政策”。主管税务机关作出6464号税务事项通知书认定内容针对“已享受增值税免税的纳税人”，结论是“是否还符合增值税免税条件”。从认定内容上来看，主管税务机关作出6464号税务事项通知书依据财税23号文的规定正确。6464号税务事项通知书未追缴财税78号文2015年7月1日生效后的税款，T公司之后的即征即退优惠资格并未受到前述超标排放行为的影响。主管税务机关作出6464号税务事项通知书证据充分，适用法律法规正确，程序合法。

被上诉人T公司答辩称：

一、环保部门从未确认T公司存在环保违法违规行为，主管税务机关、上一级税务机关的证据不能证明其主张的“被上诉人案涉发生的废水违规排放行为，已经环保部门查证确认”。

1.环保部门复函及其附件无法证明该局已经查证确认T公司存在违规排放行为。《监测报告》只能证明2014年2月17日污水排放超标事件的事实，并不能证明T公司存在违规排放行为的事实。《排污费缴纳通知书》不能证明T公司存在违规排放行为。众所周知，征收排污费并非行政处罚，恰恰能证明T公司不存在违规排放行为，否则环保部门给予的处理应是行政处罚，而非征收排污费。环保部门复函的结论确认T公司没有违法违规排放行为，还证明：（1）2014年2月17日的污水排放超标是由于进水水质严重超标所导致的；（2）T公司已经尽了污水处理企业的社会责任，超标的污水经处理后，主要污染物指标得到了明显削减。

2.出水超标事实存在不等同于违规排放行为存在。从文意理解，出水超标是一个结果，违规排放是行为，造成出水超标结果的原因有多个，违规排放只是其中之一，行为与结果不是一个概念。从法律含义来看，法律事实包括法律事件和法律行为，区别是当事人有没有意志、意思表示的内容。由于进水超标导致的出水超标事实中，没有T公司的意志和意思表示，属于法律事件，而财税23号文规定取消税收优惠资格的前提是“违规排放行为”，是法律行为。从法律条文上理解，出水超标（未达到相应的污染物排放标准）不能等同违规排放，否则财税23号文“对未达到相应的污染物排放标准的纳税人，自发生违规排放行为之日起，取消……”可以表述为“对未达到相应的污染物排放标准的纳税人，自发生未达到相应的污染物排放标准之日起，取消……”何必要需要环保部门的查证确认。《城镇排水与污水处理条例》第三十一条规定：“城镇污水处理设施维护运营单位在出现进水水质和水量发生重大变化可能导致出水水质超标，或者发生影响城镇污水处理设施安全运行的突发情况时，应当立即采取应急处理措施，并向城镇排水主管部门、环境保护主管部门报告。”对于出水超标的情况鉴定为事件，而非污水处理设施维护运营单位的违规行为。在该事件发生时，作为污水处理设施维护运营单位的义务是采取应急处理措施，并向城镇排水主管部门、环境保护主管部门报告。本案T公司发现进水超标已经按照法律规定履行报告义务，并采取一切可以采取的措施，努力削减了污染物的排放，将影响降到最低，无任何违规行为，不存在违规排放行为。主管税务机关在环保部门做出T公司无违规排放行为结论的情况下，自行认定T公司存在违规排放的行为属于越权行政。税务局作出诉争行政行为是基于T公司“2014年2月17日污染物排放未达到相应的污染物排放标准”这一事实，案涉行政行为无事实依据。

二、主管税务机关依据财税23号文作出案涉行政行为错误。

1.主管税务机关认为案涉行政行为不应适用财税78号文错误。财税78号文第一段明确“为了落实国务院精神，进一步推动资源综合利用和节能减排，规范和优化增值税政策，决定对资源综合利用产品和劳务增值税优惠政策进行整合和调整。现将有关政策统一明确如下”，同时第七条规定“本通知自2015年7月1日起执行。财税156号文、《财政部 国家税务总局关于资源综合利用及其他产品增值税政策的补充的通知》(财税〔2009〕163号)、《财政部 国家税务总局关于调整完善资源综合利用产品及劳务增值税政策的通知》(财税〔2011〕115号、财税23号文同时废止”。财税78号文是对主管税务机关行政行为所依据的法律法规财税156号文及财税23号文的整合和替代，是同一立法机关（财政部和国家税务总局）针对同一类型的纳税主体、同一税种、同一优惠政策先后制定的有替换关系的两个部门规章，是新法与旧法的关系。财税78号文生效后，原享受资源综合利用增值税免税优惠政策的纳税人改为享受增值税即征即退的优惠政策，虽然纳税人享受的具体优惠方式有所不同，但纳税人享受增值税优惠政策的法律依据的性质并没有发生改变，对于纳税人是否能享受增值税优惠政策，是否应取消，当然应依据其作出。主管税务机关以财税78号文适用对象是“已享受本通知规定的增值税即征即退政策的纳税人”，案涉行政行为是认定“是否还符合增值税免税条件”为由，认为不应适用财税78号文，不符合逻辑。对于取消增值税优惠政策的条件，根据条文，财税78号文比财税23号文规定得更为明细、准确，更便于操作，T公司从未因违反税收、环境保护的法律法规受到过处罚，适用新法即财税78号文，对保护行政相对人即T公司的合法权益更为有利。根据《最高人民法院关于印发〈关于审理行政案件适用法律规范问题的座谈会纪要〉的通知》“三、关于新旧法律规范的适用规则。根据行政审判中的普遍认识和做法，行政相对人的行为发生在新法施行以前，具体行政行为作出在新法施行以后，人民法院审查具体行政行为的合法性时，实体问题适用旧法规定，程序问题适用新法规定。但下列情形除外：（一）法律、法规或规章另有规定的；（二）适用新法对保护行政相对人的合法权益更为有利的；（三）按照具体行政行为的性质应当适用新法的实体规定的”的规定，应适用财税78号文审查T公司是否符合享受增值税优惠政策。

2.如前所述，财税23号文规定的取消增值税优惠资格的前提是行政相对人有违规排放行为，而不是单纯的出水超标。T公司也不具备财税23号文中取消增值税优惠的情形，主管税务机关适用法律错误。

三、从立法目的、行政执法目的看，案涉行政行为违背比例原则，应予撤销。行政行为的目的是行政主体通过行政行为所要实现的利益或好处。财税23号文、财税78号文其立法目的都是扶持环保产业，吸引更多的资金进入这个微利行业，让环境保护和经济建设取得平衡，促进经济的可持续发展。案涉污水超标事实发生在2014年2月，主管税务机关做出案涉行政行为的时间为2017年4月，期间三年多主管税务机关未采取任何行政措施，T公司也未发生环保违法违规行为，一直规范运营。主管税务机关案涉行政行为行政目的不明确。T公司下辖四个污水处理厂，出现污水超标情况的为其中一个污水处理厂，且四家污水处理厂可独立核算，税务局坚持要追缴四家污水处理厂2014年2月至2015年6月期间的全部增值税和滞纳金，超过行政行为的必要性与适当性。

【裁判结果】

二审法院认为，根据监测报告，T公司于2014年2月17日废水排放超标，监测结果显示T公司废水排放中悬浮物超标0.6倍、粪大肠菌群超标8.2倍、总磷超标0.17倍。但监测报告显示，T公司出水超标的原因是进水指标超过了T公司污水处理厂的设计最大能力。环保部门针对T公司进水和出水超标的特殊性并未对T公司作出行政处罚。环保部门于2017年3月21日对T公司的复函中明确显示，“在该厂废水排放口超标事件的调查过程中，未发现该厂存在闲置或不正常运行污染治理设施、暗管偷排、稀释排放等环境违法违规行为。”环保部门于2017年4月5日对T公司主管税务机关的复函中明确显示，“在这次企业废水排放超标整个事件的调查过程中，未发现该厂存在不正常运行污染治理设施、稀释排放等环境违法违规行为。”T公司主管税务机关适用《财政部 国家税务总局关于享受资源综合利用增值税优惠政策的纳税人执行污染物排放标准有关问题的通知》(财税〔2013〕23号)第三条“对未达到相应的污染物排放标准的纳税人,自发生违规排放行为之日起,取消其享受资源综合利用产品及劳务增值税退税、免税政策的资格,且三年内不得再次申请。纳税人自发生违规排放行为之日起已申请并办理退税、免税的,应予追缴。发生违规排放行为之日,是指已经污染物排放地环境保护部门查证确认的,纳税人发生未达到应予执行的污染物排放标准行为的当日”的规定,作出案涉《税务事项通知书》应要查实T公司是否存在违规排放行为。违规排放行为认定的职能部门是环保部门,不属于国家税务机关的职能,本案中,环保部门复函及其附件无法证明该局已经查证确认T公司存在违规排放行为。T公司主管税务机关亦没有提供证据证明环境保护部门对T公司的案涉行为是否违反税收、环境保护的法律法规进行认定和对T公司进行行政处罚,没有充分证据证明T公司存在违规排放行为。

综上所述,T公司主管税务机关依据环保部门提供的监测报告,作出6464号税务事项通知书,认定T公司减税、免税发生变化的,要求T公司对2014年2月17日至2015年6月30日发生的免税收入进行更正申报及补缴相应税款、滞纳金,属事实认定不清、主要证据不足,应予撤销。最终判决如下:

驳回T公司主管税务机关、上级复议税务机关上诉,维持原判。

【税案评析】

作为可以直接减轻或豁免纳税义务的行政行为,税收优惠如何适用和监督是税务机关重点关注的领域。为防止纳税人滥用税收优惠,除极少数具有普惠性质的、对税收金额影响优先的项目之外(如小型微利企业减免征收所得税的税收优惠),税务机关对享受税收优惠企业的关注程度和核查频率,比对未享受税收优惠的企业要高得多。

本案是一起因税务机关认定纳税人存在导致其不能享受税收优惠待遇的情形而取消了企业享受税收优惠的资格，因此引发了税企双方争议的案件，经过行政复议、一审和二审，最终法院判定税务机关败诉。这一案件中涉及一项由来已久的涉税风险——纳税人可以享受或不得享受税收优惠的事实条件，税务机关是否具有认定的职权？如果税务机关享有事实条件的认定权，在与其他有权机关发生理解不一致的情况下，应当如何处理？

从税务机关查处案件的过程来看，税务机关作出处理结论的法律三段论如下：

1.法律依据（大前提）——《财政部 国家税务总局关于享受资源综合利用增值税优惠政策的纳税人执行污染物排放标准有关问题的通知》（财税〔2013〕23号）第三条规定："对未达到相应的污染物排放标准的纳税人，自发生违规排放行为之日起，取消其享受资源综合利用产品及劳务增值税退税、免税政策的资格，且三年内不得再次申请。纳税人自发生违规排放行为之日起已申请并办理退税、免税的，应予追缴。"

2.事实依据（小前提）——T公司（行政相对人）2014年2月17日污染物排放未达标。

3.结论：T公司不再符合增值税免税条件，并应追缴其自排放未达标之日起已申请并办理的退税、免税并加收滞纳金。

上述三段论中，税企双方对作为小前提的事实依据存在争议。按照作出处理决定的税务机关理解，行政相对人只要出现"未达到相应的污染物排放标准"这一情况，就存在违规排放行为。税务机关的理由是：根据环保部门复函，环保部门对T公司2014年2月17日排放水污染物超标的事实是经查证确认的，并说明了其相关调查工作和处理结果，根据《中华人民共和国行政处罚法》第二十七条的规定对T公司不予行政处罚，并要求市环境保护局对该厂征收排污费。依《中华人民共和国行政处罚法》第二十七条“当事人有下列情形之一的，应当依法从轻或者减轻行政处罚：（一）主动消除或者减轻违法行为危害后果的；（二）受他人胁迫有违法行为的；（三）配合行政机关查处违法行为有立功表现的；（四）其他依法从轻或者减轻行政处罚的。违法行为轻微并及时纠正没有造成危害后果的，不予行政处罚”的规定，环保部门据该条对T公司不予行政处罚，即是确认了T公司存在违法行为。

行政相对人虽然不否认排放超标的事实，但认为这不等同于违规排放行为。能够直接证明的两个关键事实可以支持行政相对人观点：一是环保部门向税务机关的复函中，环保局认为T公司2014年2月17日出水超标的客观事实存在，但是超标是由于进水污染物指标超出该厂设计能力造成的，在对T公司废水排放超标事件的调查中，未发现T公司存在环境违法违规行为；二是环保部门针对T公司进水和出水超标的特殊性并未对T公司作出行政处罚，而是出具了排污费缴纳通知书并要求T公司缴纳排污费。这两项事实都得到了原审法院的确认。原审法院进一步认为：违规排放行为认定的职能部门是环保部门，不属于国家税务机关的职能。因此，税务机关以自行认定违规排放的事实作出处理结论是不能成立的。税务机关应当以环保部门认定的“未发现T公司存在环境违法违规行为”意见为小前提，而不能以“T公司（行政相对人）2014年2月17日污染物排放未达标”为小前提。

二审中，作出原税务处理决定的税务机关提出抗辩意见，认为T公司的涉案行为是否违反税收的法律法规，T公司是否符合增值税免税条件，根据《中华人民共和国税收征收管理法》第五条的规定，是税务部门的职责认定范围，不是环保部门的职责认定范围。笔者认为这一抗辩意见属于无的放矢——无论行政相对人还是原审法院，都没有否认税务机关对涉税行为是否违反税收法律法规的认定职权和对纳税人是否符合税收优惠条件的认定职权。从原审法院和二审法院的审判意见来看，司法机关只是更认可由职能部门认定基础事实，由税务机关根据职能部门的结论作出税务处理决定，这意味着对税务机关认定职权的限制而非否认——当税务机关的认定和职能部门的认定存在不一致时，应优先采纳职能部门意见。税务机关的职责是税收征管，行使对行政相对人的税收监管权，而其他监管事项则不属于其职责范围，税务机关既无必要也缺乏相关能力开展超出税收征管范围的事实认定工作。只有在税务机关对事实的认定和其他事项监管机关不存在冲突时，税务机关的事实认定才能成立。换言之，如果本案中税务机关认可环保机关后续的复函作出的事实认定，或者税务机关作出的事实认定与环保部门一致，则税务机关当不至承担败诉后果。

事实上，司法机关认为“关于税收优惠条件的事实认定的职能部门是其他监管部门，不属于国家税务机关的职能”这一逻辑在诸多税收优惠管理规范性文件中均有所体现，这是避免不同监管部门职权冲突的应有之义。例如《高新技术企业认定管理办法》（国科发火〔2016〕32号）第十六条规定：“对已认定的高新技术企业，有关部门在日常管理过程中发现其不符合认定条件的，应提请认定机构复核。复核后确认不符合认定条件的，由认定机构取消其高新技术企业资格，并通知税务机关追缴其不符合认定条件年度起已享受的税收优惠。”该规定也强调只有认定机构才有权认定高新技术企业是否符合条件，税务机关无权直接认定或否认高新技术企业资格。因此，本案税务机关因超越认定职权范围而导致败诉当属情理之中。另外，本案判决也为广大享受税收优惠的纳税人提供了解决涉及税收优惠的税企争议难题的一个可行思路，因此具有宝贵的借鉴意义。

本案给纳税人带来的另一个重大启示，是向税务机关提交任何情况说明或报告都需要谨慎选择措辞，如果把握不准，一定要延请税法专业人士核查和辅导，以防引起误会。具体到本案，税务机关之所以启动对T公司享受税收优惠合法性的核查，很大程度上是因为T公司于2016年向主管税务机关提交了《T公司享受资源综合利用增值税优惠政策的自查报告及情况说明》，说明其于2014年2月因超标排放受到过处罚，但自2015年7月起成为增值税纳税人后未受到过环境保护法律法规的处罚，是可以享受国家增值税即征即退优惠政策条件的纳税人。正是这一表述引起了税务机关的高度关注，但实际上T公司这里的“处罚”用词是一个重大错误——缴纳排污费并不属于承担行政处罚责任，环保部门也没有向T公司作出过处罚决定。从一审和二审行政相对人的意见和法院认定的意见来看，实际上2014年2月环保部门只是决定征收排污费，正如二审法院认可的事实：T公司出水超标的原因是进水指标超过了T公司污水处理厂的设计最大能力。环保部门针对T公司进水和出水超标的特殊性，并未对T公司作出行政处罚。环保部门于2017年3月21日对T公司的复函中明确显示“在该厂废水排放口超标事件的调查过程中，未发现该厂存在闲置或不正常运行污染治理设施、暗管偷排、稀释排放等环境违法违规行为”。假如T公司2016年提交的《情况说明》说明“2014年2月因超标排放被征收排污费，但我公司不存在因为环境违法违规行为导致超标排放的事实”，就不容易引起税务机关误解。一个概念错误导致绵延数年的税企纠纷，造成大量无意义的征纳成本，其实这一切本可避免。

【政策法规链接】

《税收征收管理法》第三条：“税收的开征、停征以及减税、免税、退税、补税，依照法律的规定执行；法律授权国务院规定的，依照国务院制定的行政法规的规定执行。”第五条：“国务院税务主管部门主管全国税收征收管理工作。各地国家税务局和地方税务局应当按照国务院规定的税收征收管理范围分别进行征收管理。”

19. 谁支付，谁担责

——如何确认个人所得税代扣代缴义务

【基本案情】

X公司股东周某于××年×月与该公司另外2名股东签订《股权转让合同书》，将其拥有的X公司33.33%的股权和在公司的债权650万元以1 000万元分别等额转让给2名股东，2人各受让周某转让股权的50%，周某实际取得股权转让收入323万元。按规定可减除属于股权原值的注册资本170万元，余额153万元应作为财产转让所得缴纳个人所得税。

股权受让人2名股东本应分别负责履行扣缴义务，但其中一人赖某作为扣缴义务人没有履行扣缴义务。另外赖某与周某签订的《股权转让合同书》所载股权转让金额为500万元。根据《中华人民共和国印花税暂行条例》所附“印花税税目税率表”第十一项“产权转移书据包括财产所有权和版权、商标专用权、专利权、专有技术使用权等转移书据。税率按所载金额万分之五贴花”的规定，赖某应缴纳印花税2 500元，但赖某没有按规定缴纳印花税，造成少缴产权转移书据印花税2 500元。

X公司主管税务机关发现赖某没有履行代扣代缴个人所得税义务和未按规定缴纳印花税行为后开展检查，之后向赖某送达了《税务行政处罚事项告知书》，告知赖某作出行政处罚决定的事实、理由及依据；享有陈述和申辩权；有要求听证的权利。同年12月，税务机关以赖某应扣未扣个人所得税，少缴产权转移书据印花税款，根据《中华人民共和国个人所得税法》作出《税务行政处罚决定书》。

一、对赖某处以应扣未扣周某财产转让所得应缴的个人所得税百分之五十的罚款7.6万元。

二、对赖某少缴产权转移书据印花税款的行为，处以少缴的印花税款2 500元三倍的罚款7 500元。

税务机关将上述《税务行政处罚决定书》送达赖某后，赖某不服而向上级税务机关申请复议，复议决定维持《税务行政处罚决定书》。赖某不服而向法院起诉。

原审法院认为，根据《中华人民共和国税收征收管理法》第五条“国务院税务主管部门主管全国税收管理工作。各地国家税务局和地方税务局应当按照国务院规定的税收管理范围分别进行征收管理”和第十四条“本法所称税务机关是指各级税务局、税务分局、税务所和按照国务院规定设立的并向社会公告的税务机构”的规定。税务机关作为地方税务局，有行使税收管理的职权。该法第四条第二款规定，“法律、行政法规规定负有代扣代缴、代收代缴税款义务的单位和个人为扣缴义务人。”第三款规定，“纳税人、扣缴义务人必须依照法律、行政法规的规定缴纳税款、代扣代缴、代收代缴税款。”《中华人民共和国个人所得税法》第二条规定，“下列各项个人所得，应纳个人所得税：（九）财产转让所得。”第八条规定，“个人所得税，以所得人为纳税义务人，以支付所得的单位或者个人为扣缴义务人。”《中华人民共和国个人所得税法实施条例》第八条规定，“税法第二条所说的各项个人所得的范围：（九）财产转让所得，是指个人转让有价证券、股权、建筑物、土地使用权、机器设备、车船以及其他财产取得的所得。”《个人所得税代扣代缴暂行办法》第二条规定，“凡支付个人应纳税所得的企业（公司）、事业单位、机关、社团组织、军队、驻华机构、个体户等单位或者个人，为个人所得税的扣缴义务人。”第四条规定，“扣缴义务人向个人支付下列所得，应代扣代缴个人所得税：（八）财产转让所得。”根据上述规定，周某转让股权给赖某取得的所得是财产转让所得，而赖某是支付周某个人应纳税所得的个人，其为个人所得税的扣缴义务人，负有代扣代缴税款的义务，应代扣代缴个人所得税，但赖某应扣未扣税款，已违反上述规定。根据《中华人民共和国个人所得税法》第三条第（五）项“特许权使用费所得，利息、股息、红利所得，财产租赁所得，财产转让所得，偶然所得和其他所得，适用比例税率，税率为百分之二十”和第六条第一款第（五）项“财产转让所得，以转让财产的收入额减除财产原值和合理费用后的余额，为应纳税所得额”的规定，税务机关认定赖某应扣未扣税款的数额准确。税务机关以赖某应扣未扣税款，根据《中华人民共和国税收征收管理法》第六十九条规定，对赖某作出处罚，事实清楚，证据充分，适用法律法规正确。赖某称根据《中华人民共和国个人所得税法》第二条第（九）项、第八条、第九条和《个人所得税代扣代缴暂行办法》第五条及《中华人民共和国税收征收管理法》第二十九条规定，负有代扣代缴义务的只能是单位或者经税务机关依法授权的个人，赖某不是个人所得税的扣缴义务人，赖某在股权受让中不负有代扣代缴周某个人所得税的义务，理据不足，本院不予支持。《中华人民共和国税收征收管理法》第三十一条第一款规定，“纳税人、扣缴义务人按照法律、行政法规规定或者税务机关依照法律、行政法规的规定确定的期限，缴纳或者解缴税款。”《中华人民共和国个人所得税法实施细则》第三十四条第一款规定，“扣缴义务人在向个人支付应税款项时，应当依照税法规定代扣税款，按时缴库，并专项记载备查”。《中华人民共和国个人所得税法》第九条第一款规定，“扣缴义务人每月所扣的税款，自行申报纳税人每月应纳的税款，都应当在次月七日内缴入国库，并向税务机关报送纳税申报表。”赖某作为扣缴义务人，应当按照上述规定的时间自行申报纳税人应纳的税款，将所扣的税款缴入国库。赖某提出《中华人民共和国个人所得税法》第九条没有规定财产转让所得代扣代缴义务的履行期限，其他法律法规也没有规定，赖某即使为转让股权所得税的代扣代缴义务人，也无法确定赖某履行义务的法定期限，理由不充分，本院不予支持。税务机关对赖某作出的第二条第一款第（一）项处罚是因赖某作为扣缴义务人应扣未扣税款而作出的处罚，根据《中华人民共和国税收征收管理法》第六十九条规定，责令赖某限期缴纳税款并非处罚前置。所以，赖某提出根据该法第六十八条规定，税务机关没有责令赖某限期缴纳税款就作出行政处罚决定，程序违法的理据不足，本院不予支持。税务机关作出的《税务行政处罚决定书》第二条第一款第（一）项虽然使用了建议对赖某处以应扣未扣周某财产转让所得应缴纳的个人所得税百分之五十的罚款，但由于该《税务行政处罚决定书》第二条第二款、第三款已限定赖某将应缴款项自决定书送达之日起15日内到佛山市顺德区地方税务局北滘分局缴纳入库。逾期不缴纳罚款，将依照《中华人民共和国行政处罚法》第五十一条第（一）项规定，每日按罚款数额的百分之三加处罚款。所以该项处罚具有确定力、拘束力和强制力。税务机关作出的该项处罚虽然措辞存在瑕疵，但不影响实体合法性。赖某称处罚决定书本身只是“建议对赖某处以处罚”，建议不是决定，没有强制力，没有执行性的理由不充分，本院不予支持。赖某应根据受让周某股权所签订的合同所载股权转让金额，依据《中华人民共和国印花税暂行条例》第一条、第二条、第三条、第七条、第八条规定，缴纳印花税。但赖某少缴应纳税款，其行为已违反上述规定。依据《国家税务总局关于印花税违章处罚有关问题的通知》第一条“在应纳税凭证上未贴或者少贴印花税票的或者已粘贴在应税凭证上的印花税票未注销或者未划销的，适用《税收征管法》第六十四条的处罚规定”的规定，税务机关对赖某少缴应纳税款的行为，根据《中华人民共和国税收征收管理法》第六十四条第二款规定对赖某作出处罚，事实清楚，证据充分，适用法律法规正确。税务机关在作出行政处罚决定之前，已告知赖某作出行政处罚决定的事实、理由及依据，享有陈述和申辩权，有要求听证的权利，符合《中华人民共和国行政处罚法》第三十一条、第三十二条、第四十二条的规定，程序合法。依照《中华人民共和国行政诉讼法》第五十四条第（一）项之规定，判决维持税务机关《税务行政处罚决定书》。案件诉讼费人民币100元，由赖某承担。

赖某仍不服，提起上诉称：1.上诉人不应该是该股权转让的个人所得税的扣缴义务人。依据《中华人民共和国税收征收管理法》第二十九条的规定，未经税务机关委托的个人是不能行使税款征收活动的。本案中税务机关未委托上诉人行使代扣代缴权。同时根据《中华人民共和国个人所得税法》和《个人所得税代扣代缴暂行办法》的相关规定，代扣代缴义务人只能是单位。2.上诉人不可能行使代扣代缴义务。本案应税额计算复杂，要运用多方面的专业知识，要求上诉人行使代扣代缴义务是不现实的。3.该处罚决定只是"建议"对原告处以罚款，没有强制力，没有可执行性。因此，请求撤销原判，撤销税务机关对上诉人作出的税务行政处罚决定书。

【裁判结果】

二审法院认为，根据《中华人民共和国税收征收管理法》第五条和第十四条的规定，被上诉人作为税务机关有行使税收管理的职权。本案争议的焦点在于上诉人赖某是不是本案中股权转让的个人所得税的扣缴义务人。上诉人根据《中华人民共和国税收征收管理法》第二十九条"除税务机关、税务人员以及经税务机关依照法律、行政法规委托的单位和人员外，任何单位和个人不得进行税款征收活动"的规定，上诉认为履行代扣代缴义务应以税务机关的委托为前提。该法律条款是对征税主体和方式的规定，明确了税款征收为税务机关与税务人员的直接征收和税务机关依法委托的单位和人员征收两种方式。扣缴义务人不是征税主体，它履行的是法定的扣缴义务，而不是征税权，该扣缴义务不是以税务机关的委托为前提。故上诉人该上诉理由不能成立。根据《中华人民共和国税收征收管理法》第四条第二款、第三款，《中华人民共和国个人所得税法》第二条、第八条，《中华人民共和国个人所得税法实施条例》第八条的规定，上诉人认为代扣代缴义务人只能是单位的上诉理由也不能成立。根据以上法律、行政法规的规定，在周某转让股权给上诉人的活动中，上诉人是个人所得税的法定扣缴义务人，负有代扣代缴税款的义务，应代扣代缴个人所得税。同时扣缴义务的繁难程度并不影响义务的当然履行。本案中上诉人于2003年1月完成了与周某的股权转让，但其一直未履行个人所得税的代扣代缴义务，其行为违法。根据《中华人民共和国税收征收管理法》第六十九条“扣缴义务人应扣未扣、应收而不收税款的，由税务机关向纳税人追缴税款，对扣缴义务人处应扣未扣、应收未收税款百分之五十以上三倍以下的罚款”的规定，被上诉人应对上诉人应扣未扣税款的违法行为作出处罚。同时上诉人应根据受让周某股权所签订的合同所载股权转让金额，依据《中华人民共和国印花税暂行条例》第一条、第二条、第三条、第七条、第八条规定，缴纳印花税。但上诉人少缴应纳税款，依据《国家税务总局关于印花税违章处罚有关问题的通知》第一条“在应纳税凭证上未贴或者少贴印花税票的或者已粘贴在应税凭证上的印花税票未注销或者未划销的，适用《税收征管法》第六十四条的处罚规定”的规定，被上诉人对上诉人少缴应纳税款的行为也应作出处罚。本案中被上诉人根据上诉人违法事实，在依法确定上诉人应扣未扣税款及应缴纳而未缴纳印花税款数额的情况下，依法对上诉人作出了处罚，其认定事实和适用法律正确。虽然被上诉人作出的《税务行政处罚决定书》中使用了“建议”对赖某处以应扣未扣周某财产转让所得应缴纳的个人所得税百分之五十的罚款的不当措辞，但该措辞瑕疵并不导致该项处罚决定的必然撤销。该项处罚决定应具有确定力、拘束力和强制力。

综上所述，被上诉人作出的处罚决定认定事实清楚，证据充分，适用法律、法规正确，程序合法，依法应予维持。原审判决认定事实清楚，适用法律、法规正确，判处适当，应予维持。根据《中华人民共和国行政诉讼法》第六十一条第（一）项之规定，判决如下：驳回上诉，维持原判。

【税案评析】

此案发生在新《个人所得税法》生效之前，所以法院裁判援引的是旧《个人所得税法》相关条款，但是就法定代扣代缴个人所得税义务的规则而言，新旧《个人所得税法》没有变化，因此，本案对向个人支付款项时应如何判断是否具有扣缴个人所得税义务和如何计算具体扣缴金额，仍然具有指导意义。

代扣代缴是指按照税法规定，负有扣缴税款义务的单位和个人，负责对纳税人应纳的税款进行代扣代缴的一种方式。即由支付人在向纳税人支付款项时，从所支付的款项中依法直接扣收税款代为缴纳。其目的是对零星分散、不易控制的税源实行源泉控制。个人所得税法中，这是一种转嫁计税和申报义务、减少税收征管成本的特殊机制，目的是把对自然人纳税人的一部分征管成本转嫁给所得来源主体即支付人。由于这种机制的普遍适用，虽然个人所得税和企业所得税都是同一大类下的税种，但是征管制度存在明显区别：对企业所得税的征管，完全围绕纳税人展开，即使涉及向纳税人支付款项的第三人，通常也只是协助调查取证而已；而对个人所得税的征管则呈现对纳税人和扣缴义务人并重的特点，特别是个人所得税App上线之前，纳税人通常不办理个人所得税纳税申报，因而法定扣缴义务人可能需要承担更重的税收征管压力。

究其原因，根源在于：个人所得税的征管不能以纳税人的户籍地或住所地而确定主管税务机关，而是以所得来源地、支付人所在地或不动产所在地确定主管税务机关。迄今为止，税务机关也不能像掌握企业纳税人登记信息那样掌握个人所得税纳税人的身份信息和户籍信息，所以针对纳税人开展征管执法的难度大、成本高。即使税务机关能够联系到纳税人，受税收征管法的授权限制，也无法对纳税人采取任何强制措施（目前个人纳税征信负面评价不包括拒不配合税务机关检查的情形，这一点亟待完善），且难以识别纳税人是否有可供执行的财产；而支付所得的一方具有法定扣缴义务，且其所在地与所得来源地通常是重合的，征管执法易于进行。

特别是以下几种情况下，针对个人所得税的征管活动几乎完全围绕扣缴义务人展开：

1.纳税人已经失联；

2.纳税人未失联，但是已经移居境外；

3.纳税人未移居境外，但不愿配合税务执法活动，税务机关也缺乏强制其配合税务执法的有效手段；

4.纳税人配合税务机关检查，但税务机关不掌握纳税人的财产情况，或者纳税人已经没有可供执行的财产。

本案中扣缴义务人赖某在诉讼中提出抗辩，认为自己不是扣缴义务人，理由是：

1.上诉人不应该是该股权转让的个人所得税的扣缴义务人。依据《中华人民共和国税收征收管理法》第二十九条的规定，未经税务机关委托的个人是不能行使税款征收活动的。本案中税务机关未委托上诉人行使代扣代缴权。同时根据《中华人民共和国个人所得税法》和《个人所得税代扣代缴暂行办法》的相关规定，代扣代缴义务人只能是单位。

2.上诉人不可能行使代扣代缴义务。本案应税额计算复杂，要运用多方面的专业知识，要求上诉人行使代扣代缴义务是不现实的。显而易见，他的理由是不能成立的，所以未被二审法院采纳。因为《个人所得税法》对于扣缴义务是用全称命题的方式规定的：“个人所得税以所得人为纳税人，以支付所得的单位或者个人为扣缴义务人。”并未列举可豁免扣缴义务的任何条件。按照《个人所得税法》的具体要求，除非纳税人的所得类型是经营所得，否则扣缴义务人必须履行相应扣缴义务。

由此产生的两个新的问题是：

1. 如何判断收款人，即纳税人的所得是经营所得？

2. 如果履行扣缴义务，怎样计算扣缴金额和取得计算所依据的相关证据？

关于第一个问题，如果存在以下情形之一，支付方可以判断其属于经营所得而不履行扣缴义务，以免重复纳税：一是收款方开具的发票或签订合同的落款明示其为个体工商户、合伙企业或个人独资企业；二是收款方虽然是自然人，但是已经作为临时税务登记主体按照经营所得完纳了个人所得税（如灵活用工情形）。第二种情况下，支付方可以要求收款方提供相关完税凭证。除此之外，即使纳税人声称自己获得的是经营所得，支付方也必须履行代扣代缴义务。

关于第二个问题，以本案为例：赖某如何计算扣缴税款金额？财产转让所得以转让财产的收入额减除财产原值和合理费用后的余额，为应纳税所得额。因此，赖某第一步应当先确认收购股权的收入。在他支付的全部价款中，有一部分是代企业偿还欠周某债务的；减去这一部分，就是收购股权的收入A。

第二步，收购股权的成本则应当由股权转让方周某提供，所谓财产原值，其实就是周某取得该项股权的原始成本B，这一成本记载于工商部门备案的验资报告和企业所有者权益下“实收资本”和“资本公积”明细科目之中，归集难度不大。

第三步，归集“合理费用”C，即与股权交易相关的合理税费。

第四步，计算代扣代缴个人所得税的计税依据=A-B-C，并进行纳税申报。

其他类型的转让财产所得扣缴个人所得税金额的计算均可参照上例。

通过本案我们还可以再进一步讨论一个问题：因为扣缴义务人没有代扣代缴个人所得税导致出现纳税人漏税，这种情况下税务机关有没有权力要求扣缴义务人再履行纳税人漏税部分的代扣代缴个人所得税的义务？

《国家税务总局关于贯彻〈中华人民共和国税收征收管理法〉及其实施细则若干具体问题的通知》（国税发〔2003〕47号，以下简称“47号文件”）规定：“二、……扣缴义务人违反征管法及其实施细则规定应扣未扣、应收未收税款的，税务机关除按征管法及其实施细则的有关规定对其给予处罚外，应当责成扣缴义务人限期将应扣未扣、应收未收的税款补扣或补收。”按照这一规定，税务机关有权要求扣缴义务人补扣或向纳税人补收。但实务中税务机关发现漏税时往往已经时过境迁，扣缴义务人不一定能够说服或迫使纳税人就范。47号文件也没有规定扣缴义务人无法履行补收义务应该如何处理。怎样激励扣缴义务人补扣税款或补收税款？在《上海市税务行政处罚裁量基准》中，有如下规定：“四、违反税款征收管理类……（五）扣缴义务人应扣未扣、应收而不收税款的（纳税人拒绝代扣、代收税款，扣缴义务人已按规定暂停支付纳税人款项并向税务机关报告的除外）。

情节程度及处罚标准：

1. 扣缴义务人能够按规定补扣补收税款的，处以应扣未扣、应收未收税款百分之五十以上二倍以下的罚款；

2. 扣缴义务人未能按规定补扣补收税款的，税务机关在追缴税款的同时，对扣缴义务人处以应扣未扣、应收未收税款二倍以上三倍以下的罚款。”

上述规定是弥补47号文件规定不完整的权宜之计，可供税务机关参考。

本案中税务机关没有提出由赖某补扣补缴纳税人的个人所得税。如果赖某完成补扣补缴，则有权利向纳税人追偿。类似情况也有司法案例，如新疆生产建设兵团阿克苏垦区人民法院民事判决书［（2023）兵0102民初23号］：

2016年，刘某因与TH公司发生纠纷诉至法院。一审法院于2017年3月10日作出民事判决书，判决TH公司支付刘某股金奖励金205 332元及延迟支付利息36 457.79元。二审法院维持原判。判决生效后，因TH公司未按判决履行义务，法院于2017年12月26日扣划2010年至2015年股份分红款及利息250 952元后发放于刘某，案件执结。

对于该项收益，刘某未申报缴纳个人所得税。但税务机关对TH公司检查时发现其有这一项支出未履行代扣代缴义务，要求其履行或者责成纳税人履行纳税义务。2020年12月21日，TH公司工作人员给刘某打电话，让其缴纳股金奖励金的税款，刘某未同意。2020年12月22日，TH公司作为扣缴义务人向税务局申报为刘某代扣代缴个人所得税41 066.4元。TH公司扣缴后多次向刘某追索未果，2023年1月29日，TH公司向法院起诉，诉请：判令刘某向其支付代扣代缴的个税款41 066.4元。

法院在裁判文书中指出：该款项虽系刘某基于TH公司履行生效裁判文书的法定义务而获取，但并不改变该款项实质系其所获股金分红及利息的事实，红利所得应当缴纳个人所得税，个人所得税以所得人为纳税人。被告在取得全部分红后，作为纳税人应当履行纳税义务主动向税务机关申报缴纳个人所得税而未申报缴纳。原告按照国家税法的相关规定，依法履行申报代扣代缴案涉个人所得税款系其法定义务。TH公司提交的税务局出具的扣缴个人所得税报告表及完税证明能够证明TH公司已依法履行义务垫资向国家税务机关代缴了被告因分红所得应当缴纳的个人所得税41 066.4元的事实。原告在未能代扣的情况下垫资为被告代缴税款的行为导致原告的财产利益受到损失，被告所得包含应纳未纳税款因此获得了利益，且被告获利无事实和法律之依据，已构成不当得利。原告依法享有向纳税义务人被告追偿的权利。故对原告要求被告返还代缴的个人所得税41 066.4元，有事实及法律依据，应当作为不当得利予以返还。

【政策法规链接】

《个人所得税法》第九条："个人所得税以所得人为纳税人，以支付所得的单位或者个人为扣缴义务人。"第十二条第二款："纳税人取得利息、股息、红利所得，财产租赁所得，财产转让所得和偶然所得，按月或者按次计算个人所得税，有扣缴义务人的，由扣缴义务人按月或者按次代扣代缴税款。"第十四条："扣缴义务人每月或者每次预扣、代扣的税款，应当在次月十五日内缴入国库，并向税务机关报送扣缴个人所得税申报表。"

《税收征收管理法》第四条："法律行政法规规定负有纳税义务的单位和个人为纳税人。法律、行政法规规定的负有代扣代缴、代收代缴税款义务的单位和个人为扣缴义务人。纳税人、扣缴义务人必须依照法律、行政法规的规定缴纳税款、代扣代缴、代收代缴税款。"第六十九条："扣缴义务人应扣未扣、应收而不收税款的，由税务机关向纳税人追缴税款，对扣缴义务人处应扣未扣、应收未收税款百分之五十以上三倍以下的罚款。"

20. 漠视税法，作茧自缚的悲剧

——从商业纠纷到偷税认定，从偷税认定到逃税罪

【基本案情】

祝某军于2004年3月注册成立K公司，从事生产销售等业务，祝某军为该公司股东、法定代表人。2015年，K公司向H公司销售635.159吨某货物，收取含税货款合计人民币5 541 876.90元。K公司未对H公司开具增值

税专用发票，未将货款收入记录入账，未计提申报销项税。经税务机关认定，K公司2015年偷税人民币805 229.99元，偷税比例44.83%。

2016年3月，H公司向税务稽查部门举报K公司纳税违法行为，该局于同年3月立案稽查。2017年4月税务稽查部门向K公司、祝某军送达《税务行政处罚事项告知书》，祝某军表示无异议；同月税务稽查部门向K公司、祝某军送达《税务处理决定书》《税务行政处罚决定书》，决定对该公司处以402 615元罚款。K公司、祝某军在规定期限内未缴纳欠缴税款、罚款，未申请复议，亦未向人民法院提起诉讼。2017年8月，K公司向H公司补开了价税合计人民币5 541 876.90元共48张增值税专用发票并于次日记载入账。但2017年9月K公司向税务机关申报2017年8月增值税纳税申报表时仍未申报销项税。2017年10月，税务稽查部门向K公司、祝某军送达《税务事项通知书》，责令限期缴纳税款并告知其复议权利，K公司、祝某军在期限内未缴纳相关款项、未申请复议。同年11月13日，税务稽查部门作出《税收强制执行决定书》，决定从K公司账户扣缴税款人民币18.74元，滞纳金人民币9.39元并告知K公司复议、起诉权利，于次日从K公司交通银行账户扣划人民币28.13元。K公司、祝某军在期限内未申请复议、未提起诉讼。

鉴于K公司、祝某军被认定偷税已涉嫌逃税罪，税务机关于2018年4月向公安机关移送本案，公安机关于2018年5月立案侦查。案发后，K公司仍未缴纳剩余税款、滞纳金、罚款。

【裁判结论】

法院审理查明：K公司在2015年1月至12月向H公司销售货物并收取含税货款共计人民币5 541 876.90元，产生应纳增值税额人民币805 229.99元。但K公司未对H公司开具增值税专用发票，未计提申报上述销项税额。经税务机关认定，K公司2015年未申报销项税款人民币805 229.99元，占该公司当年应纳税款的44.83%。2016年3月税务稽查部门在接到H公司的举报后，决定对K公司纳税违法行为立案调查并于2017年4月作出执法结论，向K公司送达了《税务处理决定书》《税务行政处罚决定书》，要求K公司限期缴纳增值税805 229.99元，并从滞纳税款之日起，按日加收滞纳税款万分之五的滞纳金；按照规定进行相关账务调整。同时，决定对K公司处以0.5倍罚款402 615元。此后，K公司在规定期限内未缴纳上述税款、罚款，亦未申请行政复议，未向人民法院提起行政诉讼。2017年8月，K公司向H公司补开了48张湖北增值税专用发票，价税合计人民币5 541 876.90元，并于次日记载入账，但2017年9月，K公司向税务机关提交2017年8月增值税纳税申报表时，虽然申报了开具税控增值税专用发票销售额4 736 646.96元，销项税额805 229.98元，但又虚假申报未开具发票的销售额–4 736 646.96元，销项税额–805 229.98元予以冲减。同年11月，税务稽查部门作出《税收强制执行决定书》，并于次日从K公司交通银行账户扣缴税款人民币18.74元，滞纳金人民币9.39元。

2017年12月，因K公司资产不足以清偿全部债务，经债权人申请，法院受理了该公司破产清算案件。2018年4月，税务稽查部门向公安机关移送本案。

法院认为，被告单位K公司采取隐瞒销售收入、不申报销项税的手段，逃避缴纳税款，数额巨大且占应纳税额百分之三十以上，其行为已构成逃税罪。被告人祝某军作为被告单位的法定代表人，应对被告单位的犯罪行为承担相应的刑事责任。公诉机关指控的罪名成立，本院予以确认。被告人祝某军主动到案并如实供述犯罪事实，系自首，愿意接受处罚，可减轻处罚，对辩护人提出的上述减轻处罚的辩护意见，法院予以采纳。最终判决如下：

一、被告单位K公司犯逃税罪，判处罚金人民币十万元（应在本判决生效后第二日起十日内缴纳）。

二、被告人祝某军犯逃税罪，判处有期徒刑二年三个月，并处罚金人民币三万元（刑期从判决执行之日起计算。判决执行以前先行羁押的，羁押一日折抵刑期一日。以上罚金，应在本判决生效后第二日起十日内缴纳）。

【税案评析】

上一案例评述中我们已经阐明：税务机关认定偷税并作出处理处罚决定是追究犯罪嫌疑人逃税罪的前置条件，按照《刑法修正案（七）》，对于五年内首次发生偷税行为的，经税务机关依法下达追缴通知后，补缴应纳税款，缴纳滞纳金，已受行政处罚的，不予追究刑事责任。因此，第15号案例的犯罪嫌疑单位J公司和嫌疑人李某某被认定无罪。本案则正好相反——犯罪嫌疑单位K公司和嫌疑人祝某军在被税务机关认定偷税，作出处理处罚决定之后仍然不主动补缴应纳税款，缴纳滞纳金，不接受行政处罚，最终被认定有罪且需承担刑事责任。

该案K公司偷税行为被查的起源是受交易对手H公司举报。由于商业纠纷衍生税务举报，进而导致涉税风险爆发。这类案件在税务稽查部门日常受理的举报案件中占相当大比例。对作为交易买方的增值税一般纳税人和企业所得税查账征收纳税人（如H公司）而言，它的税收利益与卖方（K公司）的税收利益会形成扣除链条，此消而彼长：

1. 只有K公司开具发票并申报确认增值税销项税额，H公司才能正常抵扣增值税进项税额；

2. 只有K公司开具发票并确认营业收入进而确认企业所得税应纳税所得额，H公司才能正常计入存货成本，在未来结转营业成本进而确认减少企业所得税应纳税所得额。

因此，在本案中K公司有销售行为，收取货款但不开具发票直接损害了H公司的利益。

在与K公司协商甚至在稽查部门找上门来之后，K公司正确的选择是：开具发票和申报增值税销项税额、企业所得税营业收入。从后续的案情来看，K公司经营已经存在困难，现金流断裂，案发后已经被申请破产。所以即使税务机关作出处理处罚决定之后，K公司也无法缴纳，稽查部门启动强制执行措施也无充分效果（本案税务机关已经无法充分执行，本案判决的公司罚金大概率也无法执行），因此，可以推测：本案K公司未及时向H公司开具发票的最重要理由，是开具发票并作出纳税申报后无力缴纳税款。但是本案嫌疑人K公司和祝某军对不开具发票的法律后果存在严重认知错误，简述如下：

一、在K公司资金紧张，无法承担纳税义务的情况下，H公司举报之前K公司可以有两种选择：

1. K公司向H公司开具发票，办理纳税申报但不缴纳税款，形成欠税。欠税的法律后果有：

（1）纳税人未按照规定期限缴纳税款的，扣缴义务人未按照规定期限解缴税款的，税务机关除责令限期缴纳外，从滞纳税款之日起，按日加收滞纳税款万分之五的滞纳金。

（2）纳税人、扣缴义务人在规定期限内不缴或者少缴应纳或者应解缴的税款，经税务机关责令限期缴纳，逾期仍未缴纳的，税务机关除依照《中华人民共和国税收征收管理法》第四十条的规定采取强制执行措施追缴其不缴或者少缴的税款外，可以处不缴或者少缴的税款百分之五十以上五倍以下的罚款。

（3）从事生产、经营的纳税人、扣缴义务人未按照规定的期限缴纳或者解缴税款，纳税担保人未按照规定的期限缴纳所担保的税款，由税务机关责令限期缴纳，逾期仍未缴纳的，经县以上税务局（分局）局长批准，税务机关可以采取强制执行措施。

（4）税务机关对纳税人欠缴税款的情况定期予以公告。

（5）缴税款的纳税人或者他的法定代表人需要出境的，应当在出境前向税务机关结清应纳税款、滞纳金或者提供担保。未结清税款、滞纳金，又不提供担保的，税务机关可以通知出境管理机关阻止其出境。

（6）纳税信用负面评价风险。

无论如何，只要K公司不存在《税收征收管理法》第六十五条的逃避追缴欠税行为，就不可能因为单纯欠缴税款而发生承担刑事责任的风险；即使欠缴税款无法履行，由于K公司是有限责任纳税人，税务机关除非有证据证明K公司法定代表人祝某军或股东存在滥用权利侵害作为债务人的税务机关利益，也不可能要求祝某军或K公司股东承担缴纳税款、滞纳金和罚款的连带责任。总之，欠税无刑责。

2. K公司拒绝开具发票，这样不会形成欠税，但是会造成少列收入的偷税。偷税的法律后果见《税收征收管理法》第六十三条，一是税务机关有可能在催缴未果之后采取强制执行措施；二是有可能对其处以罚款；三是如果构成犯罪则移交司法机关处理。本案中K公司2015年偷税805 229.99元，偷税比例44.83%，按照《最高人民检察院 公安部关于公安机关管辖的刑事案件立案追诉标准的规定（二）》第五十七条已经达到追究刑事责任的标注，因此，采用这种办法的法律责任明显大于第一种。

造成国家税收利益损失相当的情况下，之所以偷税的法律责任比欠税要重得多，是因为两种行为的行为人主观恶性不同：欠税的纳税人通过如实申报，已经确认了自己具有纳税义务，也明确了纳税义务的金额，只是由于自身原因而无力承担；而偷税的纳税人则是向税务机关隐瞒和逃避自己的纳税义务。

K公司和祝某军选择采用第2种办法，明显失策。这可能是因为当事人对纳税义务的发生条件存在重大误解：误认为只有开具发票才发生纳税义务，或者在不开具发票的情况下即使隐瞒纳税义务也不会被税务机关查处。

二、H公司举报K公司，稽查部门介入后，作出处理处罚决定之前，K公司仍然可以选择开具发票后如实申报，形成欠税，但是K公司又错过了这一时间窗口。本案中K公司在稽查部门出具处理处罚结论之后才开具发票，为时已晚，不能再改变偷税认定的结论了。

假如稽查部门作出处理处罚决定之前，K公司开具发票，这时又有两种选择：

1.如实申报，形成欠税，这种情况下法律后果前文已述。

2.为了不承担欠税义务而采用虚假申报手段，这种情况下仍然构成偷税。本案中K公司于2017年9月向税务机关提交2017年8月增值税纳税申报表时，虽然申报了开具税控增值税专用发票销售额4 736 646.96元，销项税额805 229.98元，但又虚假申报未开具发票的销售额–4 736 646.96元，销项税额–805 229.98元予以冲减，就属于虚假申报行为。

K公司和祝某军作出了第二种选择，错上加错。

本案中的税务稽查程序是一个亮点：稽查部门在2017年4月即作出执法结论，向K公司送达了《税务处理决定书》《税务行政处罚决定书》，要求K公司限期缴纳增值税805 229.99元，并从滞纳税款之日起，按日加收滞纳税款万分之五的滞纳金；按照规定进行相关账务调整。同时，决定对K公司处以0.5倍罚款402 615元。此后，K公司在规定期限内未缴纳上述税款、罚款，亦未申请行政复议，未向人民法院提起行政诉讼。稽查部门并没有在税务处理决定和处罚决定生效后立即移送刑事案件，而是在2017年10月向K公司、祝某军送达《税务事项通知书》，责令限期缴纳税款，履行了强制执行前的催缴义务；同年11月，税务稽查部门才作出《税收强制执行决定书》并于次日从K公司交通银行账户扣缴税款人民币18.74元，滞纳金人民币9.39元。在移送刑事案件之前，稽查部门已穷尽所有行政执法手段，整个行政执法程序以移交刑事案件而完满结束，规避了任何因为追究逃税罪刑事责任的“税务处理前置”特殊规则而引发的后续执法风险。

【政策法规链接】

《税收征收管理法》第六十三条：“纳税人伪造、变造、隐匿、擅自销毁账簿、记账凭证，或者在账簿上多列支出或者不列、少列收入，或者经税务机关通知申报而拒不申报或者进行虚假的纳税申报，不缴或者少缴应纳税款的，是偷税。对纳税人偷税的，由税务机关追缴其不缴或者少缴的税款、滞纳金，并处不缴或者少缴的税款百分之五十以上五倍以下的罚款；构成犯罪的，依法追究刑事责任。”

《税收征收管理法》第三十二条：“纳税人未按照规定期限缴纳税款的，扣缴义务人未按照规定期限解缴税款的，税务机关除责令限期缴纳外，从滞纳税款之日起，按日加收滞纳税款万分之五的滞纳金。”

《税收征收管理法》第四十条：“从事生产、经营的纳税人、扣缴义务人未按照规定的期限缴纳或者解缴税款，纳税担保人未按照规定的期限缴纳所担保的税款，由税务机关责令限期缴纳，逾期仍未缴纳的，经县以上税务局（分局）局长批准，税务机关可以采取下列强制执行措施：

（一）书面通知其开户银行或者其他金融机构从其存款中扣缴税款；

（二）扣押、查封、依法拍卖或者变卖其价值相当于应纳税款的商品、货物或者其他财产，以拍卖或者变卖所得抵缴税款。

税务机关采取强制执行措施时，对前款所列纳税人、扣缴义务人、纳税担保人未缴纳的滞纳金同时强制执行。”

《税收征收管理法》第四十四条：“欠缴税款的纳税人或者他的法定代表人需要出境的，应当在出境前向税务机关结清应纳税款、滞纳金或者提供担保。未结清税款、滞纳金，又不提供担保的，税务机关可以通知出境管理机关阻止其出境。”

《税收征收管理法》第四十五条：“税务机关应当对纳税人欠缴税款的情况定期予以公告。”

《税收征收管理法》第六十五条：“纳税人欠缴应纳税款，采取转移或者隐匿财产的手段，妨碍税务机关追缴欠缴的税款的，由税务机关追缴欠缴的税款、滞纳金，并处欠缴税款百分之五十以上五倍以下的罚款；构成犯罪的，依法追究刑事责任。”

《税收征收管理法》第六十八条：“纳税人、扣缴义务人在规定期限内不缴或者少缴应纳或者应解缴的税款，经税务机关责令限期缴纳，逾期仍未缴纳的，税务机关除依照本法第四十条的规定采取强制执行措施追缴其不缴或者少缴的税款外，可以处不缴或者少缴的税款百分之五十以上五倍以下的罚款。”

《最高人民检察院 公安部关于公安机关管辖的刑事案件立案追诉标准的规定（二）》第五十七条：“【逃税罪（刑法第二百零一条）】逃避缴纳税款，涉嫌下列情形之一的，应予立案追诉：

（一）纳税人采取欺骗、隐瞒手段进行虚假纳税申报或者不申报，逃避缴纳税款，数额在五万元以上并且占各税种应纳税总额百分之十以上，经税务机关依法下达追缴通知后，不补缴应纳税款、不缴纳滞纳金或者不接受行政处罚的；

（二）纳税人五年内因逃避缴纳税款受过刑事处罚或者被税务机关给予二次以上行政处罚，又逃避缴纳税款，数额在五万元以上并且占各税种应纳税总额百分之十以上的；

（三）扣缴义务人采取欺骗、隐瞒手段，不缴或者少缴已扣、已收税款，数额在五万元以上的。

纳税人在公安机关立案后再补缴应纳税款、缴纳滞纳金或者接受行政处罚的，不影响刑事责任的追究。”

《刑法修正案（七）》：“三、将刑法第二百零一条修改为：‘纳税人采取欺骗、隐瞒手段进行虚假纳税申报或者不申报，逃避缴纳税款数额较大并且占应纳税额百分之十以上的，处三年以下有期徒刑或者拘役，并处罚金；数额巨大并且占应纳税额百分之三十以上的，处三年以上七年以下有期徒刑，并处罚金。

扣缴义务人采取前款所列手段，不缴或者少缴已扣、已收税款，数额较大的，依照前款的规定处罚。对多次实施前两款行为，未经处理的，按照累计数额计算。

有第一款行为，经税务机关依法下达追缴通知后，补缴应纳税款，缴纳滞纳金，已受行政处罚的，不予追究刑事责任；但是，五年内因逃避缴纳税款受过刑事处罚或者被税务机关给予二次以上行政处罚的除外。’”

◆ 第五部分 ◆

税务行政争议

导 言

税务行政争议有两种，一种是对实体税务处理税务处罚的争议；另一种是对税务行政行为程序的争议。

第24号、第26号、第27号案件是对税务行政行为程序的争议。第24号争议的焦点是：税收保全决定是否违法？《税收征收管理法》第五十五条规定中“明显的转移、隐匿其应纳税的商品、货物以及其他财产或者应纳税的收入”的被修饰语是“迹象”而不是“行为”。“行为”是过去或现在发生的法律事实，而“迹象”说明它不是法律事实，因为它描述的是一种虚构的情况，将来可能发生，也可能不会发生，换言之，它只是一种“危险的可能性”。税务稽查部门提交给法院的证据被采信，使法官相信当时这种“危险”确实存在，因而法院没有支持行政相对人认定税收保全决定违法的请求。

第26号和第27号案例涉及一个由来已久的争议焦点，就是对征税行为发生争议的“复议前置”（非经复议程序不得启动诉讼，非纳税或提供纳税担保不得启动复议）规则，这个规则既加重了行政相对人的负担，又列举清晰而难以作对行政相对人有利的解释。第26号案例的行政相对人直接挑战“复议前置”被驳回；第27号案例的行政相对人希望通过直接对税务行政处罚行为提起行政诉讼绕开复议前置也被驳回。在“复议前置”规则修改之前，此类争议恐怕还将不断发生。

第23号、第25号案例是实体税务处理税务处罚的争议。第23号案件中双方争议的焦点之一是：税款滞纳金能否超过本金？自从《行政强制法》生效后，这个问题就是困扰征纳双方的一个难题。《行政强制法》第四十五条规定：“加处罚款或者滞纳金的数额不得超出金钱给付义务的数额。”而税款的滞纳金属于滞纳金的一种，当然也要受到行政强制法的调整。因此看来，纳税人未按照规定期限缴纳税款，不论滞纳多长时间，滞纳金最多只能达到本金的1倍，是有“封顶”的。但是本案法院明确指出：该税款滞纳金是被执行的行政决定确定的内容，并不是执行阶段另行采取的惩罚性强制执行手段，不受《中华人民共和国行政强制法》第四十五条规定的限制。第25号案件涉及多缴税款退税，到底受不受“自结算缴纳税款之日起三年”期限的限制？“税务机关发现”和“纳税人发现”对退税期限到底有无影响？法院认为该案是税务机关发现应退税款的，因此，退税不受“自结算缴纳税款之日起三年”的限制，但如果纳税人发现，是否结果会有所不同？值得我们思考。

第21号和第22号案例不是行政诉讼而是民事诉讼，但是这种争议是牵连纳税义务的。实际上，如果严格执行民事诉讼规则，税务机关是应当作为第三人参与的。第21号案件是关于破产前的欠税是否优先于有担保债权的争议。《税收征收管理法》第四十五条规定："税务机关征收税款，税收优先于无担保债权，法律另有规定的除外；纳税人欠缴的税款发生在纳税人以其财产设定抵押、质押或者纳税人的财产被留置之前的，税收应当先于抵押权、质权、留置权执行。"按照该条规定，欠缴税款（这不是一个法律行为，只是一个法律事件）只要发生在担保物权设定（这是一个法律行为）之前，税收债权人对于纳税人的任何其他债权人都享有优先权（可称为"绝对优先权"）。而且这种绝对优先权不但包含税款，还延伸至滞纳金。但是《企业破产法》则明确在企业破产程序中担保物权人享有优先受偿权，税收债权只优先于普通破产债权。本案二审法院撤销A公司破产管理人作出的《债权审查确认单》中关于税收债权优先于有财产担保的债权的认定，导致《税收征收管理法》第四十五条规定的绝对优先权落空，这对税务机关是不可接受的结果。

第22号案件涉及的也是普遍发生的争议事项——司法拍卖项目中的税款承担问题。本案在如何区分不动产司法拍卖中卖方和买方各自税费承担义务的重要课题上向前突破了一步，虽然《拍卖公告》详尽可能列明交易产生的所有税费，包括需要补缴的税费，并且还加上“包括但不限于”的兜底合同术语以求穷尽可以向竞买人转嫁的所有与不动产相关的税费成本，但最终结果仍然落空。本案裁判结果是所有日后参与司法拍卖的交易法规避“包税条款”风险所必须借鉴的。

21. 税收优先权的边界在哪里?

【基本案情】

某银行为了一项贷款，与A公司协定签订《最高额抵押担保合同》一份，双方约定：A公司以其名下房屋及土地，为某银行对A公司形成的贷款债权，在最高额2 400万元范围内提供抵押担保。后双方又签订两份《流动资金借款合同》，约定A公司向某银行借款金额分别为1 200万元、600万元，合计1 800万元。某银行按约向A公司发放了上述借款，但是A公司因经营困难而向法院申请破产。法院依A公司之申请裁定受理其破产清算，指定一律所担任破产管理人。管理人作出的《债权审查确认单》，确认某银行的上述1 800万元债权为有财产担保债权，同时在备注栏注明："该债权额予以审核认定，但是主管税务机关认为其中3 300万元税款优先于银行有财产担保的债权。"后因某银行提出异议，诉至法院。

一审法院认为，根据《物权法》第一百七十条之规定："担保物权人在债务人不履行到期债务或者发生当事人约定的实现担保物权的情形，依法享有就担保财产优先受偿的权利，但法律另有规定的除外。"《税收征收管理法》第四十五条第一款的规定应当为《物权法》第一百七十条规定的除外情形。就该案而言，某银行的案涉债权对于案涉抵押物优先受偿之权利劣后于A公司主管税务机关的税收债权，并不违反《物权法》《破产法》之相关规定。此外，如上所述，税收债权优先于担保物权系有条件的特别规定，《破产法》第一百一十三条关于破产债权清偿顺序的规定系对破产债权清偿顺序的一般性规定，《破产法》的上述一般性规定并无排除适用《税收征收管理法》第四十五条第一款及解释之可能。立法既已对特定情形下的税收债权作出优先于担保物权的特别安排，应当予以维护。

一审法院根据上述理由判决：某银行的异议不能得到支持，驳回其起诉。某银行不服而提起上诉。

【裁判结果】

二审法院认为，《税收征收管理法》第四十五条系调整任何状态下企业的税收债权与担保债权的清偿顺序问题，涵盖企业破产情形及其正常经营情形。而《破产法》第一百零九条、第一百一十三条规定调整范围仅限于破产情形下企业的税收债权与有担保债权的清偿顺序问题。如将两者相比较，后者对案涉争议焦点更具有针对性，相对具有特别规定的属性，应在本案中优先适用。此外，虽然《税收征收管理法》第四十五条规定属于《物权法》第一百七十条规定的例外情形，但在本案中并不优先适用。在企业进入破产程序后，《破产法》第一百零九条、第一百一十三条对税收债权与担保债权的清偿顺序再一次作出规定，该规定属于《物权法》第一百七十条除外情形之特殊情形。破产程序中别除权的基础是担保物权，但不能将《破产法》第一百零九条、第一百一十三条规定等同于《物权法》第一百七十条规定，从而得出《税收征收管理法》第四十五条规定优先于《破产法》第一百零九条、第一百一十三条规定适用的结论。与此同时，《税收征收管理法》第四十五条规定有“税收优先于无担保债权，法律另有规定的除外”的内容，表明在有法律规定的特殊情形下，无担保的债权尚可以优先于税收债权，有担保的债权更可以优先于税收。

二审法院撤销一审法院上述判决，同时撤销A公司破产管理人作出的《债权审查确认单》中关于A公司主管税务机关享有的3 300万元税收债权优先于甲银行有财产担保的1 800万元债权的认定。

【税案评析】

本案中二审法院支持了银行的诉讼请求，认定A公司主管税务机关享有的3 300万元税收债权并不优先于甲银行有财产担保的1 800万元债权，这是值得商榷的。作为与本诉讼的认定结果有利害关系的第三人，我们没有看到税务机关的反对意见。但是按照目前作为法律依据的《税收征收管理法》和《企业破产法》之间确实存在冲突之处。《税收征收管理法》第四十五条规定："税务机关征收税款，税收优先于无担保债权，法律另有规定的除外；纳税人欠缴的税款发生在纳税人以其财产设定抵押、质押或者纳税人的财产被留置之前的，税收应当先于抵押权、质权、留置权执行。"第四十六条："纳税人有欠税情形而以其财产设定抵押、质押的，应当向抵押权人、质权人说明其欠税情况。抵押权人、质权人可以请求税务机关提供有关的欠税情况。"按照上述法条规定，欠缴税款（这不是一个法律行为，只是一个法律事件）只要发生在担保物权设定（这是一个法律行为）之前，税收债权人对于纳税人的任何其他债权人都享有优先权（可称为"绝对优先权"）。而且这种绝对优先权不但包含税款，还延伸至滞纳金。《国家税务总局关于税收优先权包括滞纳金问题的批复》（国税函〔2008〕1084号）中指出："按照《中华人民共和国税收征收管理法》的立法精神，税款滞纳金与罚款两者在征收和缴纳时顺序不同，税款滞纳金在征缴时视同税款管理，税收强制执行、出境清税、税款追征、复议前置条件等相关条款都明确规定滞纳金随税款同时缴纳。税收优先权等情形也适用这一法律精神，《税收征收管理法》第四十五条规定的税收优先权执行时包括税款及其滞纳金。"

但是《企业破产法》则明确在企业破产程序中担保物权人享有优先受偿权，税收债权只优先于普通破产债权；担保财产不属于破产财产，即便担保物权发生于欠税之后，担保物权人仍然可以优先于税收债权获得清偿，这就导致与《税收征收管理法》第四十五条所规定的“绝对优先权”发生冲突了。

目前税务机关参与企业破产的具体政策依据是：1.《国家税务总局关于进一步加强欠税管理工作的通知》（国税发〔2004〕66号）第三条规定：“（九）参与企业清偿债务。欠税人申请破产，税务机关应代表国家行使债权人权利，参与清算，按照法定偿债程序将税款征缴入库。”2.《关于税收征管若干事项的公告》（国家税务总局公告2019年第48号）在“四、关于企业破产清算程序中的税收征管问题”中规定：“企业所欠税款、滞纳金、因特别纳税调整产生的利息，税务机关按照企业破产法相关规定进行申报，其中，企业所欠的滞纳金、因特别纳税调整产生的利息按照普通破产债权申报。”之所以滞纳金和欠税利息被区别对待，是基于以下考虑：在正常税务活动中，滞纳金、欠税利息与税款具有相同的优先性，但因破产为特殊程序，在《企业破产法》《最高人民法院关于税务机关就破产企业欠缴税款产生的滞纳金提起的债权确认之诉应否受理问题的批复》（法释〔2012〕9号）中对税款征收、追缴做了特殊规定：“税务机关就破产企业欠缴税款产生的滞纳金提起的债权确认之诉，人民法院应依法受理。依照企业破产法、税收征收管理法的有关规定，破产企业在破产案件受理前因欠缴税款产生的滞纳金属于普通破产债权。”因此，税款滞纳金、欠缴税款的利息属于普通破产债权，不享有任何优先权已经明确了；但是税款是否因成为破产债权而丧失了《税收征收管理法》第四十五条所规定的“绝对优先权”，上述文件并未明确。

《税收征收管理法》第四十五条规定，如果欠税发生于担保物权设立之前，则税收优先于担保物权，实质是要求与已经发生欠税的纳税人可能发生债权关系的交易主体承担注意义务：在设立担保物权之前，应当先调查可能成为债务人的交易对手是否已经发生欠税。如果他已经欠税而债权人未尽到注意义务，将承担法律上的不利结果——担保物权因为受税收优先权排挤，可能不足以为债权提供足够保障。而本案中二审法院认为《企业破产法》优先适用，但是这一判决产生了新的问题——如果欠税发生于担保物权设立之前，企业进入破产程序前欠税优先于担保物权；进入破产程序后则丧失对担保物权的优先权。站在享有担保物权的债权人——本案中的银行角度来看，他的债务人进入破产程序后，反而有利于设定担保的债权得到优先保障，因此，这种情况下他会倾向于申请企业破产以行使担保权，这样他就不需要为没有在设立担保物权之前尽到对债务人欠税的合理注意义务承担任何责任了。站在A公司主管税务机关的角度看，税务机关在没有任何过错的情况下，仅仅因为A公司进入破产清算程序，就导致税收债权从优先于欠税后设定的担保物权下降至劣后于欠税后设定的担保物权，显然是有失公平的。正确的做法应该是：企业破产前发生在担保物权设立之前的欠税，仍然适用《税收征收管理法》关于优先权的规定；但是担保物权设立之前欠税的滞纳金以及担保物权设立之后的欠税和滞纳金不再享有优先权，而是作为普通债权申报。

当然，《税收征收管理法》所规定的税收优先于设定在欠税之后的担保物权不是无条件的。如果未经公示的欠税当然地优先于无担保债权受偿，将因欠税的不确定性而使得担保物权处于不稳定之中，损害民事债权人的合法权益；而且未经公示的欠税优先于后设定的担保债权不利于充分发挥担保制度的价值。虽然《税收征收管理法》第四十六条要求纳税人有欠税情形而以其财产设定抵押、质押的，应当向抵押权人、质权人说明其欠税情况，抵押权人、质权人可以请求税务机关提供有关的欠税情况，但如果纳税人隐瞒欠税情况，却由担保物权人承担不利后果是有违公正的，会威胁到担保制度的有效性。

有鉴于此，为便于交易主体调查可能成为债务人的交易对手是否已经发生欠税，税务总局早在2004年就发布了《欠税公告办法（试行）》（国家税务总局令第9号）。该办法第四条规定："公告机关应当按期在办税场所或者广播、电视、报纸、期刊、网络等新闻媒体上公告纳税人的欠缴税款情况。（一）企业或单位欠税的，每季公告一次。"第五条规定："欠税公告内容如下：（一）企业或单位欠税的，公告企业或单位的名称、纳税人识别号、法定代表人或负责人姓名、居民身份证或其他有效身份证件号码、经营地点、欠税税种、欠税余额和当期新发生的欠税金额。"因此，纳税人欠税系税务机关法定主动公开内容，目前在税务机关的官方网站上，都可以很方便查询到"信息公开"专栏中的欠税信息，且税务机关也可以为纳税人开具"无欠税证明"。因此，纳税义务相对于担保物权的优先权理应按照以下原则决定：

1. 如果担保物权设定发生在欠税之前，则税款和滞纳金不享有对担保物权的优先权；

2.（1）如果担保物权设定发生在欠税之后，且税务机关按照《欠税公告办法（试行）》的规定对纳税人欠税予以公示，无论债务人是否进入破产清算程序，税收都优先于担保物权。

上述欠税的滞纳金，在债务人进入破产清算程序前具有和税款相同的优先权，在债务人进入破产清算程序后丧失优先权。

（2）如果担保物权设定发生在欠税之后，但税务机关未按照《欠税公告办法（试行）》的规定对纳税人欠税予以公示，导致债权人设定担保物权之前无法知晓债务人的欠税情况，无论债务人是否进入破产清算程序，则税款和滞纳金都不享有对担保物权的优先权。

具体到本案，如果A公司的主管税务机关没有按照《欠税公告办法（试行）》的规定公告A公司欠税事项，则存在过错，本案判决亦不为过（即使A公司没有进入破产程序，银行仅仅是行使担保物权而与主管税务机关发生纠纷，银行也可以"无法通过合理途径知晓设定担保物权之前A公司是否有欠税"抗辩税收优先权）。但如果主管税务机关履行了欠税公告义务而银行因疏忽大意没有查询欠税信息，则本案的判决对于税务机关是不可接受的。

根据本案案情，发生在企业进入破产清算程序之前的欠税应如何处理已经清楚了。我们可以继续讨论：企业进入破产清算程序之后的欠税应该如何处理？

进入破产清算程序之后的欠税又可以分成两种类型：一种是破产管理人管理和处置破产企业财产发生的税费；另一种是维持破产企业继续经营发生的税费。

破产管理人管理和处置破产企业财产发生的税费又包括两种，一种是管理破产企业财产过程中发生的财产税，主要是房产税和城镇土地使用税。另一种是对外销售破产企业财产时发生的增值税、附加税费、土地增值税、印花税等税费。这一类税费属于破产程序中为破产债权人的共同利益而从破产财产中支付的费用，即破产费用，所以应随时发生随时支付，税务机关不应允许这一类税费形成新的欠缴。

第二种税费是因为需要履行破产前未履行完毕的合同将产生纳税义务以及因支付劳动报酬产生扣除个人所得税等纳税义务。《企业破产法》第四十二条规定："履行当事人双方均未履行完毕的合同产生的债务和为债务人继续营业发生的劳动报酬和社会保险费用以及由此产生的其他债务作为共益债务。"因此，这类税费不一定能得到完全清偿。换言之，可能形成新的欠税，而且破产受理后欠缴税款产生的滞纳金也不属于破产债权。由此又产生了一个新问题，如果欠缴的税款包括了增值税，而破产企业开具了增值税专用发票，受票方还能不能抵扣进项税额？

为了避免这个难题产生，对于已经破产的企业，主管税务机关还是赶紧取消企业开具专用发票的资格为好。

【政策法规链接】

《税收征收管理法》第四十五条："税务机关征收税款，税收优先于无担保债权，法律另有规定的除外；纳税人欠缴的税款发生在纳税人以其财产设定抵押、质押或者纳税人的财产被留置之前的，税收应当先于抵押权、质权、留置权执行。"第四十六条："纳税人有欠税情形而以其财产设定抵押、质押的，应当向抵押权人、质权人说明其欠税情况。抵押权人、质权人可以请求税务机关提供有关的欠税情况。"

《企业破产法》第一百零九条："对破产人的特定财产享有担保权的权利人，对该特定财产享有优先受偿的权利。"第一百一十三条："破产财产在优先清偿破产费用和共益债务后，依照下列顺序清偿：

（一）破产人所欠职工的工资和医疗、伤残补助、抚恤费用，所欠的应当划入职工个人账户的基本养老保险、基本医疗保险费用，以及法律、行政法规规定应当支付给职工的补偿金；

（二）破产人欠缴的除前项规定以外的社会保险费用和破产人所欠税款；

（三）普通破产债权。

破产财产不足以清偿同一顺序的清偿要求的，按照比例分配"。

22. 不动产司法拍卖中的税费内容和承担主体之争

【基本案情】

因I公司未履行他案生效法律文书确定的义务，某法院在该院淘宝网司法拍卖网络平台发布《拍卖公告》，对案涉土地及设备依法进行拍卖。J公司以29 339 060元的最高价竞得案涉土地及设备。J公司在缴纳国有土地使用权出让契税821 493.68元、合同印花税88元、产权转移书据印花税7 188.1元后，取得案涉土地使用权。

《拍卖公告》第六条载明："标的物过户登记手续由买受人自行办理。拍卖成交买受人付清全部拍卖价款后，凭法院出具的民事裁定书、协助执行通知书及拍卖成交确认书自行至相关管理部门办理标的物权属变更手续。办理过程中所涉及的买卖双方所需承担的一切税、费和所需补缴的相关税、费（包括但不限于所得税、营业税、土地增值税、契税、过户手续费、印花税、权证费、水利基金费、出让金以及房产及土地交易中规定缴纳的各种费用）及物管费、水、电等欠费均由买受人自行承担，具体费用请竞买人于拍卖前至相关单位自行查询。"

后I公司股东以I公司已被吊销营业执照且至今未成立清算组自行清算为由，向一审法院申请强制清算。一审法院裁定受理该强制清算申请。

在清算过程中，I公司收到税务局送达的税务事项通知书，要求I公司于2019年10月11日前申报案涉土地税务事项。之后，I公司清算组函请J公司缴纳税务局初步核算的I公司因本次拍卖欠缴的税费，包括城镇土地使用税、增值税、印花税、土地增值税及相应滞纳金合计6 396 828.42元。之后，税务局先后向I公司出具"债权申报表"、《I公司税务债权情况说明》及附表"I公司欠缴城镇土地使用税及滞纳金计算（2009年1月—2018年8月）""I公司2018年8月资产拍卖收入应缴税费及2018年度企业所得税计算"及《债权确认书》，出具的《中华人民共和国税收缴款书（银行经收专用）》载明，I公司已缴纳2009年1月1日至2018年12月31日期间城镇土地使用税1 579 094.16元及滞纳金1 426 833.66元；增值税1 378 534.1元及滞纳金3 700.32元；城市维护建设税96 497.39元及滞纳金27 935.99元；教育费附加收入41 356.02元，地方教育附加收入27 570.68元，土地增值税2 185 203.74元，印花税14 669.5元。

因J公司未缴纳案涉税费，I公司向法院提起诉讼，要求J公司向I公司支付不动产过户需清缴的税款5 322 925.63元、滞纳金1 458 469.93元，合计6 781 395.56元。一审法院判决J公司向I公司支付税款5 322 925.59元（含城镇土地使用税），未支持滞纳金。后J公司不服而上诉，被二审法院驳回。J公司不服，向最高人民法院申请再审。

【裁判结果】

最高法院认为:《最高人民法院关于适用〈中华人民共和国民法典〉时间效力的若干规定》第一条第二款规定，“民法典施行前的法律事实引起的民事纠纷案件，适用当时的法律、司法解释的规定，但是法律、司法解释另有规定的除外。”引起本案的法律事实发生在《中华人民共和国民法典》施行前，因此，本案应当适用当时有效的《中华人民共和国合同法》等相关规定。本案的争议焦点为J公司是否应当承担I公司补缴的城镇土地使用税1 579 094.16元。

《拍卖公告》第六条载明，“标的物过户登记手续由买受人自行办理。拍卖成交买受人付清全部拍卖价款后，凭法院出具的民事裁定书、协助执行通知书及拍卖成交确认书自行至相关管理部门办理标的物权属变更手续。办理过程中所涉及的买卖双方所需承担的一切税、费和所需补缴的相关税、费（包括但不限于所得税、营业税、土地增值税、契税、过户手续费、印花税、权证费、水利基金费、出让金以及房产及土地交易中规定缴纳的各种费用）及物管费、水、电等欠费均由买受人自行承担，具体费用请竞买人于拍卖前至相关单位自行查询。”判断J公司是否应当承担I公司补缴的城镇土地使用税，关键在于确定城镇土地使用税是否属于该条约定的“所需补缴的相关税、费”。《中华人民共和国合同法》第一百二十五条第一款规定，“当事人对合同条款的理解有争议的，应当按照合同所使用的词句、合同的有关条款、合同的目的、交易习惯以及诚实信用原则，确定该条款的真实意思。”根据该规定，当事人对合同条款理解存在争议的，应按照文义解释、体系解释、交易规则或者习惯、诚实信用等原则进行解释。

首先，从文义解释上看，《拍卖公告》第六条用概括加列举的方式约定了买受人需自行承担的税费，概括即“办理过程中所涉及的买卖双方所需承担的一切税、费和所需补缴的相关税、费”，列举即括号中列明的相关税费。按通常理解，买受人应承担的税费应先以列举项目为准，如果某项税费不属于列举项目，则应判断是否属于“概括”范畴。案涉城镇土地使用税并非括号列明项目。“办理过程中所涉及的买卖双方所需承担的一切税、费和所需补缴的相关税、费”明确表明买受人需承担的仅限于“办理过程中所涉及的”。《中华人民共和国城镇土地使用税暂行条例》第三条第一款规定，“土地使用税以纳税人实际占用的土地面积为计税依据，依照规定税额计算征收。”城镇土地使用税是基于土地使用权人实际占用土地而征缴的税种，是为提高土地使用效益设置的税种，与土地权属变更无关，不属于“办理过程中”的税费。因此，城镇土地使用税不属于《拍卖公告》第六条约定的需补缴税费。

其次，从体系解释上看，《拍卖公告》第六条由三句话组成，第三句话是对买受人自行承担税费的约定，前两句话为“标的物过户登记手续由买受人自行办理。拍卖成交买受人付清全部拍卖价款后，凭法院出具的民事裁定书、协助执行通知书及拍卖成交确认书自行至相关管理部门办理标的物权属变更手续”。可见，第三句关于税费负担的约定系在权属变更语境下作出的，并不包括权属变更过程之外的税费，即不包括案涉城镇土地使用税。

再次，从交易规则或习惯来看，一方面，根据《最高人民法院关于人民法院网络司法拍卖若干问题的规定》第六条第（二）项和第十四条第

（三）项规定，司法拍卖中应当说明拍卖财产现状、权利负担等内容，并在拍卖公告中特别提示拍卖财产已知瑕疵和权利负担。拍卖财产的瑕疵和权利负担等类似信息应当为被执行人掌握。本案中，执行法院明确要求I公司提供案涉土地相关材料，I公司也承诺自行承担资料不齐造成的不利后果。但是，I公司并未举证其提供了与案涉土地相关的城镇土地使用税欠缴情况，《拍卖公告》未对该笔税费欠缴情况进行说明和提示，《评估报告》也未说明该欠缴情况及其对土地评估价格的影响。基于对《拍卖公告》《评估报告》披露信息的信赖，J公司在参与竞买时对承担城镇土地使用税未有预期应属正常。另外，根据《中华人民共和国税收征收管理法》第八条第二款规定的“税务机关应当依法为纳税人、扣缴义务人的情况保密”，竞买人一般无法从税务机关查询到被执行人欠税信息，即J公司一般无法自行查询案涉城镇土地使用税欠缴情况。因此，在I公司未披露欠缴城镇土地使用税具体情况下，由J公司承担拍卖时不属于权属交易行为产生的且无法预见的1 579 094.16元城镇土地使用税，有违公平原则。另一方面，《最高人民法院关于人民法院网络司法拍卖若干问题的规定》第十三条第（九）项规定，法院应当在拍卖公告中公示“拍卖财产产权转移可能产生的税费及承担方式”，据此，竞买人一般仅对权属变更本身形成的税费负担有合理预见。城镇土地使用税虽与案涉土地直接关联，但竞买人对需要补缴城镇土地使用税一般不会有预见，且其本身属于I公司纳税义务范畴。如若未经特别说明，即要求J公司承担该税费有违诚实信用原则。

最后，《最高人民法院关于人民法院网络司法拍卖若干问题的规定》第三十条规定，“因网络司法拍卖本身形成的税费，应当依照相关法律、行政法规的规定，由相应主体承担；没有规定或者规定不明的，人民法院可以根据法律原则和案件实际情况确定税费承担的相关主体、数额。”据此，网络司法拍卖本身形成的能够预见的权属变更税费，原则上尚且由法律规定的纳税义务人承担，与权属变更无关的超出竞买人预见的税费更应由法定纳税人承担，除非买卖双方当事人有明确具体的特别约定。本案中，案涉城镇土地使用税属于与权属变更无关的税费，应由其法定纳税人I公司承担，而非买受人J公司承担。

法院确认J公司的再审请求成立。扣除1 579 094.16元城镇土地使用税后，J公司应当向I公司支付其缴纳的税费3 743 831.43元（5 322 925.59元–1 579 094.16元）。

【税案评析】

本案案号为：最高人民法院（2022）最高法民再59号，入选2022年度影响力税务司法审判十大案例，在如何区分不动产司法拍卖中卖方和买方各自税费承担义务的重要课题上向前突破了一步。

本案中，作为拍卖一方（即资产转让人）的I公司，已经在《拍卖公告》详尽可能列明交易产生的所有税费，包括需要补缴的税费，并且还加上“包括但不限于”的兜底合同术语以求穷尽可以向竞买人转嫁的所有与不动产相关的税费成本，但最终结果仍然落空——一是最高法院未支持由竞买人J公司代I公司承担城镇土地使用税纳税义务的一审、二审判决；二是一审、二审到终审判决均未支持由竞买人J公司代I公司承担滞纳金。

关于上述第二点，比较容易理解，因为《拍卖公告》没有对滞纳金履行义务的转嫁进行约定，所以默认由纳税人（即本案的I公司）承担而不能转移；但是针对上述第一点，最高法院在再审判决中作出了详尽说明，以正视听。

在司法实践中，法院考虑到作为被执行人的纳税人通常已经无能力履行纳税义务，从提高执行效率、减轻司法责任起见，通常在《拍卖公告》中规定“包税条款”，即涉及不动产交易的全部税费成本“一脚踢”由买方实际承担，由此造成两个结果：第一个结果是纳税人与负税人的二元化，纳税人需要履行纳税义务，但该项纳税义务由竞买人（实际负税人）代为履行，竞买人需要承担拍卖价款之外的额外税收成本。这又带来三个后果：（1）竞买人需要代为履行纳税义务，但是完税凭证是给到纳税人的，竞买人只能拿到完税凭证的复印件，该项支出能否计入竞买人的当期损益或所买到的不动产的成本，实际操作中争议很大，而且确实已经出现竞买人的主管税务机关以完税凭证抬头不是竞买人而要求竞买人不得在税前扣除成本、费用的案例；（2）如拍卖不动产交易本身的税费之外，拍卖人在持有不动产期间也可能发生欠缴税费（主要是财产税），不动产所在地税务机关可能要求竞买人一并承担，否则不动产产权无法过户，加重竞买人负担；（3）不动产所在地税务机关可能要求竞买人一并承担滞纳金。

第二个结果是：竞买人承担拍卖价款之外的额外税收成本可能会引发税务机关与拍卖人、竞买人之间关于各税种计税依据的争议。因为税务机关可以认为竞买价格A是扣除增值税、附加税费、土地增值税、印花税等各项税费后的净价格，需要还原为含税价格开具发票和确认除增值税之外的各项税费的计税依据。

还原后的含税价A′大于A甚至可能远大于A，而土地增值税适用超率累进税率，可能会造成竞买人需要承担预期之外的高额税收成本，并造成税务机关与拍卖人之间就开票金额发生争议——拍卖人认为竞买价款是包含增值税的价税合计金额，而税务机关认为竞买价款是不含增值税的金额。

从交易实质来看，司法拍卖的目的是拍卖执行标的以取得价款，则拍卖过程中产生的交易税费实际上是执行标的物的必要费用，如果拍卖成交后未及时缴纳交易税费，将直接影响标的物权属的变更，最终导致拍卖无效。因此，拍卖的交易税费与评估费、拍卖费、执行费的性质相同，都属于拍卖、变卖被执行人财产所发生的实际费用；不同的是交易税费的金额事先难以确定。《最高人民法院关于人民法院执行工作若干问题的规定

（试行）》第三十四条规定："委托拍卖、组织变卖被执行人财产所发生的实际费用，从所得价款中优先扣除。"因此，作为"实际费用"的交易税费只需要根据不动产过户时实际缴纳的情况，由法院从所得价款中扣除就可以了，所得价款扣除实际费用后的剩余部分再按照《民事诉讼法》和《最高人民法院关于人民法院执行工作若干问题的规定（试行）》规定的程序清偿债权。"包税条款"把风险从受偿债权人转嫁给竞买人，似乎有违上述规则。

即使不考虑以上分析，只讨论现实的"包税条款"，对于其是否违反法律规定，各地法院的裁判意见也不尽相同：

1.认为包税条款违反《网络司法拍卖规定》第三十条规定而无效。甘肃省高级人民法院（2020）甘执复14号的意见是：在税法有明确规定情况下，对司法拍卖本身形成的税费，仍应遵照《网络司法拍卖规定》第三十条"依照相关法律、行政法规的规定，由相应主体承担"之规定。拍卖公告规定"一切税费均由买受人承担"违反该司法解释规定。同时，根据《国家税务总局关于人民法院强制执行被执行人财产有关税收问题的复函》（国税函〔2005〕869号）的规定，对拍卖财产的全部收入，纳税人均应依法申报缴纳税款；人民法院应当协助税务机关依法优先从拍卖收入中征收税款。故兰州中院在执行过程中，从拍卖房产所得款项中扣除买受人已垫付的被执行人应负税款的执行行为符合规定。

2.认为包税条款属于要约邀请。北京市高级人民法院（2021）京执复339号的意见是：执行法院在京东网络司法拍卖平台发布的《竞买公告》载明："所有涉及的税费及办理权证所需费用均由买受人负担。"系买受人和被执行人关于网络司法拍卖产生税费的约定，与《最高人民法院关于人民法院网络司法拍卖若干问题的规定》第三十条无关。任何人参与竞买即视为接受该条件，亦可根据该条件调整在竞买中的出价。竞买成交后，竞买人即应按照《竞买公告》的内容代被执行人缴纳相应税款。

实际上关于这一类《拍卖公告》《竞买须知》中载明的“由买受人承担相关税费”事项的效力,《最高人民法院〈关于人民法院网络司法拍卖若干问题的规定〉理解与适用》(最高人民法院执行局编)中表达的观点是:该类载明事项无效。原因主要有二:一是根据税收法定原则,纳税义务人的身份不能因拍卖公告的载明条款而发生转移;二是《国家税务总局关于人民法院强制执行被执行人财产有关税收问题的复函》第四条明确要求:“鉴于人民法院实际控制纳税人因强制执行活动而被拍卖、变卖财产的收入,根据《中华人民共和国税收征收管理法》第五条的规定,人民法院应当协助税务机关依法优先从该收入中征收税款”。按照执行局的意见,不动产司法拍卖中的税费成本,是包含在拍卖价款之中的,竞买人无须再负担额外的成本。

本案再审裁判文书中,最高法院引用《合同法》作为解析《拍卖公告》条款的法律依据,说明没有采纳最高法院执行局观点或者甘肃法院的观点,而是采纳了北京法院观点,即认为《拍卖公告》的包税条款对竞买人是有约束力的。值得注意的是裁判文书对包税条款的解释,一是根据文意解释认为城镇土地使用税是基于土地使用权人实际占用土地而征缴的税种,是为提高土地使用效益设置的税种,与土地权属变更无关,不属于“办理过程中”的税费。因此,城镇土地使用税不属于《拍卖公告》第六条约定的需补缴税费。二是根据体系解释认为税费负担的约定系在权属变更语境下作出的,并不包括权属变更过程之外的税费,即不包括案涉城镇土地使用税。三是根据交易习惯认定由J公司承担拍卖时不属于权属交易行为产生的且无法预见的1 579 094.16元城镇土地使用税,有违公平原则和诚实信用原则。基于以上理由,裁判文书否认了拍卖人依据《拍卖公告》包税条款要求竞买人承担所欠缴城镇土地使用税的请求权。

司法拍卖由买受人承担税费引申出的另一个问题是：发票如何开具？这个问题可参照（2021）沪0112行初254号判决书。该判决书的案情为：

H公司因未履行生效民事判决书，被申请强制执行。法院在执行中拍卖H公司名下的××房产，后B有限公司以最高价6.01亿元竞得。2017年11月法院裁定："将××房产由H公司过户至买受人B有限公司名下"，同月法院向税务机关发出《协助执行通知书》，通知协助执行将以上房产过户至买受人名下，并委托买受人办理房产的相关纳税手续。2020年3月，B有限公司在缴付了以上房产的相关税款本金（滞纳金尚未支付）后，依据法院的执行裁定书及协助执行通知书等，申领了房产的所有权证。之后B公司要求H公司开具发票但H公司一直未开具。主管税务机关于2020年9月作出《责令限期改正通知书》："你公司位于××路××号××幢的房产，于2017年11月经法院司法拍卖以人民币6.01亿元的价格成交，你公司于2020年3月完成了相应的纳税申报。购买方要求你公司开具发票，你公司应开而未开具发票，违反了《中华人民共和国发票管理办法》（以下简称《发票管理办法》）第十九条：'销售商品、提供服务以及从事其他经营活动的单位和个人，对外发生经营业务收取款项，收款方应当向付款方开具发票；特殊情况下，由付款方向收款方开具发票'的规定。现根据《发票管理办法》第三十五条'违反本办法的规定，有下列情形之一的，由税务机关责令改正，可以处10 000元以下的罚款；有违法所得的予以没收：（一）应当开具而未开具发票，或者未按规定的时限、顺序、栏目，全部联次一次性开具发票，或者未加盖发票专用章的'，责令你公司于2020年10月9日前按规定开具发票。逾期未改正的，将按相关规定予以处理"。

H公司不服上述《责令限期改正通知书》，诉至法院，要求撤销《责令限期改正通知书》。H公司的理由是：以上房产的所有权由H公司名下过户至买受人B公司名下，源于法院依法处置被执行标的物的民事诉讼活动和相关的民事裁定书。H公司非房产的销售方，法院处置该房产的司法拍卖活动也非H公司的经营活动。根据《发票管理办法》第十九条的规定，原告无发票开具义务。

法院认为:《发票管理办法》第三条规定，“本办法所称发票，是指在购销商品、提供或者接受服务以及从事其他经营活动中，开具、收取的收付款凭证”;《中华人民共和国发票管理办法实施细则》第三条第一款规定:“发票的基本联次包括存根联、发票联、记账联……发票联由付款方或受票方作为付款原始凭证”。从以上规定之内容不难看出，房产买受人作为付款方，有权利得到付款的原始凭证。至于H公司认为房产被司法拍卖不是其意思表示，不是其实施的经营活动，法院认为，发票的开具不是以开票人的主观经营活动来进行判断。客观上，H公司的房产通过司法拍卖的形式亦完成了交易，故H公司负有向相对方B公司出具付款原始凭证的义务。

本案已经尘埃落定，但是再审裁判结果又引发了一个新的问题：如果下一次拍卖人吸取I公司的教训，在《拍卖公告》中明确约定竞买人不但需要承担土地权属变更的有关缴纳税费义务，还需要承担拍卖人在持有期间应履行而未履行的缴纳税费义务，甚至需要承担拍卖人取得土地时应履行而未履行的缴纳税费义务，并且明示欠缴金额和截至拍卖公告发布之日的滞纳金，是不是就可以名正言顺地要求竞买人代为承担所有缴纳税费义务了？由于《网络司法拍卖规定》虽然规定了网络司法拍卖的税费承担问题，但对于这一司法解释中规定的适用范围“因网络司法拍卖本身形成的税费”，哪些税费属于因为网络司法拍卖本身形成的税费？网络司法拍卖流拍后的以物抵债又能否适用这一规定？从司法实践来看，各地法院对于这一解释的理解与适用并未形成统一的认识。而且《最高人民法院〈关于人民法院网络司法拍卖若干问题的规定〉理解与适用》并不是正式司法解释，恐怕只能等到最高法院出具新的司法解释或发生新的典型裁判案例时，我们才能知道答案。

【政策法规链接】

《最高人民法院关于人民法院网络司法拍卖若干问题的规定》第六条第三款规定："实施网络司法拍卖的，人民法院应当履行下列职责：确定拍卖保留价、保证金的数额、税费负担等。"第十三条第九款规定："实施网络司法拍卖的，人民法院应当在拍卖公告发布当日通过网络司法拍卖平台公示拍卖财产产权转移可能产生的税费及承担方式。"第三十条规定："因网络司法拍卖本身形成的税费，应当依照相关法律、行政法规的规定，由相应主体承担；没有规定或者规定不明的，人民法院可以根据法律原则和案件实际情况确定税费承担的相关主体、数额。"

《国家税务总局关于人民法院强制执行被执行人财产有关税收问题的复函》（国税函〔2005〕869号）规定："一、人民法院的强制执行活动属司法活动，不具有经营性质，不属于应税行为，税务部门不能向人民法院的强制执行活动征税。

二、无论拍卖、变卖财产的行为是纳税人的自主行为，还是人民法院实施的强制执行活动，对拍卖、变卖财产的全部收入，纳税人均应依法申报缴纳税款。

三、税收具有优先权。《中华人民共和国税收征收管理法》第四十五条规定，税务机关征收税款，税收优先于无担保债权，法律另有规定的除外；纳税人欠缴的税款发生在纳税人以其财产设定抵押、质押或者纳税人的财产被留置之前的，税收应当先于抵押权、质权、留置权执行。

四、鉴于人民法院实际控制纳税人因强制执行活动而被拍卖、变卖财产的收入，根据《中华人民共和国税收征收管理法》第五条的规定，人民法院应当协助税务机关依法优先从该收入中征收税款。”

《中华人民共和国税收征收管理法》第四十五条：“税务机关征收税款，税收优先于无担保债权，法律另有规定的除外；纳税人欠缴的税款发生在纳税人以其财产设定抵押、质押或者纳税人的财产被留置之前的，税收应当先于抵押权、质权、留置权执行。”

23. 税务行政强制执行程序的有效性、有限性和程序合法性

【基本案情】

2011年3月15日，Z公司某项目经理部与某村民委员会签订了土地租赁协议书，Z公司经理部租用村委会集体所有的49.4亩土地，作为高速公路路面水稳及沥青施工拌合场用地，租赁期限从2011年3月至2013年3月；协议中约定施工结束后由村委会进行复耕。但协议到期后，村委会在未复耕的情况下又继续将该地块的部分土地租赁给H驾校使用。由于未及时复耕而产生了耕地占用税及滞纳金。2016年7月，耕地所在地国土资源所给税务机关出具证明，内容为：“2011年3月至2013年3月，Z公司租用村委会49.4亩土地，作为高速公路路面水稳及沥青拌合场临时用地。根据《××镇土地利用总体规划（2010—2020年）》图所示，该地块为基本农田。”该耕地所在地税务机关于2016年7—9月向Z公司送达了《税务事项通知书》，通知其缴纳耕地占用税，未果。税务机关遂启动强制执行程序，并于2017年4月送达了《强制执行催告书》，于2017年7月送达了《税收

强制执行决定书（扣缴税收款项适用）》，同月，税务机关从Z公司银行存款账户扣缴了2 325 763.77元税款及滞纳金。Z公司对该强制执行程序产生疑问，提起行政诉讼。

原审法院认为：《中华人民共和国耕地占用税暂行条例》第三条规定，“占用耕地建房或者从事非农业建设的单位或者个人，为耕地占用税的纳税人，应当依照本条例规定缴纳耕地占用税。”第十二条规定，“耕地占用税由地方税务机关负责征收。”根据《中华人民共和国税收征收管理法》第三十二条规定，“纳税人未按照规定期限缴纳税款的，扣缴义务人未按照规定期限解缴税款的，税务机关除责令限期缴纳外，从滞纳税款之日起，按日加收滞纳税款万分之五的滞纳金。”Z公司租用某村委会土地，作为高速公路路面水稳及沥青施工拌合场用地，税务机关具有在本辖区范围内征收耕地占用税的法定职权。Z公司作为耕地占用税的纳税人，具有缴纳耕地占用税的义务，税务机关依照法定程序，向Z公司送达了税务事项通知书、强制执行催告书及强制执行决定书等税务文书，对Z公司作出《税收强制执行决定书》并扣划Z公司税款及滞纳金2 325 763.77元的行政行为，符合法定程序、适用法律法规正确，予以支持。Z公司请求税收滞纳金的征收应适用《中华人民共和国行政强制法》的诉求和要求撤销《税收强制执行决定书》并退回扣缴税款及滞纳金合计2 325 763.77元、赔偿利息损失33 724元的诉求，于法无据，不予支持。原审法院依据《中华人民共和国行政诉讼法》第六十九条之规定，判决驳回Z公司的诉讼请求。

Z公司仍不服，提出上诉。

【裁判结果】

二审法院审理查明，2016年7月，税务机关作出《税务事项通知书》，要求Z公司接到通知之日起3日内就其使用的49.4亩土地按基本农田申报耕地占用税。2016年8月，税务机关作出《税务事项通知书》，核定Z公司应申报的耕地占用税为1 086 805.5元，要求该公司接到通知之日起7日内缴纳税款及税收滞纳金。2016年9月，税务机关又作出《税务事项通知书》要求Z公司于2016年9月17日前缴纳耕地占用税1 086 805.5元，并于税款滞纳之日起至缴纳之日止，按日加收滞纳税款万分之五的滞纳金，与税款一并缴纳。上述通知书均告知了Z公司救济方式及期限，Z公司收到通知书后未提起行政复议和行政诉讼。

2017年4月，税务机关作出《强制执行催告书》，内容为："Z公司……但你单位在规定的期限内仍未缴清耕地占用税1 086 805.5元，根据《中华人民共和国行政强制法》第三十五条之规定，现依法向你单位催告，请你单位自收到本催告书次日起5日内到税务机关××税务所缴纳，税款从滞纳之日起至缴纳之日止每日万分之五的滞纳金一并缴纳。逾期仍未履行义务的，我局将根据《中华人民共和国税收征收管理法》第四十条和《中华人民共和国行政强制法》第四十六条规定强制执行。根据《中华人民共和国行政强制法》第三十六条之规定，你单位收到催告书后有权进行陈述和申辩。请你单位在收到催告书次日起3日内提出陈述和申辩，逾期不陈述、申辩的视为放弃陈述和申辩的权利"。该催告书通过邮寄的方式送达Z公司，该公司于收到后未提出陈述和申辩。2017年7月，税务机关作出《税收强制执行决定书（扣缴税收款项适用）》，内容为："……决定从2017年7月26日起从你单位在的存款账户中扣缴以下款项，缴入国库：税款1 086 805.5元，滞纳金1 238 958.27元，合计2 325 763.77元。如对本决定不服，可自收到本决定之日起六十日内依法向……申请行政复议，或者自收到本决定之日起六个月内依法向人民法院起诉。"税务机关于2017年7月26日向Z公司邮寄了该强制执行决定书，并于同日从银行划扣了2 325 763.77元。

根据上诉事实和上诉人Z公司、被上诉人税务机关的相关意见，二审法院总结了3个争议点并予以说明：

一、关于本案被诉行政强制执行行为是否具有事实根据问题

本案的被诉行政行为系行政强制执行行为，是行为机关对不履行行政决定的公民、法人或者其他组织依法强制履行义务的行政行为。在此类案件中，被强制执行的行政决定是否合法，不属司法审查范围。法院对被强制执行的行政决定的审查仅止于判定其是否属无效行政决定，如果被强制执行的行政决定无效，则被诉行政强制行为缺乏事实根据；如果被强制执行的行政决定有效，则被诉强制行为具有事实根据。根据《中华人民共和国行政诉讼法》第七十五条和《最高人民法院关于适用〈中华人民共和国行政诉讼法〉的解释》第九十九条规定，只有行政决定具有下列情形之一时，才能被认定为无效：一是实施主体不具有行政主体资格，二是减损权利或者增加义务的行政决定没有法律规范依据，三是行政决定的内容客观上不可能实施，四是具有其他重大且明显违法的情形。本案中，被诉行政强制决定执行的是税务机关作出的《税务事项通知书》，该通知书显然并不具有应被认定为无效的情形，税务机关作出的本案被诉强制执行行为具有事实根据。Z公司上诉称税务机关作出的相关税务征收决定违法，不应被执行的上诉理由不能成立。

二、关于本案被诉行政强制执行行为是否超过法律规定的必要限度问题

《中华人民共和国行政强制法》第四十五条规定："行政机关依法作出金钱给付义务的行政决定，当事人逾期不履行的，行政机关可以依法加处罚款或者滞纳金。加处罚款或者滞纳金的标准应当告知当事人。加处罚款或者滞纳金的数额不得超出金钱给付义务的数额。"该加处滞纳金是行政机关对不履行行政决定的当事人采取的惩罚性强制执行手段，滞纳金是行政决定之外另行确定的，其数额不得超过行政决定确定的数额。而本案中，税务机关作出的〔2016〕09001号《税务事项通知书》确定Z公司应缴纳的款项包含两项：其一是耕地占用税1 086 805.5元；其二是税款滞纳金，数额是从税款滞纳之日起至缴纳之日止按日加收滞纳税款的万分

之五。该税款滞纳金是被执行的行政决定确定的内容，并不是执行阶段另行采取的惩罚性强制执行手段，不受《中华人民共和国行政强制法》第四十五条规定的限制。Z公司认为税务机关执行的滞纳金超过税款本金数额，违反了《中华人民共和国行政强制执行法》第四十五条规定的上诉理由不能成立。

三、关于本案被诉行政强制执行行为程序是否合法问题

《中华人民共和国行政强制法》第三十五条至第三十八条和第四十条等规定了金钱给付义务的强制执行程序，规定：对不履行行政决定的，行政机关应当以书面的方式对当事人进行催告，催告过程中要充分保障当事人的陈述和申辩权。经催告仍不履行的，行政机关应当作出强制执行决定并予以执行。本案中，Z公司收到税务机关作出的〔2016〕09001号《税务事项通知书》后，超过六个月没有履行，也没有申请行政复议或提起行政诉讼。税务机关向Z公司作出催告书，明确告知拟执行的理由和依据，并告知其依法享有的陈述和申辩权。在Z公司逾期仍不履行行政决定的情况下，税务机关作出行政强制决定书，对税款和滞纳金进行了划扣。上述强制执行程序符合法律规定。但需要指出的是，《中华人民共和国行政强制法》第三十五条和第三十七条对催告书和强制执行决定书应载明的内容做了明确规定，催告书应载明四项基本内容，包括履行义务的期限，履行义务的方式，金钱给付的金额和给付方式，当事人依法享有的陈述和申辩权；强制执行决定书应载明五项基本内容，包括当事人的名称和地址，强制执行的理由和依据，强制执行的方式和时间，申请行政复议或者提起行政诉讼的途径和期限，行政机关的名称、印章和日期。税务机关在催告书中详细写明了强制执行的理由和依据，但在强制执行决定书中没有写明，强制执行决定书的内容存在欠缺。根据《中华人民共和国行政强制法》第三十八条规定："催告书、行政强制执行决定书应当直接送达当事人。当事人拒绝接收或者无法直接送达当事人的，应当依照《中华人民共和国民

事诉讼法》的有关规定送达。”税务机关作出催告书和强制执行决定书后没有直接送达，而是采取邮寄的方式送达Z公司，送达方式不当。但鉴于行政强制执行行为是由催告书的作出及送达、强制执行决定书的作出及送达、强制执行措施的实施三个阶段共同组成，税务机关在作出本案被诉行政强制执行行为中，告知了Z公司执行的理由和依据，保障了Z公司享有的知情权、陈述和申辩权，对Z公司重要的程序性权利未造成损害，Z公司以被诉强制执行程序违法为由要求撤销的上诉理由不能成立。

综上所述，税务机关作出的本案被诉行政强制执行行为所执行的内容没有超出生效行政决定确定的范围和法律规定的必要限度，执行程序虽有瑕疵，但对Z公司的合法权益并未产生损害，Z公司主张的行政赔偿请求没有事实根据和法律依据。适用法律正确，应予维持。Z公司的上诉理由不能成立，其上诉请求本院不予支持。依照《中华人民共和国行政诉讼法》第八十九条第一款第（一）项之规定，判决如下：驳回上诉，维持原判。

【税案评析】

本案的裁判结论，体现了司法机关对于税务执法部门适用《行政强制法》和《税收征收管理法》执行税务行政强制执行程序中三个重要问题的意见，特别是第二个滞纳金问题，令人瞩目。

第一个问题是：税务行政强制执行行为的法律依据当然是《行政强制法》和《税收征收管理法》，但事实依据是什么？是生效的行政决定还是行政决定所依据的涉税事实？本案的裁判结论明确指出——只有行政决定具有下列情形之一时，才能被认定为无效：一是实施主体不具有行政主体资格，二是减损权利或者增加义务的行政决定没有法律规范依据，三是行政决定的内容客观上不可能实施，四是具有其他重大且明显违法的情形。本案中，被诉行政强制决定执行的是税务机关作出的《税务事项通知书》，该通知书显然并不具有应被认定为无效的情形，税务机关作出的本案被诉强制执行行为具有事实根据。换言之，如果行政相对人只是对行政强制措施产生争议，司法机关就只审查行政强制措施本身的合法性和合理性，而不审查行政主体实施行政强制措施所依据的已经作出的行政行为的合理性和合法性。

有一种意见认为本案中的《税务事项通知书》不能作为税务机关征税行为的行政决定，应当出具《税务处理决定书》。但是这种意见是缺乏法律依据的。《税收征收管理法实施细则》第一百零七条只是列举了《税务事项通知书》属于税务文书的一种，没有限制其不能作为征税决定；实务中《税务事项通知书》和《税务处理决定书》都可以作为征税决定的文书，只是前者由纳税人的主管税务机关发出，后者通常由税务稽查部门根据检查和审理结果发出。当税务事项通知书通知内容属于行政指导，不影响纳税人权利义务时，纳税人通常不享有法律救济权利；但当税务事项通知书影响纳税人权利义务时，纳税人通常享有法律救济权利。但本案中的Z公司收到《税务事项通知书》后在限期内没有行使救济权，因此，该通知书是已经生效的，且具有行政决定的性质，属于征税行为，这一点当无疑义。

本案的第三个问题源自纳税人认为税务行政强制执行程序存在瑕疵的意见。而且二审法院认为这种瑕疵确实存在　税务机关作出催告书和强制执行决定书后没有直接送达，而是采取邮寄的方式送达Z公司，送达方式不当。但法院也强调这一瑕疵不构成对Z公司重要程序性权利的损害；更重要的是，虽然《中华人民共和国行政强制法》第三十八条对送达方式做了规定，但该法的“法律责任”一章中，我们找不到关于违反第三十八条的送达方式将对行政强制执行行为本身的合法性产生何种影响的条文。因此，即使送达方式有瑕疵，法院直接认定执行行为本身不合法也是没有法律依据的。

我们应重点关注的是第二个问题——税款滞纳金能否超过本金？自从

《行政强制法》生效后，这个问题就是困扰征纳双方的一个难题。因为设立税收滞纳金的《税收征收管理法》并无规定，在征收实践中税收征管系统自动计算滞纳金是无限期加收的，税款滞纳金可以超过本金。这一判断在《行政强制法》颁布之前没有受到任何质疑。

关于税款滞纳金的性质，有几种不同意见，第一种认为：税款滞纳金是对不按时履行纳税义务的纳税人施加的一种加重给付义务，属于间接行政强制措施汇总的执行罚，即是促使当事人履行应当履行尚未履行的行政法义务的手段，同时也是对税务机关启动强制执行程序的一种补偿；第二种认为：税款滞纳金兼具经济补偿（利息性质）和执行罚的两重属性。其实税款滞纳金需要分成两个阶段看待——在税务机关作出征税行为之前，纳税人由于故意（如偷税、骗税）和过失（如计算错误）而导致少缴、晚缴税款产生的滞纳金是不能确定的，根本不存在“应履行而未履行”的问题或启动强制执行的问题，所以滞纳金属于经济补偿；但税务机关作出征税行为决定（税务处理决定、税务事项通知、催缴税款通知等）后，纳税人应履行而不履行的税款滞纳金就具有执行罚的特点。

现在有一种非常流行的观点认为，税款滞纳金不应超过本金，理由是《行政强制法》第四十五条规定：“加处罚款或者滞纳金的数额不得超出金钱给付义务的数额”，而税款的滞纳金属于滞纳金的一种，当然也要受到行政强制法的调整。因此，纳税人未按照规定期限缴纳税款不论滞纳多长时间，滞纳金最多只能达到本金的1倍，是有“封顶”的。这种观点理所当然受到很多人，特别是因为滞纳日期漫长（长期欠税或者被税务机关发现多年前的应补税款事项的），征管系统自动计算的滞纳金超出本金的纳税人欢迎，甚至出现了不少支持这一判断的司法裁判案例。但实际上《行政强制法》第四十五条对税收滞纳金的适用要受到很大限制，绝不是无条件的“不得超过本金”。一项法律规则，应当由假定条件、行为模式和后果三部分组成，“滞纳金不得超过本金”指的是后果，但是这个结论只有在满足特定的假定条件时才有效。《行政强制法》第四十五条的全文是："行政机关依法作出金钱给付义务的行政决定，当事人逾期不履行的，行政机关可以依法加处罚款或者滞纳金……加处罚款或者滞纳金的数额不得超出金钱给付义务的数额。"可见，"不得超过本金"的税款滞纳金的前提条件，是税务机关已经作出了税务处理决定，但当事人逾期不履行。而税款滞纳金除了这种情形以外，还包括纳税人因为过错，包括故意（如偷税、骗税）和过失（如计算错误）而导致少缴、晚缴税款产生的滞纳金。在税务机关作出处理决定之前，此项滞纳金就已经存在了。征税决定尚未作出，当事人何来"逾期不履行"？因此征税决定作出之前的税款滞纳金不符合《行政强制法》第四十五条规定的前提，当然不受"不得超过金钱给付义务"的限制。此外，从税款滞纳金的属性来看，其加收率为每日万分之五，以一年为365日为条件换算为年利率达18.25%，而2001年《税收征收管理法》公布以来，中国人民银行发布的一年期贷款基准利率最高只达到7.47%，仅相当于滞纳金加收率的41%，当然具有惩罚的性质。但税款滞纳金产生的原因是纳税人少缴或推迟缴纳应缴税款，因此，也具有利息的属性。如果限定在税务处理决定之前产生的滞纳金"不得超过金钱给付义务"，则长期欠缴税款的滞纳金超过了税款本金，欠缴越久反而在经济上越合算（欠税人可以将占用国家税款的资金用作其他用途），这个结论显然是荒谬的。

另外，我们还可以用"举轻明重"的办法论证税款滞纳金超过本金的合理性：在反避税调查过程中，查补税款要加收利息，这个利息是没有上限的；而需要补交滞纳金的违法事实至少不会比反避税指向的法律事实恶性小，反而有上限（不超过税款本金）明显是不合理的。

因此，"不得超过金钱给付义务"的滞纳金仅适用于税务机关下达税务处理决定后，当事人逾期不履行产生的滞纳义务；对于纳税人因过错而造成少缴、晚缴税款但税务机关尚未下达处理决定这一期间形成的滞纳金，不适用《行政强制法》第四十五条的规定。正如本案二审法院明确指出：该税款滞纳金是被执行的行政决定确定的内容，并不是执行阶段另行采取的惩罚性强制执行手段，不受《中华人民共和国行政强制法》第四十五条规定的限制。国家税务总局12366针对这一问题的回复与上述结论一致：税收滞纳金本质上是税收征收行为，《税收征收管理法》中的罚款是行政处罚行为，两者均不是《行政强制法》所规定的“加处罚款或滞纳金”行为，不适用《行政强制法》，因此，两者均可以超过欠缴税款的金额。

例如，A企业在申报所属期为2008年的企业所得税时采取偷税手段少缴纳税款100万元，则从2009年6月1日起计算滞纳金，如果税务机关发现A企业的偷税行为并在2015年5月16日向A企业送达了《税务处理决定书》，A企业在送达之日起15日内未缴纳，经计算A企业在逾期不履行税务处理决定之前的税款滞纳天数为2 190日，应缴滞纳金=100×0.05%×2 190=109.5万元，超过税款本数，但是A企业不得以《行政强制法》第四十五条作为抗辩理由。

如果税务处理决定作出后，A企业迟至2020年12月31日才缴纳了税款，则从2015年6月1日起计算逾期不履行税务处理决定的滞纳金，经计算滞纳天数为2 040日，应缴滞纳金=100×0.05%×2 040=102万元，超过税款本数，则A企业可以依照《行政强制法》第四十五条抗辩，要求逾期不履行税务处理决定的滞纳金不超过税款本数，即100万元。

【政策法规链接】

《税收征收管理法》第三十二条：“纳税人未按照规定期限缴纳税款的，扣缴义务人未按照规定期限解缴税款的，税务机关除责令限期缴纳外，从滞纳税款之日起，按日加收滞纳税款万分之五的滞纳金。”第三十七条：“对未按照规定办理税务登记的从事生产、经营的纳税人以及临时从事经营的纳税人，由税务机关核定其应纳税额，责令缴纳；不缴纳的，税务机关可以扣押其价值相当于应纳税款的商品、货物；扣押后缴纳应纳税款的，税务机关必须立即解除扣押，并归还所扣押的商品、货物；扣押后仍不缴纳应纳税款的，经县以上税务局（分局）局长批准，依法拍卖或者变卖所扣押的商品、货物，以拍卖或者变卖所得抵缴税款。”第四十条：“从事生产、经营的纳税人、扣缴义务人未按照规定的期限缴纳或者解缴税款，纳税担保人未按照规定的期限缴纳所担保的税款，由税务机关责令限期缴纳，逾期仍未缴纳的，经县以上税务局（分局）局长批准，税务机关可以采取下列强制执行措施：

（一）书面通知其开户银行或者其他金融机构从其存款中扣缴税款……税务机关采取强制执行措施时，对前款所列纳税人、扣缴义务人、纳税担保人未缴纳的滞纳金同时强制执行。”

《行政强制法》第三十一条：“依照法律规定冻结存款、汇款的，作出决定的行政机关应当在三日内向当事人交付冻结决定书。冻结决定书应当载明下列事项：

（一）当事人的姓名或者名称、地址；

（二）冻结的理由、依据和期限；

（三）冻结的账号和数额；

（四）申请行政复议或者提起行政诉讼的途径和期限；

（五）行政机关的名称、印章和日期。”

《行政强制法》第三十五条：“行政机关作出强制执行决定前，应当事先催告当事人履行义务。催告应当以书面形式作出，并载明下列事项：

（一）履行义务的期限；

（二）履行义务的方式；

（三）涉及金钱给付的，应当有明确的金额和给付方式；

（四）当事人依法享有的陈述权和申辩权。”

《行政强制法》第三十七条：“经催告，当事人逾期仍不履行行政决定，且无正当理由的，行政机关可以作出强制执行决定。强制执行决定应当以书面形式作出，并载明下列事项：（一）当事人的姓名或者名称、地址；（二）强制执行的理由和依据；（三）强制执行的方式和时间；（四）申请行政复议或者提起行政诉讼的途径和期限；（五）行政机关的名称、印章和日期。”

《行政强制法》第四十五条：“行政机关依法作出金钱给付义务的行政决定，当事人逾期不履行的，行政机关可以依法加处罚款或者滞纳金。加处罚款或者滞纳金的标准应当告知当事人。加处罚款或者滞纳金的数额不得超出金钱给付义务的数额。”

24. 税收保全

——前提与边界

【基本案情】

2014年12月31日至2015年2月4日期间，某税务稽查局对S公司（以下简称“S公司”）2007年12月1日至2014年12月31日的纳税情况进行检查，于2015年3月25日作出《税务处理决定书》。但S公司不服而申请行政复议，2015年7月15日，税务局作出《行政复议决定书》，撤销原《税务处理决定书》，并责令稽查局在收到复议决定书之日起60日内重新作出具体行政行为。

2015年8月，稽查人员前往S公司工商注册经营地进行检查，发现该注册经营地点已另行出租他人从事茶艺、棋牌服务，结合2015年2月26日S公司实际经营人毛某出具的“关于毛某于2013年3月1日后不再对公司实际经营，公司由股东储某实际经营”情况说明，2015年2月28日S公司法定代表人董某出具的“关于董某本人从未参与公司经营”情况说明，以及2015年8月1日公安机关对储某的刑事拘留证，税务稽查局认定S公司既无经营场地，又无可执行财产，存有明显的转移、隐匿其应纳税的商品、货物以及其他财产或者应纳税收入的迹象。

2015年8月28日，经稽查人员申请，税务局局长批准，税务稽查局作出《冻结存款决定书》，决定从2015年8月28日起冻结S公司存款730 000元。同日，税务稽查局向银行送达该决定书，并制作现场笔录，对S公司账户资金实施冻结。同日，税务稽查局向S公司送达该决定书。2015年9月9日，税务稽查局作出新的《税务处理决定书》，责令S公司限期缴纳企业所得税384 526.82元，从滞纳税款之日起按日加收滞纳税款万分之五的滞纳金。S公司于2015年10月12日变更注册住所地和法定代表人。

同年11月2日，税务稽查局作出《税收强制执行决定书》，扣缴S公司在银行的存款600 848.94元以缴纳税款、滞纳金。S公司不服税务部门2015年9月作出的《税务处理决定书》，于2015年12月1日申请行政复议。复议机关维持了《税务处理决定书》。S公司不服而提起行政诉讼。

【裁判结果】

一审法院认为，《中华人民共和国税收征收管理法》第十四条、第五十五条与《中华人民共和国税收征收管理法实施细则》第九条规定，按照国务院规定设立的并向社会公告的税务机构，是指省以下税务局的稽查局。稽查局专司偷税、逃避追缴欠税、骗税、抗税案件的查处，同时，按照规定的批准权限有权采取税收保全措施或者强制执行措施。税务稽查局依法具有对辖区内涉税违法行为进行查处和采取税收保全措施的职权。

根据《中华人民共和国税收征收管理法》第五十五条规定，税务机关对从事生产、经营的纳税人以前纳税期的纳税情况依法进行税务检查时，发现纳税人有逃避纳税义务行为，并有明显的转移、隐匿其应纳税的商品、货物以及其他财产或者应纳税的收入的迹象的，可以按照该法规定的批准权限采取税收保全措施或者强制执行措施。本案税务稽查局提交的证据表明，对S公司进行税务检查期间，S公司状况为：（1）工商注册经营地点出租给他人经营其他业务；（2）S公司法定代表人董某不参与实际经营，实际控制人储某已被公安机关刑事拘留。税务稽查局据此认定S公司有逃避纳税义务行为，并有明显的转移、隐匿其应纳税的商品、货物以及其他财产或者应纳税的收入的迹象，证据充分。

根据《税务稽查工作规程》第三十五条的规定，及《中华人民共和国税收征收管理法实施细则》第一百零一条、第一百零三条的规定，稽查局对纳税人以前纳税期的税款采取税收保全措施，应经所属税务局局长批准，采取税收保全措施时，应向纳税人送达《税收保全措施决定书》，告知其采取税收保全措施的内容、理由、依据，并依法告知其申请行政复议和提起行政诉讼的权利，采取冻结纳税人在开户银行的存款措施时，应向该开户银行送达《冻结存款通知书》，冻结其相当于应纳税款的存款。税务机关送达法律文书，应当直接送交受送达人。受送达人是法人的，应当由法人的法定代表人或者该法人的财务负责人、负责收件的人签收。受送达人或者其他签收人拒绝签收税务文书的，送达人在送达回证上记明拒收理由和日期，并由送达人和见证人签名或者盖章，将税务文书留在受送达人处，即视为送达。本案中，税务稽查局作出的涉案税收保全措施，由所属税务局局长批准，向S公司送达《冻结存款决定书》时，S公司法定代表人董某拒绝签收，送达回证上注明见证人及稽查人员的签字，该批准及送达行为符合上述法律规定。《冻结存款决定书》中虽未告知S公司申请行政复议或者提起行政诉讼的权利，但S公司应补缴税款的事实存在，鉴于S公司已经对该税收保全措施提起本案行政诉讼，故该瑕疵并未对有关的救济权利造成实质影响。

综上所述，涉诉税收保全措施决定事实清楚，证据充分，适用法律正确，文书中虽然存在瑕疵，但税务稽查局采取税收保全措施既是其法定职责，也是为保障国家税款及时、足额入库所采取的必要措施，也未对S公司的权利产生实质影响，故税务稽查局的行政行为合法。S公司主张赔偿的诉求，法院不予支持。依照《中华人民共和国行政诉讼法》第六十九条、《中华人民共和国国家赔偿法》第三十六条的规定，判决：驳回S公司的诉讼请求。

宣判后，S公司不服，提起上诉称：一、在执法和司法领域，没有瑕疵的概念，只有“依法”与“违法”的概念。一审法院认定税务稽查局执法上的“瑕疵”，从行政执法的角度看，就是违法。二、税务稽查局依据《中华人民共和国税收征收管理法》的规定，对S公司实行税收保全，冻结S公司的银行账户，其性质属于《中华人民共和国行政强制法》规范的行政强制措施，根据《中华人民共和国行政强制法》第十八条第（五）项的规定，税务稽查局对S公司实施的行政强制措施违反了该条的规定。三、根据《中华人民共和国行政诉讼法》第七十四条第一款第（二）项的规定，一审法院判决错误。请求撤销一审判决，并改判确认税务稽查局冻结S公司银行账户的税收保全决定违法。

二审法院以和一审法院相同的审理意见支持了一审法院的裁判结果，驳回上诉。

【税案评析】

税收保全是税务机关在纳税期和责令缴纳应纳税款的限期届满之前作出的，可能对行政相对人权益产生重大影响的行政强制措施（如果纳税期和责令缴纳应纳税款的限期届满，纳税人又没有缴纳应纳税款的，税务机关可以按规定采取强制执行措施），因此，税法对税收保全设定了严格的前置条件：

一、由税务机关认定的确定金额的纳税义务，包括三种情况

1. 纳税人已申报但尚未缴纳而形成未逾期欠税（客观事实）；

2. 税务机关认定纳税人存在少缴税款（税务机关主观认定）；

3. 税务机关认定纳税人存在少缴税款的危险（税务机关主观认定）。

在后两种情况，“税务机关认定”的时点可以先于作出征税行为处理文书的时点；纳税人是否质疑、陈述或申辩，不影响该条件成立。

二、按照《税收征收管理法》第三十八条规定，税务机关有根据认为从事生产、经营的纳税人有逃避纳税义务行为，这是税务机关行使税收保全措施的最重要前提。“有根据认为”的判断依据是指税务机关取得的证据或线索（线索是否属实在所不论）。因为税收保全是针对纳税人即将转移、隐匿应税的商品、货物或其他财产的紧急情况下采取的一种紧急处理措施。不可能等到事实全部查清，取得充分的证据以后再采取行动，否则，纳税人早已将其收入和财产转移或隐匿完毕，到时再想采取税收保全措施就晚了，所以对证明标准适当放宽，容许先作出保全行为再采集相关证据。关于这一点，详细论述见下文。

三、税务机关履行了《税收征收管理法》第三十八条规定的前置程序，包括：

1. 责令限期缴纳应纳税款；

2. 责成提供纳税担保；

3. 报县以上税务局（分局）局长批准。

在某些特殊情况下，由于时间紧迫，为避免纳税人在察觉危险之后立即转移和隐匿财产，税务部门通常不得不越过前置程序第（1）项、第（2）项而直接执行税收保全。因此，《税收征收管理法》第五十五条规定，

"税务机关对从事生产、经营的纳税人以前纳税期的纳税情况依法进行税务检查时，发现纳税人有逃避纳税义务行为，并有明显的转移、隐匿其应纳税的商品、货物以及其他财产或者应纳税的收入的迹象的，可以按照本法规定的批准权限采取税收保全措施或者强制执行措施。"这一规则豁免了税务机关履行前置程序第（1）项、第（2）项的义务，但是要求必须是在税务检查中才能越过。因此，税务机关既要作出税收保全措施又希望绕过前置程序第（1）项、第（2）项以防纳税人在得知消息后转移、隐匿财产，通常会采用稽查立案，之后在税务检查中采取的方式进行。

根据《税收征收管理法》第五十五条，《税务稽查工作规程》第三十四条明确："（稽查部门）检查从事生产、经营的纳税人以前纳税期的纳税情况时，发现纳税人有逃避纳税义务行为，并有明显的转移、隐匿其应纳税的商品、货物以及其他财产或者应纳税收入迹象的，经所属税务局局长批准，可以依法采取税收保全措施。"该规定并没有要求稽查部门履行《税收征收管理法》第三十八条规定的上述第（3）项前置程序。事实上税务稽查在检查环节，特别是采用不事先通知行政相对人的突击检查方式中，不履行前置程序第（1）项、第（2）项而使用税收保全措施是经常发生的。

本案中双方争议的焦点是：税务机关是否有根据认为从事生产、经营的纳税人有逃避纳税义务行为？本案税务稽查局提交的证据表明，对S公司进行税务检查期间，S公司公司状况为：（1）工商注册经营地点出租给他人经营其他业务；（2）S公司法定代表人董某不参与实际经营，实际控制人储某已被公安机关刑事拘留。税务稽查局据此认定S公司有逃避纳税义务行为，并有明显的转移、隐匿其应纳税的商品、货物以及其他财产或者应纳税的收入的迹象是否妥当？

我们注意到《税收征收管理法》第三十八条规定中对"逃避纳税义务"的被修饰语是"行为"，而《税收征收管理法》第五十五条规定中

“明显的转移、隐匿其应纳税的商品、货物以及其他财产或者应纳税的收入”的被修饰语是“迹象”。“行为”是过去或现在发生的法律事实，而“迹象”说明它不是法律事实，因为它描述的是一种虚构的情况，将来可能发生，也可能不会发生，换言之，它只是一种“危险的可能性”。就本案而言，稽查部门提交的证据不可能说明S公司未来一定会有“转移、隐匿其应纳税的商品、货物以及其他财产或者应纳税的收入”的行为，但是这种危险是存在和增长的：（1）工商注册经营地点出租给他人经营其他业务，说明该场所很可能已经没有可供执行的财产和可以调查取证的对象，而且S公司随时有可能失去联系；（2）S公司法定代表人董某不参与实际经营，实际控制人储某已被公安机关刑事拘留，说明税务机关在S公司欠税的情况下难以追究董某、储某的连带责任。

要证明“(转移、隐匿财产或收入)这种可能性存在和增长”，税务机关可以采集行政相对人的决策人的直接转移、隐匿财产或收入的线索，如当事人表达了这种意图，或者准备实施这种行为，或者开始实施了部分行为。但是本案中税务机关没有这方面线索，稽查部门提交的证据没有一条能直接证明这种可能性是存在和增长。这就涉及税务机关的证明方式了——通过间接方式证明纳税人存在转移、隐匿财产或收入的危险。这种间接证明的逻辑起点是：行为主体将会选择它认为对自己经济利益最大化的方式行动，在收益为零的情况下，它会选择成本最小的行动方案。

具体到本案，S公司有两种选择：一是履行纳税义务，二是逃避履行确定的纳税义务而形成欠税，两种方案的概率之和是100%。

我们假设S公司选择方案一，它的成本为A（税款和滞纳金），A=欠税+按照欠缴天数计算的滞纳金，是可量化的，它的收益为零；如果S公司选择方案二，它的收益同样为零，它的成本为形成欠税导致企业经营活动受限、纳税信用评价降低，企业的法定代表人、实际控制人行动受限，税务机关发起强制执行将导致企业承担经济损失等。我们假定后一种情况下成本为B，B是不可量化的，但如果发生各种事件导致成本B下降，说明它选择方案二的可能性在增加，而两种方案的概率之和是100%，则它选择履行纳税义务的可能性在减少。站在稽查部门视角来看，危险由此而产生。

稽查部门采集了以下证据证明S公司选择逃避履行确定的纳税义务而形成欠税的成本B下降了，因此才决定采取保全措施，裁判结论支持了稽查部门举证的相关性：

1.脱离原生产经营地点（增加走逃失联风险和税务机关查找其下落发起强制执行的难度）；

2.法定代表人不参与实际经营也不接受税收执法文书（责任人切割与S公司的关系）；

3.实际控制人已经被刑事拘留（实际控制人已经丧失人身自由，不会因为纳税信用负面评价承担行动受限的成本）。

值得注意的是第3点，这不是S公司或S公司人员的主动行为，但税务机关判断是否存在纳税人转移、隐匿财产或收入的危险不是只以纳税人自己的行为作为线索，而是以和纳税人相关的全部法律事件作为线索，因为《税收征收管理法》第五十五条用的被修饰语不是“行为”而是“迹象”——即使S公司或S公司的人员没有表现出具体行为，但外部条件使得他们选择逃避纳税义务变得更加合算了，而税务机关作为“零和博弈”的相对方当然就更加危险了。

我们还可以进一步探讨两个关于税收保全边界的问题。第一个问题是，税务机关采取保全措施是否只能冻结行政相对人的存款？行政相对人的投资人、股东是否会受到波及？《税收征收管理法实施细则》第七十二条规定：“税收征管法所称存款，包括独资企业投资人、合伙企业合伙人、个体工商户的储蓄存款以及股东资金账户中的资金等。”因此，税收保全的范围不但包括作为行政相对人的公司、合伙企业、个体工商户和独资企业对公银行账户，也包括独资企业投资人、合伙企业合伙人和公司股东的账户。其中独资企业投资人、合伙企业普通合伙人需要对企业的债务承担无限连带责任，而合伙企业有限合伙人和公司股东只承担有限责任，因此，冻结的额度和未来强制执行的额度可能会有差异。当然，如果公司股东恶意侵害作为公司债权人的税务机关利益（如采用个人账户收款的账外循环方式逃税），则另当别论，这方面的案例可以参考本书中第12号案例“已注销企业的税收责任和涉税性质处罚责任的归结”。

关于税收保全边界的另一个问题是：税收保全的范围是否包括税款滞纳金？按照《税收征收管理法》第三十八条的规定，无论采取冻结、查封、扣押等何种保全措施，被保全财产的价值都以“相当于应纳税款”为限，因此，保全范围不应包括滞纳金，这是税收保全与税务强制执行的重大区别（《税收征收管理法》第四十条规定：“税务机关采取强制执行措施时，对前款所列纳税人、扣缴义务人、纳税担保人未缴纳的滞纳金同时强制执行”）。如果纳税人已缴纳税款，仅无资金缴纳滞纳金，则税务机关不应采取保全措施。这种情况下能否直接采取强制执行措施？根据《税收征收管理法》第四十条的规定，纳税人未按照规定的期限缴纳或者解缴税款，纳税担保人未按照规定的期限缴纳所担保的税款，由税务机关责令限期缴纳，逾期仍未缴纳的，经县以上税务局（分局）局长批准，税务机关可以采取强制执行措施。该规定说明税收强制执行措施启动的前提是纳税人未按照规定的期限缴纳或者解缴税款，如果企业已缴纳税款，仅未缴纳滞纳金，不符合税收强制执行的前提条件。

【政策法规链接】

《税收征收管理法》第三十八条：“税务机关有根据认为从事生产、经营的纳税人有逃避纳税义务行为的，可以在规定的纳税期之前，责令限期缴纳应纳税款；在限期内发现纳税人有明显的转移、隐匿其应纳税的商品、货物以及其他财产或者应纳税的收入的迹象的，税务机关可以责成纳税人提供纳税担保。如果纳税人不能提供纳税担保，经县以上税务局（分局）局长批准，税务机关可以采取下列税收保全措施：

（一）书面通知纳税人开户银行或者其他金融机构冻结纳税人的金额相当于应纳税款的存款；

（二）扣押、查封纳税人的价值相当于应纳税款的商品、货物或者其他财产。

纳税人在前款规定的限期内缴纳税款的，税务机关必须立即解除税收保全措施；限期期满仍未缴纳税款的，经县以上税务局（分局）局长批准，税务机关可以书面通知纳税人开户银行或者其他金融机构从其冻结的存款中扣缴税款，或者依法拍卖或者变卖所扣押、查封的商品、货物或者其他财产，以拍卖或者变卖所得抵缴税款。

个人及其所扶养家属维持生活必需的住房和用品，不在税收保全措施的范围之内。”

《税收征收管理法》第四十条：“从事生产、经营的纳税人、扣缴义务人未按照规定的期限缴纳或者解缴税款，纳税担保人未按照规定的期限缴纳所担保的税款，由税务机关责令限期缴纳，逾期仍未缴纳的，经县以上税务局（分局）局长批准，税务机关可以采取下列强制执行措施：（一）书面通知其开户银行或者其他金融机构从其存款中扣缴税款。”

《税收征收管理法》第四十二条：“税务机关采取税收保全措施和强制执行措施必须依照法定权限和法定程序，不得查封、扣押纳税人个人及其所扶养家属维持生活必需的住房和用品。”

《税收征收管理法》第四十三条：“税务机关滥用职权违法采取税收保全措施、强制执行措施，或者采取税收保全措施、强制执行措施不当，使纳税人、扣缴义务人或者纳税担保人的合法权益遭受损失的，应当依法承担赔偿责任。”

《税收征收管理法》第五十五条：“税务机关对从事生产、经营的纳税人以前纳税期的纳税情况依法进行税务检查时，发现纳税人有逃避纳税义务行为，并有明显的转移、隐匿其应纳税的商品、货物以及其他财产或者应纳税的收入的迹象的，可以按照本法规定的批准权限采取税收保全措施或者强制执行措施。”

《税收征收管理法实施细则》第六十三条：“税务机关执行扣押、查封商品、货物或者其他财产时，应当由两名以上税务人员执行，并通知被执行人。被执行人是自然人的，应当通知被执行人本人或者其成年家属到场；被执行人是法人或者其他组织的，应当通知其法定代表人或者主要负责人到场；拒不到场的，不影响执行。”第七十二条：“税收征管法所称存款，包括独资企业投资人、合伙企业合伙人、个体工商户的储蓄存款以及股东资金账户中的资金等。”第八十八条：“依照税收征管法第五十五条规定，税务机关采取税收保全措施的期限一般不得超过6个月；重大案件需要延长的，应当报国家税务总局批准。”

《行政强制法》第十八条：“行政机关实施行政强制措施应当遵守下列规定：（一）实施前须向行政机关负责人报告并经批准；（二）由两名以上行政执法人员实施；（三）出示执法身份证件；（四）通知当事人到场；（五）当场告知当事人采取行政强制措施的理由、依据以及当事人依法享有的权利、救济途径；（六）听取当事人的陈述和申辩；（七）制作现场笔录；（八）现场笔录由当事人和行政执法人员签名或者盖章，当事人拒绝的，在笔录中予以注明；（九）当事人不到场的，邀请见证人到场，由见证人和行政执法人员在现场笔录上签名或者盖章；（十）法律、法规规定的其他程序。”

25. 多缴税款退税，“税务机关发现”与“纳税人发现”有何区别？

【基本案情】

2016年2月，税务机关在工作中发现W公司的经营地、实际注册地及划归的纳税范围地不符，致使对W公司征收的税种与相关法律规定不一致。2016年3月，在税务机关征缴完W公司2016年2月房产税、城镇土地使用税后，税务机关对W公司停征了房产税、城镇土地使用税，减少了城市维护建设税的征收率（由原来的7%降至1%）。自2004年1月至2016年3月，税务机关向W公司征收房产税2 526 019.85元、城镇土地使用税5 771 121.44元、城市维护建设税2 076 862.20元（按1%计算，多征了1 780 167.60元），其中2004年征收房产税、城镇土地使用税，多征城市维护建设税合计342 001.55元，2005年合计379 711.83元，2006年合计374 240.44元，2007年合计1 171 951.64元，2008年合计985 940.45元，2009年合计890 905.32元，2010年合计895 537.05元，2011年合计923 557.01元，2012年合计1 004 208.64元，2013年合计1 023 691.94元，2014年合计957 490.48元，2015年合计916 343.94元，2016年合计211 728.60元。2019年3月，W公司向税务机关提出退税申请。2019年5月，W公司向税务机关递交了税务行政复议申请书，2019年7月，税务机关作出驳回行政复议申请决定书。W公司不服，于2019年7月提起行政诉讼。

原审法院认为，《中华人民共和国税收征收管理法》第五十一条规定：纳税人超过应纳税额缴纳的税款，税务机关发现后应当立即退还；纳税人自结算缴纳税款之日起三年内发现的，可以向税务机关要求退还多缴的税款并加算银行同期存款利息，税务机关及时查实后应当立即退还；涉及从国库中退库的，依照法律、行政法规有关国库管理的规定退还。本案W公司超过应纳税额缴纳的税款是税务机关在工作中发现的，税务机关发现后应当立即退还。税务机关主张W公司是在2019年3月12日以后向税务机关要求退税款，超过了三年的规定，因其未提供证据加以证明，故对税务机关的该项主张不予支持。税务机关在W公司申请退税后没有作出退税或者不予退税的决定，W公司在申请复议后提起诉讼，也未超过《中华人民共和国行政诉讼法》所规定的起诉期限。关于房产税、城镇土地使用税，《中华人民共和国税收征收管理法》第八十四条规定：违反法律、行政法规的规定，擅自作出税收的开征、停征或者减税、免税、退税、补税以及其他同税收法律、行政法规相抵触的决定的，除依照该法规定撤销其擅自作出的决定外，补征应征未征税款，退还不应征收而征收的税款，并由上级机关追究直接负责的主管人员和其他直接责任人员的行政责任；构成犯罪的，依法追究刑事责任。《中华人民共和国税收征收管理法实施细则》第三条规定：任何部门、单位和个人作出的与税收法律、行政法规相抵触的决定一律无效，税务机关不得执行，并应当向上级税务机关报告。本案W公司不符合《中华人民共和国房产税暂行条例》《中华人民共和国城镇土地使用税暂行条例》规定的纳税主体，故税务机关应当退还不应征收而征收的税款。关于W公司要求退税款利息的问题，《中华人民共和国税收征收管理法实施细则》第七十八条第三款规定：退税利息按照税务机关办理退税手续当天中国人民银行规定的活期存款利率计算。本案W公司要求税务机关给付利息的主张应予支持。因W公司缴纳税款多为按月缴纳，且因税率的调整使得每月纳税额不完全一致，结合本案二审法院酌定退税利息的计算以年度为计息周期为宜。据此，判决如下：税务机关于本判决发生法律效力后30日内，一次性退还2004年1月至2016年3月向W

公司征收的房产税2 526 019.85元、城镇土地使用税5 771 121.44元、多征的城市维护建设税1 780 167.60元。并从2005年1月1日起以342 001.55元为本金支付利息至退还之日止；从2006年1月1日起以379 711.83元为本金支付利息至退还之日止；从2007年1月1日起以374 240.44元为本金支付利息至退还之日止；从2008年1月1日起以1 171 951.64元为本金支付利息至退还之日止；从2009年1月1日起以985 940.45元为本金支付利息至退还之日止；从2010年1月1日起以890 905.32元为本金支付利息至退还之日止；从2011年1月1日起以895 537.05元为本金支付利息至退还之日止；从2012年1月1日起以923 557.01元为本金支付利息至退还之日止；从2013年1月1日起以1 004 208.64元为本金支付利息至退还之日止；从2014年1月1日起1 023 691.94元为本金支付利息至退还之日止；从2015年1月1日起以957 490.48元为本金支付利息至退还之日止；从2016年1月1日起以916 343.94元为本金支付利息至退还之日止；从2016年4月1日起以211 728.60元为本金支付利息至退还之日止，利率均按照税务机关办理退税手续当天中国人民银行规定的活期存款利率计算。

税务机关不服提出上诉称：

一、W公司在2016年停征房产税、城镇土地使用税，减征城市维护建设税时已经明确表示只要能够停征就行，不要求退税，W公司的行为违反了先前的承诺。

二、税务机关认为，一审认为“W公司超过应纳税额缴纳税款是税务机关在工作中发现的，税务机关发现后应当立即退还”的观点是存在错误的，一审判决税务机关退还税款也是错误的。首先，税务机关向W公司征收房产税、城镇土地使用税、城市维护建设税有明确的事实和文件依据，并不存在错误，没有退还的义务。其次，一审也未支持W公司要求确认对其征税违法的主张，以上事实已经证明税务机关对W公司征税是正确的，税务机关没有义务向W公司退还税款，一审认为税务机关发现后应当退还是存在错误的。最后，W公司登记的原注册地系应当缴纳房产税、城镇土地使用税的范围，2015年注册地才改为××村，故税务机关向W公司征收房产税、城镇土地使用税、城市维护建设税（7%的标准）并不存在错误。

三、本案系W公司起诉要求退还税款，根据《中华人民共和国税收征收管理法》第五十一条的规定应当适用三年诉讼时效，W公司目前的要求超过了诉讼时效，一审判决税务机关向W公司退还税款存在错误。首先税务机关一审时提供的证据《税务行政复议申请书》已经证明，W公司系2019年5月才向税务机关提出退税的，W公司要求退税的申请超过三年的期间，税务机关没有向W公司退还税款的义务，故一审认为税务机关未提供证据加以证明存在错误。其次，一审法律适用错误。本案系W公司起诉要求税务机关退还税款，应当适用三年的诉讼时效，一审以税务机关应当退税，来回避三年的诉讼时效明显系法律适用错误。最后，假使税务机关应当退还税款，一审判决的利息计算方式也明显错误。一审判决税务机关支付利息的依据系《中华人民共和国税收征收管理法实施细则》第七十八条第三款的规定，本案系W公司起诉要求退还税款，假使税务机关应当退还税款，利息也应当自起诉日计算，一审判决的利息计算时间存在错误。综上所述，税务机关认为，一审判决存在错误，恳请二审法院支持税务机关的上诉请求：（1）依法撤销一审判决。（2）依法改判驳回W公司的诉讼请求。

被上诉人W公司答辩称：

一、《中华人民共和国城镇土地使用税暂行条例》第二条规定，"在城市、县城、建制镇、工矿区范围内使用土地的单位和个人，为城镇土地使用税（以下简称土地使用税）的纳税人，应当依照本条例的规定缴纳土地使用税。"《中华人民共和国房产税暂行条例》第一条规定，"房产税在城市、县城、建制镇和工矿区征收。"由此可见，案涉房屋、土地不在城镇土地使用税和房产税的征收范围，答辩人根本不属于城镇土地使用税和房产税的纳税义务人。

二、税务机关提供的对答辩人征税所依据的文件全部是省及以下各级政府。依据《中华人民共和国城镇土地使用税暂行条例》第五条的授权，对辖区内土地使用税税额幅度、税额标准进行规范的文件，这些文件中没有任何条款对谁是城镇土地使用税的纳税义务人进行改变，因为没有这个权限。而税务机关更是提供不出征收房产税、城建税按7%的依据文件，由此可以确定税务机关的案涉征收行为适用法律依据错误，更是违反了下位法服从上位法的规定。税务机关不执行相关税收法律法规，反而去执行与税收法律、行政法规相抵触的文件，很明显是违法行政。税务机关在一审答辩及一审庭审过程中一再强调是其在工作过程中发现了对答辩人错征、多征了税款，并主动停止了错征、多征行为，现又辩称其之前的征收合法，明显自相矛盾。根据《中华人民共和国税收征收管理法》第五十一条规定的“纳税人超过应纳税额缴纳的税款，税务机关发现后应当立即退还”，退还答辩人超过应纳税额缴纳的税款，是税务机关的法定职责和应主动履行的法定义务。

三、关于答辩人要求退还税款是否超过诉讼时效（起诉期限）以及利息给付的问题。第一，根据《中华人民共和国税收征收管理法》第五十一条的规定，退还案涉答辩人超过应纳税额缴纳的税款，是税务机关的法定职责，即答辩人是要求税务机关履行退税的法定职责，根本就不存在“超过了诉讼时效”问题，而税务机关对《中华人民共和国税收征收管理法》五十一条的解释完全是断章取义，蓄意曲解。按照《行政诉讼法》第四十五条、第四十七条以及《行政诉讼法解释》第六十六条的规定更不存在超过诉讼时效（起诉期限）问题。第二，关于利息的问题，因《国家赔偿法》第三十六条以及《中华人民共和国税收征收管理法》第五十一条都有明确的法律规定，一审判决税务机关给付答辩人利息适用法律正确。综上所述，税务机关提出的上诉请求，没有事实和法律依据，请二审法院依法驳回上诉，维持原判。

【裁判结果】

二审法院认为，《中华人民共和国税收征收管理法》第五十一条规定：纳税人超过应纳税额缴纳的税款，税务机关发现后应当立即退还；纳税人自结算缴纳税款之日起三年内发现的，可以向税务机关要求退还多缴的税款并加算银行同期存款利息，税务机关及时查实后应当立即退还；涉及从国库中退库的，依照法律、行政法规有关国库管理的规定退还。故税务机关具有退还税款的法定行政职权。《中华人民共和国城镇土地使用税暂行条例》第二条规定：在城市、县城、建制镇、工矿区范围内使用土地的单位和个人，为城镇土地使用税的纳税人，应当依照该条例的规定缴纳土地使用税。《中华人民共和国房产税暂行条例》第一条规定：房产税在城市、县城、建制镇和工矿区征收。《中华人民共和国城市维护建设税暂行条例》第四条规定：城市维护建设税税率如下：纳税人所在地在市区的，税率为7%；纳税人所在地在县城、镇的，税率为5%；纳税人所在地不在市区、县城或镇的，税率为1%。本案中，W公司2003年下半年即整体搬入××乡××村经营，其不符合《中华人民共和国城镇土地使用税暂行条例》和《中华人民共和国房产税暂行条例》规定的纳税主体。《中华人民共和国税收征收管理法》第二十八条规定：税务机关依照法律、行政法规的规定征收税款，不得违反法律、行政法规的规定开征、停征、多征、少征、提前征收、延缓征收或者摊派税款。《中华人民共和国税收征收管理法》第三条规定：税收的开征、停征以及减税、免税、退税、补税，依照法律的规定执行；法律授权国务院规定的，依照国务院制定的行政法规的规定执行。任何机关、单位和个人不得违反法律、行政法规的规定，擅自作出税收开征、停征以及减税、免税、退税、补税和其他同税收法律、行政法规相抵触的决定。《中华人民共和国税收征收管理法》第八十四条规定：违反法律、行政法规的规定，擅自作出税收的开征、停征或者减税、免税、退税、补税以及其他同税收法律、行政法规相抵触的决定的，除依照该法规定撤销其擅自作出的决定外，补征应征未征税款，退还不应征收而征收的税款，并由上级机关追究直接负责的主管人员和其他直接责任人员的行政责任；构成犯罪的，依法追究刑事责任。《中华人民共和国税收征收管理法实施细则》第三条规定：任何部门、单位和个人作出的与税收法律、行政法规相抵触的决定一律无效，税务机关不得执行，并应当向上级税务机关报告。

本案中，税务机关在工作中发现多征收了W公司的房产税、城镇土地使用税、城市维护建设税，且税务机关征缴完W公司2016年2月1日至2016年2月29日房产税、城镇土地使用税后，于2016年3月14日主动对W公司停征了房产税、城镇土地使用税，并减少了城市维护建设税的征收率（由原来的7%降至1%）。《中华人民共和国税收征收管理法》第五十一条规定：纳税人超过应纳税额缴纳的税款，税务机关发现后应当立即退还；纳税人自结算缴纳税款之日起三年内发现的，可以向税务机关要求退还多缴的税款并加算银行同期存款利息，税务机关及时查实后应当立即退还；涉及从国库中退库的，依照法律、行政法规有关国库管理的规定退还。因为本案W公司超过应纳税额缴纳的税款是税务机关在工作中发现的，税务机关发现后应当立即退还，但是税务机关拒绝履职，不利于维护国家机关的公信力。结合本案其他证据，W公司提起本案诉讼，并未超过起诉期限。且《中华人民共和国税收征收管理法实施细则》第七十八条第三款规定：退税利息按照税务机关办理退税手续当天中国人民银行规定的活期存款利率计算。原审法院判决税务机关给付相关利息并酌定退税利息的计算以年度为计息周期，并无不当。税务机关的上诉理由均不成立，二审法院不予支持。综上所述，依据《中华人民共和国行政诉讼法》第八十九条第一款第（一）项的规定，判决如下：

驳回上诉，维持原判。

【税案评析】

税收实践中因征纳双方对涉税政策法规的错误理解和适用，纳税人多缴税款的现象屡见不鲜，一旦发现则必然涉及退税问题。但按照现行法律规定，发现纳税人多缴税款的主体不同，纳税人可以享受的退税待遇也有差异。本案就是一例企业和税务机关因对退税范围理解不同而发生争议的诉讼案件。

《中华人民共和国税收征收管理法》第五十一条规定："纳税人超过应纳税额缴纳的税款，税务机关发现后应当立即退还；纳税人自结算缴纳税款之日起三年内发现的，可以向税务机关要求退还多缴的税款并加算银行同期存款利息，税务机关及时查实后应当立即退还。"按照字面含义，本条可以做如下理解：

一、税务机关发现纳税人多缴税款的，应当立即退还，而不论其税款所属期限。本案的一审、二审法院就支持这种观点；

二、如果纳税人自结算缴纳税款之日起三年内发现了多缴税款，可以要求税务机关退还并加算银行同期存款利息。

对以上第二点解释，税企双方较容易达成共识，但如果纳税人发现的多缴税款超过三年期限，还可否向税务机关提出，税务机关有无义务退还呢？如果有，是否还应加算银行同期存款利息？

站在税务机关角度来看，从《税收征收管理法》第五十一条后半句的字面含义来看，可以认为纳税人发现的多缴税款只要超过三年期限就自动丧失申请退还的请求权。但这种观点有一个逻辑上的漏洞，就是造成了"税务机关发现"和"纳税人发现"两种情形下法律结果的不平等——前者对多缴税款必须"应退尽退"（因为《税收征收管理法》第五十一条并没有任何关于退税期限的规定，按照有利于行政相对人进行解释的原则，税务机关请求比照适用"纳税人发现"的三年期限的规定对司法机关是没有什么说服力的；后者则有三年期限限制，超过三年期限的多缴税款，税务机关无须承担退税责任。

如果这种观点可以成立，可以想见税务机关对纳税人超过三年期限的多缴税款将尽量避免自己发现，而是由纳税人去发现；甚至可能造成权力寻租——税务机关对多个存在超过三年期限多缴税款的纳税人可以厚此薄彼，对一部分纳税人通过“自己发现”实现退还全部税款，对另一部分纳税人则拒绝“自己发现”而不退税款。显而易见这是荒谬的结果。

另外，从申请退税到实际退税的实际行政流程来看，这种观点也是不可能成立的：即使申请人是纳税人，也需要由税务机关核实和确认是否存在多缴税款，在这个流程中税务机关必然会“发现”多缴税款才能办理退税，而不可能仅凭纳税人申请就退税。换言之，退还多缴税款必须以税务机关发现并确认为前提，这种情况下按《税收征收管理法》第五十一条前半句“税务机关发现后应当立即退还”的规则，退还多缴税款并不受三年期限的限制。这就意味着从“纳税人发现的多缴税款只要超过三年期限就自动丧失申请退还的请求权”这一观点出发，按照《税收征收管理法》第五十一条规定可以得出两个相互矛盾的结论——纳税人只要申请退税，税务机关就需要确认是否存在“多缴”，《税收征收管理法》没有规定如果纳税人申请退税超过三年，税务机关就有权不作出确认纳税人是否多缴税款的结论。可见这种观点不能逻辑自洽。本案中税务机关尝试以“纳税人提出申请退税，因此超过三年的税款不予退还”作为上诉理由是不能成立的。

对超过三年的多缴税款，只要纳税人申请，能够证明确实发生多缴，税务机关确认后也应当退还。本案的裁判结果也支持了纳税人的观点。但是退还的税款是否应当加算银行同期存款利息呢？按照《税收征收管理法》第五十一条规定来看，对于纳税人发现三年内多缴了税款，纳税人有权要求加算利息，但对另外三种情形多缴税款的利息则没有明确规定：

第二种情形：税务机关发现的纳税人三年内多缴税款的利息；

第三种情形：税务机关发现的纳税人超过三年多缴税款的利息；

第四种情形：纳税人发现的超过三年多缴税款的利息。

按照《税收征收管理法》第五十一条后半句的表述“可以向税务机关要求退还多缴的税款并加算银行同期存款利息”，我们可以认为：对纳税人发现的超过三年的多缴税款，纳税人无权要求加算利息（第四种情形）；但对于第二种和第三种情形，笔者认为因《税收征收管理法》第五十一条前半句并无规定，理论上税务机关退税时无须加算利息，但纳税人在得到退税通知之后，必然也会发现多缴税款，如果依据《税收征收管理法》第五十一条提出加算三年内多缴税款的利息，税务机关应当接受（第二种情形）；但超过三年期限的多缴税款利息，税务机关有权不接受（第三种情形）。

从本案的裁判结果来看，法院不但支持纳税人获得三年内多缴税款的利息，也支持了纳税人获得超过三年期限的多缴税款利息。笔者认为如果税务机关在上诉中提出不应承担超过三年多缴税款的利息并辅以论证，是有可能挽回这一结果的。

我们也可以更进一步思考，如果本案中税务机关不是在工作中发现了多征税款，而是纳税人先发现的，税务机关是否有权对超过三年的多征税款不予退税呢？关于这一问题可参考《范某荣与广东省××市地方税务局税务行政处理纠纷二审行政判决书》[案号：(2014)云中法行终字第14号]。笔者认为税务机关仍应退税，但无须对超过三年的多征税款承担利息。在该案中行政相对人在上诉状中提出的理由和笔者完全一致：

> 《中华人民共和国税收征收管理法》第五十一条第一款的规定是：“纳税人超过应纳税额缴纳的税款，税务机关发现后应当立即退还。”第二款的规定是：“纳税人自结算缴纳税款之日起三年内发现的，可

以向税务机关要求退还多缴的税款并加算银行同期存款利息，税务机关及时查实后应当立即退还。”首先，五十一条第一种情形和第二种情形的规定不是互相排斥的并列关系而是互相包含的递进关系，第一款是第二款的基础（退还多征收税款），第二款是第一款的特殊情况（三年内申请要加算利息）。也就是说如果当事人提出退税申请，并不会排斥税务机关“发现”这种情况，恰恰相反，当范某荣去申请退还多缴纳的税款时，向××市地方税务局提供了一些证据，××市地方税务局也发现了多征税款一事，经过核实后发现的确存在多征了601 299元税款的事实。如果纳税人的申请没有超过三年，则税务机关不仅要将多征收的税款退还，而且还要加算利息；如果退税申请超过了三年，则不符合第二款的条件，自然也就不能适用第二款的规定，而是应该适用第一款的规定，税务机关依然有义务将多征收的税款退还，只是纳税人无权要求加算利息而已。

税务机关提出的意见反对这种看法：

在具备主观依据的情形下，退税途径有：一种税务机关主动退税，前提必须是税务机关本身发现多征税款。这里所谓的“发现”，其词典定义是指经过研究、探索等看到或找到前人没有看到的事物或规律。从本案来看，××市地方税务局并不是在自身的税务核查中发现对范某荣多征税款，如果不是范某荣申请，××市地方税务局根本不可能知道范某荣多缴税款，故不符合税务机关自己发现并退税条件。至于范某荣认为其距结算缴纳税款之日已九年多后转交××市地方税务局的广东省高级人民法院终审判决书，只是其自身认为发现多缴税款的依据，不是××市地方税务局自身自行核查发现的依据，属于范某荣申请退税提出的证据材料，与“税务机关发现”是两码事。

另一种是纳税人申请退税，前提是纳税人自己发现多缴税款，自结算缴纳税款之日起三年内，可以向税务机关提出退还的申请。本案范某荣自结算缴纳税款之日起三年内并没有向××市地方税务局申请退还，故依法不具备上述申请退税条件。《中华人民共和国税收征收管理法》第五十一条规定的两种退税途径，是属于并列关系，而非递进关系。1.该法第五十一条条文明显以"；"号划分两种退税途径，一种是税务机关主动退税，另一种是纳税人申请退税。分号的基本定义主要表示并列关系的分句之间的停顿，起分清层次的作用。可见，该条规定的退税情形就是一种并列关系，而非范某荣说的递进关系，两种退税途径是互不关联的。2.根据立法的基本原理，如果超过三年后纳税人申请退税时提交的证据证明其多缴税款都可视为税务机关发现的话，那么三年期限的规定根本就属多此一举，没有任何意义，试问国家又怎会作出如此逻辑混乱儿戏的法条呢？可见，范某荣对该条法律的理解是完全错误的。

最终法院判决支持了税务机关对超过三年的多征税款不予退税的决定。

【政策法规链接】

《税收征收管理法》第五十一条："纳税人超过应纳税额缴纳的税款，税务机关发现后应当立即退还；纳税人自结算缴纳税款之日起三年内发现的，可以向税务机关要求退还多缴的税款并加算银行同期存款利息，税务机关及时查实后应当立即退还；涉及从国库中退库的，依照法律、行政法规有关国库管理的规定退还。"

《税收征收管理法》第八十四条："违反法律、行政法规的规定，擅自作出税收的开征、停征或者减税、免税、退税、补税以及其他同税收法律、行政法规相抵触的决定的，除依照本法规定撤销其擅自作出的决定外，补征应征未征税款，退还不应征收而征收的税款，并由上级机关追究直接负责的主管人员和其他直接责任人员的行政责任；构成犯罪的，依法追究刑事责任。”

《税收征收管理法》第三条：“税收的开征、停征以及减税、免税、退税、补税，依照法律的规定执行；法律授权国务院规定的，依照国务院制定的行政法规的规定执行。任何机关、单位和个人不得违反法律、行政法规的规定，擅自作出税收开征、停征以及减税、免税、退税、补税和其他同税收法律、行政法规相抵触的决定。”

《税收征收管理法》第二十八条：“税务机关依照法律、行政法规的规定征收税款，不得违反法律、行政法规的规定开征、停征、多征、少征、提前征收、延缓征收或者摊派税款。”

《税收征收管理法实施细则》第三条：“任何部门、单位和个人作出的与税收法律、行政法规相抵触的决定一律无效，税务机关不得执行，并应当向上级税务机关报告。”

《税收征收管理法实施细则》第七十八条：“退税利息按照税务机关办理退税手续当天中国人民银行规定的活期存款利率计算”。

26. 复议前置的“征税行为”边界在哪里?

【基本案情】

2014年X公司被动卷入内蒙古乌海市三家企业虚开增值税发票案，税务稽查部门启动了对X公司的税务稽查程序。其后税务稽查部门于2017年11月1日作出《税务处理决定书》，认定X公司签订虚假买卖合同，骗取出口退税款，并提供了虚假的出口退税备案单证，由此决定追缴X公司增值税出口退税款331 766 635.35元，已申报未办理增值税出口退税款28 381 540.79元不予退税。该决定书并载明X公司如不服，必须先缴纳税款或提供担保，然后自款项缴清之日起六十日内依法向上级税务机关（省税务局）申请行政复议。X公司认为，税务稽查部门作出的行政行为存在无视公安机关正确结论、适用法律错误、以处理代处罚等问题。稽查部门对X公司作出的税务处理决定的主要内容是追缴税款，并非征税行为，其救济依法不适用行政复议前置。案涉纠纷也不是《税收征收管理法》第八十八条所指的纳税争议，无须先缴纳税款或提供相应的担保再申请行政复议，税务稽查部门决定书要求X公司先缴纳税款或提供相应的担保再提出复议，等于变相阻断X公司的救济途径。依照《税务行政复议规则》的相关规定，X公司对税务稽查部门的处理决定不服，应向市税务局提出复议，税务稽查部门决定书却错误告知向省国家税务局申请复议。由于税务稽查部门的种种错误，导致X公司多处提出复议、申诉无果，给X公司及社会造成无可挽回的损失。X公司现来院起诉，请求判令撤销税务稽查部门作出的《税务处理决定书》。

税务稽查部门辩称：本单位具有代表国家进行税款征收及相关管理和执法工作的法定职责。案涉争议属于纳税争议，发生纳税争议时，纳税人必须先缴纳税款或提供相应担保才能申请行政复议，这是法律的强制性规定。本单位在决定书中告知的复议机关准确无误。本单位对X公司的征税行为事实清楚、证据确凿、法律适用正确、程序合法，不容撤销。X公司未经行政复议程序径直向法院起诉违反法律规定，请求法院依法裁定驳回X公司的起诉。

【裁判结果】

法院查明如下事实：2017年11月1日税务稽查部门对X公司作出《税

务处理决定书》，认定X公司存在从乌海市三公司取得虚开增值税专用发票骗取巨额出口退税、从乌海市三公司取得虚开增值税专用发票用于出口退税并非法取得巨额退税款、提供虚假的出口退税备案单证并非法取得巨额退税款等违法事实，决定追缴增值税出口退税款331 766 635.35元，已申报未办理增值税出口退税款28 381 540.79元不予退税。并载明“限你公司自接到本决定书之日起十五日内，将增值税出口退税款331 766 635.35元向××区国家税务局缴纳入库。逾期未缴清的，我局将依照《中华人民共和国税收征收管理法》（中华人民共和国主席令第49号）第四十条规定强制执行”“你公司若同我局在纳税上有争议，必须先依照本决定的期限缴纳税款或者提供相应的担保，然后可以自上述款项缴清或者提供的担保被我局确认之日起六十日内依法向四川省国家税务局申请行政复议”。税务稽查部门当日向X公司送达了该《税务处理决定书》。另查明，X公司对税务稽查部门的被诉行政行为未申请行政复议。

法院认为：《中华人民共和国税收征收管理法》第八十八条第一款规定：“纳税人、扣缴义务人、纳税担保人同税务机关在纳税上发生争议时，必须先依照税务机关的纳税决定缴纳或者解缴税款及滞纳金或者提供相应的担保，然后可以依法申请行政复议；对行政复议决定不服的，可以依法向人民法院起诉。”《中华人民共和国税收征收管理法实施细则》第一百条规定：“税收征管法第八十八条规定的纳税争议，是指纳税人、扣缴义务人、纳税担保人对税务机关确定纳税主体、征税对象、征税范围、减税、免税及退税、适用税率、计税依据、纳税环节、纳税期限、纳税地点以及税款征收方式等具体行政行为有异议而发生的争议。”根据上述规定，X公司对市税务局稽查局追缴税款、不予退税等的决定不服，属于纳税争议，对该争议X公司应先行申请行政复议，只有在不服行政复议决定的情况下，才可以向人民法院起诉。市税务局稽查局的决定不存在X公司所称的错误告知复议主体及复议前提条件的情形。X公司在未申请行政复议的情况下径直向本院提起行政诉讼，违反了法律法规关于行政复议前置的规定。根据《最高人民法院关于适用〈中华人民共和国行政诉讼法〉若干问题的解释》第六十九条第一款第（五）项的规定，对X公司的起诉，本院应裁定驳回。依照《中华人民共和国行政诉讼法》第四十四条第二款、《最高人民法院关于适用〈中华人民共和国行政诉讼法〉若干问题的解释》第六十九条第一款第（五）项的规定，裁定如下：

驳回X公司的起诉。

【税案评析】

《中华人民共和国税收征收管理法》第八十八条规定："纳税人、扣缴义务人、纳税担保人同税务机关在纳税上发生争议时，必须先依照税务机关的纳税决定缴纳或者解缴税款及滞纳金或者提供相应的担保，然后可以依法申请行政复议；对行政复议决定不服的，可以依法向人民法院起诉。"这一规则可被称为"纳税争议复议前置规则"。《行政诉讼法》第四十四条也规定"法律、法规规定应当先向行政机关申请复议，对复议决定不服再向人民法院提起诉讼的，依照法律、法规的规定"。目前适用复议前置的行政争议，除纳税争议之外主要有：

1.行政权属纠纷裁决案件。《中华人民共和国行政复议法》第三十条第一款规定："公民、法人或者其他组织认为行政机关的具体行政行为侵犯其已经依法取得的土地、矿藏、水流、森林、山岭、草原、荒地、滩涂、海域等自然资源的所有权或者使用权的，应当先申请行政复议；对行政复议决定不服的，可以依法向人民法院提起行政诉讼。"

2.海关纳税争议案件。《中华人民共和国海关法》第六十四条规定："纳税义务人同海关发生纳税争议时，应当缴纳税款，并可以依法申请行政复议；对复议决定仍不服的，可以依法向人民法院提起诉讼。"

3.专利复审委员会复审前置。《中华人民共和国专利法》第四十一条规定："国务院专利行政部门设立专利复审委员会。专利申请人对国务院专利行政部门驳回申请的决定不服的，可以自收到通知之日起三个月内，向专利复审委员会请求复审。专利复审委员会复审后，作出决定，并通知专利申请人。专利申请人对专利复审委员会的复审决定不服的，可以自收到通知之日起三个月内向人民法院起诉。"

4. 商标评审委员会复审前置。《中华人民共和国商标法》第三十四条规定："对驳回申请、不予公告的商标，商标局应当书面通知商标注册申请人。商标注册申请人不服的，可以自收到通知之日起十五日内向商标评审委员会申请复审。商标评审委员会应当自收到申请之日起九个月内作出决定，并书面通知申请人。有特殊情况需要延长的，经国务院工商行政管理部门批准，可以延长三个月。当事人对商标评审委员会的决定不服的，可以自收到通知之日起三十日内向人民法院起诉。"

5. 价格违法处罚。《中华人民共和国价格法》第十一条第一款规定："价格违法案件的行政复议，是指复议机关对申请复议的价格违法案件进行的审理工作，它是被处罚单位或个人不服处罚决定，在向人民法院起诉前的法定程序。"

6. 对游行拘留处罚不服的案件。《中华人民共和国集会游行示威法》第三十一条规定："当事人对公安机关按照本法第二十八条第二款或者第三十条的规定给予的拘留处罚决定不服的，可以自接到决定通知之日起五日内，向上一级公安机关提出申诉，上一级公安机关应当自接到申诉之日起五日内作出裁决；对上一级公安机关裁决不服的，可以自接到裁决通知之日起五日内，向人民法院提起诉讼。"

关于纳税争议的复议前置规定已经引发过许多争议，但在这一条规定修订之前，复议前置规则仍然是关于纳税人能否就税企争议直接提起行政诉讼的最重要法律依据。

关于复议前置规则是否适用，税务机关和行政相对人争议的焦点通常在于涉案争议是否属于“纳税争议”。关于“纳税争议”的外延，《中华人民共和国税收征收管理法实施细则》第一百条通过正列举方式予以规定：“税收征管法第八十八条规定的纳税争议，是指纳税人、扣缴义务人、纳税担保人对税务机关确定纳税主体、征税对象、征税范围、减税、免税及退税、适用税率、计税依据、纳税环节、纳税期限、纳税地点以及税款征收方式等具体行政行为有异议而发生的争议。”因此，可以将纳税争议分为以下几种：

1.关于纳税主体和征税对象的争议；

2.关于征税范围的争议；

3.关于减税、免税及退税的争议；

4.关于适用税率的争议；

5.关于计税依据的争议；

6.关于纳税环节、纳税期限、纳税地点和税款征收方式的争议。

一旦属于纳税争议（《税务行政复议规则》称此种争议为针对“征税行为”的争议），则行政相对人不但需要面对“复议前置”，更需要“先行缴纳税款或提供纳税担保”后方能申请行政复议。而如果明确一项争议不属于纳税争议，则行政相对人可以直接起诉，也无须先行履行某种涉税义务，可见纳税争议和非纳税争议的法律救济程序是完全不同的，而根据前者对于行政相对人的难度远大于后者。特别是《税务行政复议规则》已经明确了“申请人可以在知道税务机关作出具体行政行为之日起60日内提出行政复议申请”，并不区分纳税争议与非纳税争议，这就造成针对纳税争议想要提起行政复议的行政相对人需要在收到税务执法决定文书之日起60日内完成纳税（或提供纳税担保），才能提起行政复议。现实中行政相对人因为无力在60日内筹措足够资金纳税，提供纳税担保或申请提供纳税担保但被税务机关拒绝而丧失复议权利的情况并不少见。这种情况下行政相对人就没有其他救济途径了。

而《税务行政复议规则》对何谓“征税行为”做了更加具体的列举：“税务机关作出的征税行为，包括确认纳税主体、征税对象、征税范围、减税、免税及退税、适用税率、计税依据、纳税环节、纳税期限、纳税地点以及税款征收方式等具体行政行为和征收税款、加收滞纳金及扣缴义务人、受税务机关委托征收的单位作出的代扣代缴、代收代缴行为。”具体而言可以分为以下几类：

1. 确定纳税义务人、征税对象、征税范围；

2. 确定税收优惠：减税、免税和退税；

3. 确定适用税率、计税依据、纳税环节、纳税期限、纳税地点；

4. 确定税款征收方式；

5. 征收税款和加收滞纳金行为本身；

6. 扣缴和代征单位的代扣代缴、代收代缴行为。

就本案而言，X公司被税务机关下达处理决定书，追缴已退税款，对这一事项的争议显然属于上述第2种，因此属于纳税争议。关于X公司在起诉环节认为的：稽查部门对X公司作出的税务处理决定的主要内容是追缴税款，并非征税行为，其救济依法不适用行政复议前置，法院也在判决中明确否认。X公司对税务处理决定并没有先行申请行政复议，虽然从合理性角度看来，X公司声称“税务处理决定书要求X公司先缴纳税款或提供相应的担保再提出复议，等于变相阻断X公司的救济途径”不无道理，但正如前文所述，在征管法相关条文没有修改之前，关于复议前置的规定仍然是不容挑战的。

我们可以讨论一个衍生问题：本案中X公司对税务机关的征税行为有争议，却因为复议前置规则的阻碍而无法直接提请法院审查；如果税务机关不但对行政相对人有征税行为，还有相伴随的处罚行为，行政相对人可不可以针对处罚行为直接起诉而提请法院审查，从而绕开行政复议前置规则呢？下一案例我们将做具体分析。

【政策法规链接】

《中华人民共和国税收征收管理法》第八十八条："纳税人、扣缴义务人、纳税担保人同税务机关在纳税上发生争议时，必须先依照税务机关的纳税决定缴纳或者解缴税款及滞纳金或者提供相应的担保，然后可以依法申请行政复议；对行政复议决定不服的，可以依法向人民法院起诉。"

《中华人民共和国税收征收管理法实施细则》第一百条："税收征管法第八十八条规定的纳税争议，是指纳税人、扣缴义务人、纳税担保人对税务机关确定纳税主体、征税对象、征税范围、减税、免税及退税、适用税率、计税依据、纳税环节、纳税期限、纳税地点以及税款征收方式等具体行政行为有异议而发生的争议。"

《税务行政复议规则》（国家税务总局令第21号）第十四条："行政复议机关受理申请人对税务机关下列具体行政行为不服提出的行政复议申请：

（一）征税行为，包括确认纳税主体、征税对象、征税范围、减税、免税、退税、抵扣税款、适用税率、计税依据、纳税环节、纳税期限、纳税地点和税款征收方式等具体行政行为，征收税款、加收滞纳金，扣缴义务人、受税务机关委托的单位和个人作出的代扣代缴、代收代缴、代征行为等。"

《税务行政复议规则》第三十二条："申请人可以在知道税务机关作出具体行政行为之日起60日内提出行政复议申请。"

《税务行政复议规则》第三十三条："申请人对本规则第十四条第（一）项规定的行为不服的，应当先向行政复议机关申请行政复议；

对行政复议决定不服的，可以向人民法院提起行政诉讼。

申请人按照前款规定申请行政复议的，必须依照税务机关根据法律、法规确定的税额、期限，先行缴纳或者解缴税款和滞纳金，或者提供相应的担保，才可以在缴清税款和滞纳金以后或者所提供的担保得到作出具体行政行为的税务机关确认之日起60日内提出行政复议申请。”

《行政诉讼法》第四十四条：“法律、法规规定应当先向行政机关申请复议，对复议决定不服再向人民法院提起诉讼的，依照法律、法规的规定。”

27. 针对涉税行政处罚决定的行政诉讼能否绕开“复议前置”？

【基本案情】

J公司诉称，2017年4月11日至2017年11月16日，税务机关稽查部门对J公司2014年1月1日至2015年12月31日期间的涉税情况进行检查。2017年11月29日，税务机关稽查部门向J公司作出《税务行政处罚决定书》（以下简称《税务行政处罚决定书》），并于2017年12月8日向J公司送达。根据《税务行政处罚决定书》，税务机关稽查部门认定J公司2015年5月25日通过浙商证券交易所挂牌交易共出售某上市公司股票6 600万股，收到处置股票款63 360万元，未申报缴纳营业税及附加税费，根据《中华人民共和国税收征收管理法》第六十四条第二款的规定，按查补营业税、城市维护建设税的0.6倍处以罚款，共计16 320 150元。J公司认为，税务机关稽查部门所作《税务行政处罚决定书》认定事实不清、证据不足；适用法律错误；且严重违反法定程序、没有任何事实和法律依据。故诉请：依法撤销税务机关稽查部门作出的《税务行政处罚决定书》；判令税务机关稽查部门承担全部诉讼费用。

税务机关稽查部门辩称：

一、税务机关稽查部门作出的《税务行政处罚决定书》认定事实清楚、证据确实充分。首先，税务机关稽查部门依法对J公司未申报缴纳营业税及附加的行为进行了调查确认，并依法作出了《税务处理决定书》。税务机关稽查部门查明J公司于2015年5月25日通过浙商证券交易所挂牌交易共出售某上市公司股票6 600万股，收到处置股票款63 360万元，但未按规定申报营业税及附加。J公司对该事实也已经予以了确认。据此，税务机关稽查部门依法作出了《税务处理决定书》，向J公司追缴了营业税25 905 000元、城市维护建设税1 295 250元，合计27 200 250元。其次，税务机关稽查部门在调查查明的事实和依法作出的《税务处理决定书》的基础上，根据追缴营业税、城市维护建设税总额而依法确定罚款金额，依法作出税务处罚决定。因此，税务机关稽查部门认为，涉案《税务行政处罚决定书》认定事实清楚、证据确实充分。

二、税务机关稽查部门作出《税务行政处罚决定书》程序合法。首先，税务机关稽查部门对本案具有法定税务行政处罚职权，行政主体适格。其次，税务机关稽查部门调查程序合法。《中华人民共和国行政处罚法》第三十六条规定："除本法第三十三条规定的可以当场作出的行政处罚外，行政机关发现公民、法人或者其他组织有依法应当给予行政处罚的行为的，必须全面、客观、公正地调查，收集有关证据；必要时，依照法律、法规的规定，可以进行检查。"税务机关稽查部门根据《中华人民共和国税收征收管理法》第五十四条规定，对J公司账簿、记账凭证、报表和有关资料进行了检查，询问了股票持有、买卖及缴纳情况。期间又依照《中华人民共和国税收征收管理法实施细则》第八十六条规定调取了J公司账簿、记账凭证、报表和有关资料。因此，税务机关稽查部门的上述调查程序合法有据。再次，税务机关稽查部门作出处罚前告知程序合法。税务机关稽查部门根据查明的事实，确认J公司存在违法行为后，根据《中华人民共和国行政处罚法》第三十一条规定，事先告知了J公司作出行政处罚决定的事实、理由及依据，并告知当事人依法享有的陈述、申辩和要求听证权利。最后，税务机关稽查部门依法保障J公司依法享有的陈述、申辩和要求听证权利。J公司在接到税务机关稽查部门的《税务行政处罚事项告知书》后，即进行了书面陈述、申辩，同时向税务机关稽查部门提出了听证申请。税务机关稽查部门也按其申请依法组织了听证，确保了J公司听证等合法权利。

三、税务机关稽查部门作出的《税务行政处罚决定书》适用法律正确、裁量适当。首先，税务机关稽查部门作出的《税务行政处罚决定书》适用法律正确。《中华人民共和国税收征收管理法》第六十四条第二款规定："纳税人不进行纳税申报，不缴或者少缴应纳税款的，由税务机关追缴其不缴或者少缴的税款、滞纳金，并处不缴或者少缴的税款百分之五十以上五倍以下的罚款。"本案中，税务机关稽查部门依法查明J公司未按规定申报缴纳营业税及附加，依法向J公司作出《税务处理决定书》，追缴营业税25 905 000元、城市维护建设税1 295 250元，合计27 200 250元，后作出行政处罚决定处以前述不缴或者少缴的税款的60%的罚款即16 320 150元，其处罚幅度、计算金额均符合该项规定。因此，税务机关稽查部门作出的《税务行政处罚决定书》裁量适当。本案中，税务机关稽查部门根据《省税务行政处罚裁量基准实施办法》和《省税务行政处罚裁量基准》第二十款的规定，结合本案实际情况即不缴或少缴税款10万元以上的严重程度及J公司未采取欺骗手段、系首次发生股票减持业务从未进行过该税种申报，且事后主动补缴税款等情形，在规定裁量范围内，给予J公司按最低标准即不缴或少缴税款的60%进行处罚。因此，税务机关稽查部门作出的《税务行政处罚决定书》裁量适当。综上所述，税务机关稽查部门据以作出《税务行政处罚决定书》事实清楚，证据确实充分，程序合法，适用法律正确，裁量适当。请求法院依法驳回J公司的诉讼请求。

【裁判结果】

法院审理查明，2017年11月29日，稽查部门对J公司分别作出《税务处理决定书》和《税务行政处罚决定书》,《税务处理决定书》和《税务行政处罚决定书》认定的违法事实一致。《税务处理决定书》对J公司作出如下处理：（1）根据《中华人民共和国税收征收管理法》第六十四条第二款及《中华人民共和国营业税暂行条例》（国务院令540号）第一条、第二条、第四条、第十二条的规定，按查增营业额的5%追缴营业税25 905 000元。（2）根据《中华人民共和国税收征收管理法》第六十四条第二款及《中华人民共和国城市维护建设税暂行条例》第二条、第三条、第四条的规定，按查补营业税税额的5%追缴城市维护建设税1 295 250元。（3）根据《中华人民共和国税收征收管理法》第三十二条的规定，对查补的营业税、城市维护建设税从滞纳税款之日起按日加收滞纳税款的万分之五的滞纳金。J公司对上述税务处理决定不服，向原绍兴市地方税务局（机构改革后为国家税务总局绍兴市税务局）提起行政复议。《税务行政处罚决定书》对J公司作出如下处罚：根据《中华人民共和国税收征收管理法》第六十四条第二款的规定按查补营业税、城市维护建设税的0.6倍处以罚款，计16 320 150元。J公司对上述税务行政处罚决定不服，向本院提起行政诉讼。

法院认为，本案系J公司对税务机关稽查部门于2017年11月29日作出的税务行政处罚决定不服提起的行政诉讼。税务机关稽查部门根据《中华人民共和国税收征收管理法》第六十四条第二款的规定按查补营业税、城市维护建设税的0.6倍处以罚款，计16 320 150元。而查补营业税、城市维护建设税的金额由税务机关稽查部门于2017年11月29日作出的税务处理决定确定。税务机关稽查部门虽于同日针对同一违法事实分别对J公司作出了税务处理和税务行政处罚，但从《税务处理决定书》和《税务行政处罚决定书》记载的内容看，实际应是先处理后处罚。J公司在本案起诉前已就《税务处理决定书》向国家税务总局绍兴市税务局提起了行政复议，国家税务总局绍兴市税务局至今尚未作出复议决定，则该《税务处理决定书》中查补的营业税、城市维护建设税的金额等亦处于不确定状态，故本案所涉税务行政处罚尚不具备起诉的条件，J公司可待《税务处理决定书》中查补的营业税、城市维护建设税的金额等确定后，再行起诉。据此，依照《最高人民法院关于适用〈中华人民共和国行政诉讼法〉的解释》第六十九条第一款第（十）项规定，裁定如下：

驳回J公司的起诉。

【税案评析】

J公司对税务机关作出的行政处罚决定不服，提起行政诉讼，却被一审法院裁定驳回起诉。一审法院指出：J公司可待《税务处理决定书》中查补的营业税、城市维护建设税的金额等确定后，再行起诉。

梳理裁判文书可以发现，一审法院驳回J公司起诉的逻辑思路是：

1. 税务机关稽查部门虽于同日针对同一违法事实分别对J公司作出了税务处理和税务行政处罚，但从《税务处理决定书》和《税务行政处罚决定书》记载的内容看，实际应是先处理后处罚。

2. J公司在本案起诉前已就《税务处理决定书》向国家税务总局绍兴市税务局提起了行政复议，国家税务总局绍兴市税务局至今尚未作出复议决定，因此，该《税务处理决定书》中查补的营业税、城市维护建设税的金额等处于不确定状态。

3. 本案所涉税务行政处罚尚不具备起诉的条件。

4. 裁定结论：驳回起诉。

与针对其他违法事项的行政处罚行为不同，针对涉税违法事项的税务行政处罚行为通常都伴随另一个查补税款的征税行为。本案中一审法院驳回起诉包含的逻辑顺序是：事实认定→征税法律依据→税务处理决定→税务处罚法律依据→税务行政处罚决定。笔者认为这一判断是很值得商榷的：虽然税务行政处罚的事实依据和征税行为的事实依据有重合部分，作出行政行为的行政主体和行政相对人也相同，但通过二者的以下特点可以看出两个行政行为是相互独立的，不存在“先处理后处罚”的先后顺序。

1. 行政行为种类不同。征税行为属于行政征收行为，税务行政处罚行为属于行政处罚行为。

2. 适用文书不同。征税行为适用《税务处理决定书》，而税务行政处罚行为适用《税务行政处罚决定书》。

3. 法律依据不同。征税行为的法律依据为《税收征收管法理》中“税款征收”章及其他配套行政法规、规章和规范性文件；行政处罚的法律依据是《税收征收管理法》及其实施细则、各税种实体税法发票管理办法的“法律责任”章。规章和规范性文件不能设定税务行政处罚规则。

4. 法定救济程序不同。征税行为适用复议前置程序，且行政相对人在提起税务行政复议之前应当先缴纳税款、滞纳金或提供相应的纳税担保；税务行政处罚行为不适用复议前置程序，行政相对人既可以先申请复议，也可以直接提起行政诉讼，且无须先缴纳罚款或提供担保。

因此，笔者认为基于同一违法事实作出税务处理决定和处罚决定是并列关系，逻辑顺序是：

事实认定→1. 征税法律依据→税务处理决定

→2. 税务处罚法律依据→税务行政处罚决定

就本案的情况而言，行政相对人分别就税务处理决定向税务机关申请行政复议，就税务行政处罚决定向法院提起行政诉讼。因此，复议受理机关和一审法院应当分别审查两个行政行为的合法性，这种审查既包括对适用法律依据的审查，也包括对事实依据的审查。本案一审法院以“事实尚不明确”为由驳回起诉显然不妥。

关于仅涉及税务行政处罚争议的行政诉讼中，法院是否应审查行政处罚的事实依据的问题尚无定论，在既往的法院判决中可以看到一些大相径庭的结果，具体可以分为以下几种：

1.在税务处理决定已经生效的情况下，法院直接承认税务处理决定的事实依据合法有效。如江西××科创房地产开发有限公司诉南昌市税务局一案［案号：（2016）赣01行终89号］，二审法院认为：行政处罚决定的事实依据来源，是《税务处理决定书》，因《税务处理决定书》不属于本案审理范围，且已发生法律效力。在《税务处理决定书》未被撤销和确认无效的情况下，应确认税务行政处罚决定认定的事实清楚。

2.法院对纳税争议的事实认定不予审查。如南阳LY置业有限公司诉南阳市宛城区税务局［案号：（2020）豫13行终64号］，二审法院认为：因被上诉人未在法定期限内对上诉人做出的《税务处理决定书》提出复议，现该税务处理决定已发生效力。上诉人基于税务处理决定认定的事实，作出被诉的税务处罚决定，被上诉人如对处罚结果有异议，也只能是对处罚程序和处罚的数额提出异议。而被上诉人一审时提出的诉请主要是围绕应否纳税的问题，应否纳税属于纳税争议，纳税争议应该针对税务处理决定寻求权利救济，而非在税收处罚决定中否认应纳税的事实。本案是税务行政处罚案件，纳税争议不属于本案审查范围。

3.在税务处理决定已经生效的情况下，法院仍对行政处罚的合法性，包括其事实依据和法律依据进行全面审查。如成都市××清真食品有限公司诉成都市青白江区地方税务局稽查局案［案号：（2013）成行终字第168号］，二审法院对税务行政处罚的事实、证据、处罚幅度进行全面审查，在此基础上认定作出的被诉行政行为证据充分、适用法律正确、程序合法，但对上诉人处以五倍罚款，显失公正。又如绍兴市越城区牌口士明砂石厂诉国家税务总局绍兴市税务局稽查局税务行政管理（税务）二审行政判决书［案号：（2018）浙06行终411号］，法院认为：税务处理决定与税务处罚决定系两个不同行政行为，且法律、法规并未规定行政复议为提起行政处罚之诉的必经程序。对于行政处罚行为，应根据《中华人民共和国行政诉讼法》第六条规定，对其合法性进行全面审查。上诉人未对税务处理决定提起复议及诉讼，并不构成限制其行政处罚诉权的事由，也不能限制行政处罚的司法审查权限。

上述两案司法机关的逻辑基础正是笔者所认为的：税务处理决定与处罚决定是两个不同的行政行为。

4. 如果税务处理决定尚未生效，法院以事实尚未确定为由驳回行政相对人起诉，如本案。

按照《行政诉讼法》第六条规定，法院对诉讼指向的具体行政行为的合法性审查包括实体合法性审查和程序合法性审查两个方面，每个方面又需要全面审查事实依据和法律依据。如果法院采用上述第1种和第2种处理方式，无异于放弃对事实依据的合法性审查。《最高人民法院关于行政诉讼证据若干问题的规定》（法释〔2002〕21号）虽然在第六十八条和第七十条规定了可以直接认定或作为定案依据的证据类型，但其中并不包含税务处理决定，即使税务处理决定书已经生效，最多也只能作为公文类书证，而不能简单在处理决定书生效与事实依据清晰之间画上等号。如果税务处理决定效力待定，如本案，则仅能说明文书本身效力未定，至于作出处理决定书的事实依据则已经编入案卷，有据可查，这一事实依据是已经确定的。本案法院将“文书效力未定”等同于“事实未定”不妥，因此，上述第4种处理方式也是不能成立的。笔者认为唯一可取的，只能是上述第3种处理方式。

在坚持法院应当抛开税务处理决定书，对税务行政处罚行为的合法性进行全面审查的基础上，有一种意见更加激进，认为税务处罚决定与税务处理决定系有关联的行政行为，如果对处罚决定进行合法性审查的结论是事实认定不清，法院应当连带对税务处理决定一并审查。这种观点在实践中也有先例，如贵州金星啤酒一案，二审法院认为虽然税务处理决定复议期限已过而失效，但处理决定系处罚决定的基础性和关联性行政行为，因此，法院一并判决变更。虽然这一结果更有利于行政相对人，但逻辑基础仍然认为征税行为是处罚行为的“基础”，理由并不充分。笔者认为，鉴于对征税行为已经规定了特殊的复议前置程序，法院不宜直接超出行政相对人的诉讼范围而矫枉过正，否则，对征税行为的复议前置程序将不再有意义，而且可能造成更大的法律救济不公平。例如，甲仅被税务机关要求补缴税款，乙被税务机关要求补税且接受处罚，关于甲、乙的税务处理文书均生效。此时乙可以利用对行政处罚不服而起诉的机会期待法院一并更改税务处理决定，甲却没有这样的权利。因此，这种激进的处理意见不太可能成为有说服力的先例。

【政策法规链接】

《行政诉讼法》第六条：“【合法性审查原则】人民法院审理行政案件，对行政行为是否合法进行审查。”

《最高人民法院关于适用〈中华人民共和国行政诉讼法〉的解释》第六十九条：“有下列情形之一，已经立案的，应当裁定驳回起诉：……（十）其他不符合法定起诉条件的情形。”

《最高人民法院关于行政诉讼证据若干问题的规定》第六十八条：“下列事实法庭可以直接认定：（一）众所周知的事实；（二）自然规律及定理；（三）按照法律规定推定的事实；（四）已经依法证明的事实；（五）根据日常生活经验法则推定的事实。前款（一）、（三）、

（四）、（五）项，当事人有相反证据足以推翻的除外。”

《最高人民法院关于行政诉讼证据若干问题的规定》第七十条："生效的人民法院裁判文书或者仲裁机构裁决文书确认的事实，可以作为定案依据。但是如果发现裁判文书或者裁决文书认定的事实有重大问题的，应当中止诉讼，通过法定程序予以纠正后恢复诉讼。”

◆ 第六部分 ◆

其他涉税争议

导言

本部分内容是征税行为衍生出来的其他类型争议，都是偶尔发生的，但是也能给我们有益的启示。

第28号案件其实属于行政争议，但不是对具体涉税行政行为的争议，而是对抽象行政行为的争议。目前《行政诉讼法》明确针对规范性文件的争议不属于行政诉讼受案范围，但留下了一个突破口——该法第五十三条规定：公民、法人或者其他组织认为行政行为所依据的国务院部门和地方人民政府及其部门制定的规范性文件不合法，在对行政行为提起诉讼时，可以一并请求对该规范性文件进行审查。本案不属于这类情形，所以起诉被驳回。

第29号案件是关于招商引资项目中引资方承诺的财政奖补未及时兑现产生的争议。这类案件并不多发，但是现实中却经常发生类似争议，只不过最后往往以投资方自认倒霉，吃哑巴亏为结果。本案的典型意义在于明确了行政协议中关于税款减免、返还约定是否有效及如何履行的问题。

第30号案件是关于鉴证机构责任的。在鉴证过程中对税收风险失察，鉴证机构需要承担责任吗？本案法院给出了否定意见。现行法律对涉税鉴证业务规定的缺失造成了这样的结果：涉税鉴证业务的合同约定自由程度远大于会计鉴证业务合同约定的自由程度。这是日后签署鉴证服务协议时，当事人必须注意的：对于涉税鉴证业务要有自负其责的准备，而不能把"税审鉴证中没有发现问题"等同于"企业没有涉税风险"。

28. 抽象行政行为不具有可诉性

【基本案情】

X公司等20家企业于2007年取得了H地区的土地使用权。2007年所在省人民政府下发了《关于调整全省城镇土地使用税应税范围和税额标准的通知》，其中内容有："全省城镇土地使用税税额标准在2006年各地实际执行的城镇土地使用税地段等级税额标准的基础上提高两倍；各市政府要在2007年3月31日前将调整城镇土地使用税税额标准的有关工作落实到位。"2009年，X公司等企业所在市政府下发了《关于调整城镇土地使用税应税范围和税额标准的通知》，该通知根据《中华人民共和国城镇土地使用税暂行条例》、省政府通知的规定，对全市城镇土地使用税的应税范围、征收等级和税额标准进行了调整。其中将H地区的土地等级调整为三级，税额提高至15元/平方米。X公司等企业认为市政府对H地区的土地使用税征税标准确定为15元/平方米不当，向原审法院提起诉讼请求撤销该征税标准，重新作出低价的征税标准。

一审法院认为：根据《中华人民共和国城镇土地使用税暂行条例》第五条第一款规定，"省、自治区、直辖市人民政府，应当在本条例第四条规定的税额幅度内，根据市政建设情况、经济繁荣程度等条件，确定所辖地区的适用税额幅度。市、县人民政府应当根据实际情况，将本地区土地划分若干等级，在省、自治区、直辖市人民政府确定的税额幅度内，制定相应的适用税额标准，报省、自治区、直辖市人民政府批准执行。"因此，市政府有权对本地区的土地划分等级并确定城镇土地使用税的征税标准，其于2009年作出《关于调整城镇土地使用税应税范围和税额标准的通知》具有法律依据。X公司等企业因对该通知确定的H地区城镇土地使用税的征税额为15元/平方米有异议，要求撤销该征税标准。因文件中确定的征税标准是经《中华人民共和国城镇土地使用税暂行条例》的授权而制定，在本地区具有普遍的约束力。根据《中华人民共和国行政诉讼法》第十三条规定，人民法院不受理公民、法人或者其他组织对行政法规、规章或者行政机关制定、发布的具有普遍约束力的决定、命令提起的诉讼。X公司等企业要求撤销市政府作出的具有普遍约束力的征税标准的决定，不属于人民法院行政诉讼的受案范围。原审法院据此裁定：驳回X公司等企业的起诉。

X公司等企业不服，上诉称：原审法院裁定驳回其起诉错误。X公司等企业请求撤销的市政府作出的城镇土地使用税税额标准调整行为属于具体行政行为，原审法院认定属于具有普遍约束力的行政行为是错误的，本案属于人民法院行政诉讼受案范围。原审法院违反法定程序，剥夺当事人管辖权异议及其上诉权，原审法院没有管辖权，应当移送高级人民法院指定异地法院审理。请求撤销原审裁定，指定受理本案，并指定异地法院管辖。

【裁判结果】

二审法院认为，根据《中华人民共和国行政诉讼法》第十三条第（二）项的规定，公民、法人或者其他组织针对行政法规、规章或者行政机关制定、发布的具有普遍约束力的决定、命令等事项提起诉讼的，不属于人民法院行政诉讼的受案范围，即“抽象行政行为”不可诉。故X公司等企业针对市政府通知中有关H地区土地等级和城镇土地使用税标准提起诉讼，该标准是否属于行政机关制定的具有普遍约束力的规范性文件成为本案的争议焦点。本案中，对市政府制定的文件从适用范围看，涉及该市全部城镇土地，其中包括X公司等企业所在区域即H地区；从内容看，是针对城镇土地使用税应税范围和税额标准所作的调整事项，其性质属于行政机关制定的除法规、规章以外的其他规范性文件，而非针对某一特定事项作出的具体的行政行为。理由如下：一是该文件针对不特定人，该文件确定的应税范围涉及该市全部辖区内的城镇土地，纳税主体涉及辖区内所有使用城镇土地的单位和个人，纳税主体的数量是不确定的，甚至基于土地使用权的流转，纳税主体也是不断变化的，而非仅针对本案X公司等企业；二是该文件针对城镇土地的地段等级和相应的税额标准作出了规定，内容属于针对同一类事项作出的规定，即在同类地段的土地使用权人都执行相同的税额标准，而非仅针对本案X公司等土地使用权人作出的特定的标准；三是该文件可以反复适用，自文件施行之日起，在文件有效期内可以反复适用；四是该文件确定的税额标准在文件被依法废止之前持续发生法律效力，新增城镇土地的使用权人以及因土地使用权发生变化取得土地使用权的人均受该文件的约束；五是该文件对具体的公民、法人或者其他组织不能产生直接的执行效力，必须通过一个具体的行政行为才能对特定人产生执行效力，即需要征税机关依据该文件作出一个具体的征税行为才能对特定人如本案X公司等企业产生执行效力。上述五个方面也是判断一个行为属于制定规范性文件的行为或是具体行政行为所应考量的因素。市政府制定的文件属于行政机关制定的具有普遍约束力的规范性文件，其中涉及H地区的城镇土地使用税税额标准适用于该地区所有依法使用土地的使用人，对全体具有普遍的约束力，依法不能单独成为人民法院行政诉讼的审查客体，不属于人民法院行政诉讼受案范围。

综上所述，原审裁定认定事实清楚，适用法律正确，审判程序合法，裁定结果正确。X公司等企业的上诉理由不能成立，本院对其上诉请求不予支持。依照《中华人民共和国行政诉讼法》第八十九条第一款第（一）项规定，裁定如下：

驳回上诉，维持原裁定。

【税案评析】

抽象行政行为是指行政机关在进行行政管理中，针对不特定的人和事制定普遍适用的规范性文件的活动。因为它的行为结果是抽象规范的产生。关于规范性文件的争议是涉税司法争议中较少出现的一类，但是其适用通常会造成纳税人税收利益的重大变化，所以其实针对涉税规范性文件如何解释和适用的争议实际上并不罕见，只是通常都不会上升到行政诉讼层面而已。目前《行政诉讼法》明确针对规范性文件的争议不属于行政诉讼受案范围，但留下了一个突破口——该法第五十三条规定：公民、法人或者其他组织认为行政行为所依据的国务院部门和地方人民政府及其部门制定的规范性文件不合法，在对行政行为提起诉讼时，可以一并请求对该规范性文件进行审查。需要注意的是：人民法院明确，提起规范性文件的审查需符合“附带性”的原则。首先，审查对象的附带性，只有直接作为被诉行政行为依据的规范性文件才可能成为人民法院的审查对象；其次，审查模式的附带性，即对规范性文件的审查只能在针对行政行为合法性审查中附带提出；最后，审查结果的附带性，人民法院对规范性文件的审查是为了确认诉争行政行为的直接依据是否合法进而确认行政行为的合法性，经审查后确认该规范性文件不合法，处理方式为不作为认定行政行为合法的依据，并向规范性文件的制定机关提出处理建议，而不就规范性文件的合法性做单独判定。

具体到本案，X公司如果对市政府提高城镇土地使用税征税标准的通知不服，只能在实际征税事项发生时，首先对涉税争议提起行政复议和行政诉讼（对于这类征税行为，必须先向税务机关申请复议），然后在行政诉讼中请求法院对该通知进行审查。一般而言，如果行政诉讼被告同时就是规范性文件制定机关，则由被告全面承担规范性文件的有效性以及规范性文件内容、制定权限、程序合法性的举证责任。但问题在于，X公司即使对税务机关提起行政诉讼，被告税务机关也并不是“提高城镇土地使用税征税标准的通知”这一规范性文件制定机关，则司法机关会面临一个问题：应当由谁举证证明规范性文件的合法性和有效性？

如果X公司等行政相对人针对具体的涉税争议起诉税务机关时，提请对市政府提高城镇土地使用税征税标准的通知进行审查，则法院对于规范性案件的附带性审查，基于举证责任倒置的原则，应当由行政案件被告提供规范性文件合法有效的证据，法院对此进行书面审查。但如果法院发现规范性文件可能违法，则应当听取制定机关的意见。经审查认为规范性文件合法的，作为认定行政行为合法的依据。如认为不合法，在裁判理由中阐明，并由作出生效裁判的法院向规范性文件制定机关提出处理建议。

根据最高人民法院公布的既往典型案例，涉及以下几种情况，规范性文件可能被认定为不合法：

1.规范性文件的制定应以上位法为依据，与上位法相冲突的条款不具有合法性，不能作为认定行政行为合法的依据（参见“徐××诉山东省××县社会医疗保险事业处不予报销医疗费用案”）。

2.规范性文件条款与上位法的立法精神不符，不能作为认定行政行为合法的依据（参见“郑××诉浙江省××市人民政府土地行政批准案”）。

另外，如果规范性文件的制定机关超过法律、法规的明确授权范围，如规定限制人身自由、吊销营业执照等，或者未履行法定批准程序、公开发布程序，这类规范性文件也有可能被认定不合法。

我们也可以大胆设想：假如税务机关按照市政府提高城镇土地使用税征税标准的通知征收城镇土地使用税，X公司针对征税行为发生争议，然后提起行政诉讼并请求法院对市政府提高城镇土地使用税征税标准的这一通知进行附带审查，能否胜诉？

很遗憾，答案是否定的。因为本案中市政府提高城镇土地使用税征税标准的通知所规定的“15元/平方米”的标准并没有超过现行的《城镇土地使用税暂行条例》第四条规定的区间：（一）大城市1.5元至30元；（二）中等城市1.2元至24元；（三）小城市0.9元至18元；（四）县城、建制镇、工矿区0.6元至12元（这个区间跨度很大，但纳税人不可能就该条例申请附带审查，因为这个条例系国务院制定的行政法规，不属于行政规范性文件），而且该条例第五条已经授权省、自治区、直辖市人民政府享有确定所辖地区的适用税额幅度的自由裁量权。市政府提高城镇土地使用税征税标准的通知没有与上位法冲突，也没有违反上位法立法精神，因此，即使X公司以附带性审查的方式请求法院审查市政府提高城镇土地使用税征税标准的通知，结果也难言乐观。事实上，迄今为止我们所看到的所有针对涉税规范性文件提出的附带性审查，一般都以行政相对人败诉而告终，例如以下案例：

陈某因购买一辆别克牌轿车，于2018年3月到税务机关申报缴纳车辆购置税，申报的计税价格为211 452.99元，税务机关使用金税三期税收管理系统，扫描原告陈某提供的车辆购置税纳税申报表、中华人民共和国机动车整车出厂合格证后发现，金税系统认定的最低计税价格为237 000元，高于陈某申报的计税价格。2018年3月执行的最低计税价格依据是《国家税务总局关于核定第67版车辆购置税最低计税价格的通知》（税总函〔2018〕46号）。税务机关根据《中华人民共和国车辆购置税暂行条例》第七条、《车辆购置税征收管理办法》第十二条及《国家税务总局关于核定第67版车辆购置税最低计税价格的通知》（税总函〔2018〕46号），按照法定10%的税率完成了对陈某购买自用应税车辆征收23 700元的征收行为。陈某对税务机关按照高于申报价格的核定价格征收车辆购置税的行政行为不服而提起行政复议，未得到支持后，将复议机关诉至人民法院，要求撤销2018年3月21日税务机关向其征收车辆购置税的行政行为，并要求对征税行为所依据的《国家税务总局关于核定第67版车辆购置税最低计税价格的通知》的合法性进行全面审查。陈某认为《国家税务总局关于核定第67版车辆购置税最低计税价格的通知》（税总函〔2018〕46号）违反了《税收规范性文件制定管理办法》有关规定，应当属于不合法的规范性文件。

法院认为：根据《中华人民共和国税收征收管理法》第五条第一款规定，国务院税务主管部门主管全国税收征收管理工作。各地国家税务局和地方税务局应当按照国务院规定的税收征收管理范围分别进行征收管理。《中华人民共和国车辆购置税暂行条例》第七条规定，国家税务总局参照应税车辆市场平均交易价格，规定不同类型应税车辆的最低计税价格，纳税人购买自用或者进口自用应税车辆，申报的计税价格低于同类型应税车辆的最低计税价格，又无正当理由的，按照最低计税价格征收车辆购置税。《车辆购置税征收管理办法》第十一条规定，最低计税价格是指国家税务总局依据机动车生产企业或者经销商提供的车辆价格信息，参照市场平均交易价格核定的车辆购置税计税价格，车辆购置税最低计税价格管理办法由国家税务总局另行制定。根据上述规定可以看出，国家税务总局在不同时间段有权参照市场平均交易价格等因素制定车辆购置税最低计税价格。而且上述条例属于行政法规的范畴，《车辆购置税征收管理办法》属于行政规章。故税务机关核定车辆购置税最低计税价格系获得法规及规章的合法授权。

因此，法院判决驳回陈某诉讼请求。

【政策法规链接】

《行政诉讼法》第十三条："人民法院不受理公民、法人或者其他组织对下列事项提起的诉讼：……（二）行政法规、规章或者行政机关制定、发布的具有普遍约束力的决定、命令。"第五十三条："公民、法人或者其他组织认为行政行为所依据的国务院部门和地方人民政府及其部门制定的规范性文件不合法，在对行政行为提起诉讼时，可以一并请求对该规范性文件进行审查。”第六十四条：“人民法院在审理行政案件中，经审查认为本法第五十三条规定的规范性文件不合法的，不作为认定行政行为合法的依据，并向制定机关提出处理建议。”

《最高人民法院关于适用〈中华人民共和国行政诉讼法〉的解释》第二条：“行政诉讼法第十三条第（二）项规定的‘具有普遍约束力的决定、命令’，是指行政机关针对不特定对象发布的能反复适用的规范性文件。”

《城镇土地使用税暂行条例》第四条：“土地使用税每平方米年税额如下：

（一）大城市1.5元至30元；

（二）中等城市1.2元至24元；

（三）小城市0.9元至18元；

（四）县城、建制镇、工矿区0.6元至12元。”

《城镇土地使用税暂行条例》第五条：“省、自治区、直辖市人民政府，应当在本条例第四条规定的税额幅度内，根据市政建设状况、经济繁荣程度等条件，确定所辖地区的适用税额幅度。”

29. 财政返还的行政协议条款

【基本案情】

2005年9月，A市地方政府与Z公司作为甲乙双方签订《合同书》，以开展A市某道路改造及沿街房屋开发建设项目工作。根据《合同书》第二条的规定，Z公司作为乙方在A市注册成立房地产开发公司，承建某道路沿街商铺和住宅的开发；A市地方政府作为甲方以招拍挂方式向Z公司出让开发用地的使用权，Z公司在支付土地出让金后，由A市地方政府办妥土地证；土地出让金除集体用地补偿及手续费外，A市地方政府返还Z公司用于拆迁补偿安置及道路建设。根据《合同书》第四条的规定，A市地方政府同意给Z公司提供以下优惠政策，用于道路建设补偿：

1.免收基础设施配套费、人防易地建设费、综合开发费、墙改基金、散装水泥费、劳保统筹基金、抗震、防雷检测费；

2.免收土地契税、土地增值税、城镇土地使用税；

3.营业税（含教育附加费、城市调节基金）、所得税地方留成部分用于项目市政设施投资补助，并于Z公司缴纳30日内返还Z公司；

4. Z公司开发商铺招租或转让而新增的经营户三年内免缴工商税收；

5. Z公司在领取"商品房销售许可证"后，可根据自己的经营模式对商品房进行预售、销售。

根据《合同书》第七条的规定，合同一经签订，双方必须严格遵守，一方违约给对方赔偿所造成的经济损失。

《合同书》签订后，Z公司与案外人于2005年10月注册成立了X房地产开发公司（以下简称"X公司"）。X公司依照《合同书》要求，完成了《合同书》约定道路各项基础设施建设，并对《合同书》约定道路两侧沿街商铺和住宅进行了投资开发，完成了相关拆迁补偿安置工作。在项目开发建设过程中，自2007年7月至2015年6月，X公司提供的268张税单证明其共缴纳土地增值税4 141 406.92元、城镇土地使用税978 759.43元、营业税9 439 342.06元、教育费附加272 343.67元、地方教育附加142 604.86元、城市维护建设税660 753.32元、地方水利建设基金28 168.77元、专款收入10 836.6元、政府性基金收入3 612.2元、企业所得税4 526 207.33元。X公司要求A市地方政府依据《合同书》第四条第2项、第3项的规定向其返还相应税款未果，因此提起行政诉讼，请求：（1）确认涉案《合同书》

有效；（2）确认A市地方政府不履行涉案《合同书》第四条第2项，第3项的行为违法；（3）判令A市地方政府依约向其支付17 155 718.85元及利息。

一审法院认为：1.关于本案是否属于行政诉讼受案范围问题。涉案《合同书》属于A市地方政府围绕城市道路建设及房屋拆迁开发与相对人订立的具有行政法上权利义务内容的协议，属行政协议。根据《中华人民共和国行政诉讼法》第十二条第一款第（十一）项“公民、法人或者其他组织认为行政机关不依法履行、未按照约定履行或者违法变更、解除政府特许经营协议、土地房屋征收补偿协议等协议不服提起诉讼的，属于人民法院行政诉讼的受案范围”及《最高人民法院关于适用〈中华人民共和国行政诉讼法〉若干问题的解释》第十一条第一款“行政机关为实现公共利益或者行政管理目标，在法定职责范围内，与公民、法人或者其他组织协商订立的具有行政法上权利义务内容的协议，属于行政诉讼法第十二条第一款第（十一）项规定的行政协议”的规定，X公司认为A市地方政府不履行涉案《合同书》义务提起诉讼，属于行政诉讼受案范围。2.关于X公司是否具备诉讼主体资格问题。Z公司依约注册成立X公司负责其承建项目的开发建设。X公司代替正泰公司履行了合同义务，是涉案合同的实际履行主体，与被诉合同履行问题具有法律上的利害关系，依法具备提起本案诉讼的原告主体资格。3.关于涉案《合同书》有关条款的效力及履行问题。其中，《合同书》第四条第2项约定的“免收土地契税、土地增值税、城镇土地使用税”，违反了《中华人民共和国税收征收管理法》第三条第二款“任何机关、单位和个人不得违反法律、行政法规的规定，擅自作出税收开征、停征以及减税、免税、退税、补税和其他同税收法律、行政法规相抵触的决定”的规定，应认定无效，该约定不产生返还相关税款及导致合同无效的法律后果。《合同书》第四条第3项约定“营业税（含教育费附加、城市调节基金）、所得税地方留成部分用于项目市政设施投资补助，并于乙方缴纳30日内返还给乙方”，返还款项是指地方留成部分，而且是先交后返，用于市政项目投资补助，该约定属于政府职权范围，不违反强制性规定，应认定为有效。除此之外，《合同书》的其他条款亦不存在导致合同无效的情形，X公司和A市地方政府均应依约履行合同义务，故对X公司要求返还已缴纳土地增值税、城镇土地使用税款项的请求不予支持，对X公司主张的地方留成部分应按县市级财政分享收入32%计算，即A市地方政府应返还X公司缴纳的营业税、教育费附加、所得税款项共计4 556 125.78元。遂判决：1.确认涉案《合同书》第四条第3项有效；2. A市地方政府向X公司返还缴纳营业税、教育费附加、所得税地方留成部分款项4 556 125.78元及利息（自2015年5月18日起按中国人民银行同期银行贷款利率计算至本判决生效之日），于本判决生效之日起十日内履行完毕；3.驳回X公司的其他诉讼请求。

【裁判结果】

X公司和A市地方政府均不服一审判决而提起上诉。

X公司上诉称：

一、原审法院认定营业税、教育费附加也按照32%比例返还X公司错误。X公司提供的诉讼请求中对各项税费的数额进行了计算，在原审判决中也给予了明确，其中X公司缴纳的所得税为4 618 407.50元，依据县级财政分享部分为32%计算得到1 477 890.40元的返还数额，再加上营业税、土地增值税、城镇土地使用税、城市维护建设税、教育费附加、地方教育附加、地方水利建设基金7项税费15 677 828.45元，共计17 155 718.85元，并以该计算所得数额在庭审中变更诉讼请求。原审法院将X公司主张的县级财政分享部分32%也作为营业税、城市维护建设税、教育费附加、地方教育附加比例计算没有依据。X公司在原审中只主张了32%作为所得税的地方分享比例，不含其他税种，其他税种X公司请求的是全部返还。

二、原审法院认定《合同书》第四条第2项约定没有法律效力，是曲解了《合同书》第四条的约定。第四条第2项约定旨在被告给X公司优惠，因X公司为政府作出贡献应得的补偿，该约定并不违法。第2项约定的内容只是给予补偿的方式，该内容是否有效均不影响双方约定被告应当向X公司补偿的法律效力。即使补偿方式无效，也不等于被告就可以不用补偿了。X公司缴纳税款后被告再行返还行为与免缴行为只是过程上不同，但结果一致，均是对X公司履行补偿的方式。X公司从未放弃过要求补偿，也从未对应当补偿的合同约定变更过。（该合同书第四条）被X公司作为证据具有优势地位，对造成无效的法律后果应当承担责任。X公司缴纳的土地增值税4 141 406.92元、城镇土地使用税9 787 759.43元，共计5 120 166.35元应当返还作为X公司履约的补偿。

三、城市维护建设税应予返还。营业税包含城市维护建设税和教育费附加。合同中对营业税项下两个附加包含在内，因此应予返还。请求改判被告市政府支付17 127 550.08元及利息。

A市地方政府上诉称：

一、X公司没有完全取得《合同书》约定的权利义务。权利义务承继仅发生在公司合并等特殊情形下，本案中并不存在。《合同书》仅约定Z公司在A市注册公司负责开发，并未约定Z公司的权利义务转移给新成立的公司。在合同没有明确约定，且A市地方政府未同意的情况下，X公司并未合法取得《合同书》中Z公司的权利义务，其向A市地方政府主张权利不应支持。

二、《合同书》的税收减免、退还有关条款违反法律的强制性规定，且Z公司及被上诉人X公司不具备市政公用工程开发建设资质，《合同书》无效。被上诉人X公司没有道路建设设计、施工资质，实际履行中X公司又将道路施工工程全部转包，故《合同书》关于道路建设的约定无效，其减免、退还税费与道路建设条款具有密切关联性，道路建设条款无效，税费减免、返还条款亦无效。《合同书》关于营业税、所得税先缴后返的约定不能否认其退税的本质，因此，《合同书》第四条第2项、第3项、第4项均无效。

三、A市地方政府已减免、返还X公司的费用远大于其道路建设支出，已充分补偿，再予返还税收侵害公共利益。A市地方政府返还给被上诉人的土地出让金及税费减免共计32 153 986.99元，远大于X公司支出费用20 622 276.96元，再予返还将侵害A市的公共利益。

四、X公司擅自提高房地产项目容积率，违约在先。A市规划局测量发现，X公司的房地产项目容积率由原来1.5提高到1.89，违反《国有土地使用权出让合同》第十一条规定，也违反《建设用地规划设计条件》及《城乡规划法》第四十三条规定。请求撤销原审法院判决，驳回X公司的全部诉讼请求，本案全部诉讼费用由X公司负担。

二审法院审理后认为：关于涉案《合同书》的效力问题，当事人双方意见分歧较大。本案中，《合同书》第二条约定了A市地方政府以招拍挂方式出让开发用地使用权，并约定了出让土地面积及单价，该约定违反了《中华人民共和国招投标法》有关排除第三人参与竞标中标可能性的法律规定，应当确认无效，但本案双方并未对招投标行为产生歧义，而是对涉案《合同书》中第四条第2项、第3项产生争议，在X公司作为建设单位，已经依约完成涉案项目且交付使用情况下，为保持合同的相对稳定性，不再对招投标程序作过多评价。关于《合同书》第四条第2项、第3项约定内容的效力问题。《合同书》第四条第2项约定A市地方政府免收土地契税、土地增值税、城镇土地使用税。《中华人民共和国税收征收管理法》对税收开征及减免规定了由国务院制定详细的行政法规进行规范，《国务院关于税收等优惠政策相关事项的通知》（国发〔2015〕25号，以下简称《通知》）第二条“各地区、各部门已经出台的优惠政策，有规定期限的，按规定期限执行；没有规定期限又确需调整的，由地方政府和相关部门按照把握节奏、确保稳妥的原则设立过渡期，在过渡期内继续执行”及第三条“各地与企业已签订合同中的优惠政策，继续有效；对已兑现的部分，不溯及既往”的规定对税收开征及减免具有普遍约束力，因此，该约定系双方真实意思表示且未违反法律、行政法规强制性规定，应认定为有效。因X公司并非是以免缴的方式履行合同约定，而是自行缴纳土地增值税和城镇土地使用税后要求返还。在X公司已经缴纳上述费用的情况下，其再要求返还，不符合合同约定，亦与《通知》的规定不符，故对X公司要求返还上述费用的请求不予支持。《合同书》第四条第3项约定营业税（含教育费附加、城市调节基金）、所得税地方留成部分用于项目市政设施投资补助，并于乙方缴纳30日内返还给乙方。该约定实际为营业税、所得税地方留成在X公司缴纳后予以返还问题，亦不违反法律、行政法规的强制性规定。双方约定的营业税属于地方性财政收入，在A市地方政府对地方性财政收入拥有所有权和支配权的情况下，应当全部返还，而并非原审法院所确定的营业税按地方留成的32%予以返还。对于所得税的地方留成问题，省人民政府对一般企业所得税进行了明确规定，即市分享比例为32%，故A市地方政府应按地方留成的32%返还X公司。综上所述，涉案《合同书》除招投标约定无效外，其他条款应当有效。原审法院认定事实部分有误、适用法律部分不当，应当予以纠正。遂判决：1.维持一审判决第一项，即确认涉案《合同书》第四条第3项有效；第三项，即驳回X公司的其他诉讼请求。2.变更一审判决第二项为A市地方政府于本判决送达之日起三十日内返还X公司已缴纳的营业税9 439 342.06元、教育费附加272 343.67元、企业所得税4 526 207.33 × 32%=1 448 386.35元，共计11 160 072.08元，并按中国人民银行同期贷款利率计算利息（自2015年5月18日起计算至本判决履行之日止）。

【税案评析】

关于减免税费和财政奖励、财政补贴等政府补助之间的纠纷，是招商引资项目和PPP市政项目、乡村建设项目、扶贫项目及由政府发起的其他建设项目的承建方与当地行政当局之间最容易发生的争议点之一（另一个频发的争议点为土地使用权相关纠纷），通常都是由于行政当局未按照相关协议履行货币给付义务或给予税费减免，前者表现为拖欠或对于如何计算相关货币给付义务的金额发生争议，后者表现为企业未能享受约定享受的税费减免。具体到本案中，A市地方政府围绕城市道路建设及房屋拆迁开发，在法定职责范围内与相对人订立的具有行政法上权利义务内容的涉案《合同书》，属行政协议。双方因协议履行引发的纠纷，依法被纳入行政诉讼的受案范围。这已经是一个突破了。

本案的典型意义在于明确了行政协议中关于税款减免、返还约定是否有效及如何履行的问题。现如今，在各地方政府招商引资过程中，对投资项目给予财政补助或财政补贴是投资者衡量投资可行性的重要条件，也是政府招商部门吸引投资者的重要因素。地方政府为了招商引资，发展当地经济，对投资企业制定了涉及税款减免、返还的诸多优惠政策，并通过双方签订的行政协议得以呈现。在行政协议的订立、履行过程中，确保行政机关与行政相对人约定的税收优惠条款合法有效，有利于提升政府公信力，有利于保持地方经济的活力。因此，有关税收优惠条款的效力认定及履行问题，关系到协议双方的权利义务，关系到行政协议的价值实现，这是本案需要审查的重点问题，也是司法实践亟须完善的问题。在本案中，X公司与A市地方政府签订的协议被最高人民法院定性为“行政协议”，属于行政行为，在这一定性的基础上，法院否认了单纯援用民事法律合同无效事由条款否认行政行为的效力的合理性，理由是这样做既阻碍行政协议功能的发挥，又悖于协议订立之初的目的实现，也不利于协议相对人信赖利益的保护。另外，从这一裁定可以看出，法院对行政机关通过单方变更、解除合同或对合同条款作出减损协议相对人利益的解释等方式行使行政优益权的行为也加以限制，即非因公共利益需要或国家法律政策发生重大调整，行政机关不得行使。此外，针对“税款地方留成部分返还的约定合法有效”的结论，最高人民法院还给出了法理解释：国务院在《全面推进依法行政实施纲要》中明确将诚实守信作为政府依法行政的基本要求。“政贵有恒，治须有常”，政府在地方建设开发和招商引资领域的优惠政策应有持续性和连贯性，以便为民营企业营造优良的营商环境，切实保护行政协议相对人的信赖利益及其他合法权益。

一般而言，类似本案X公司（投资方）与A地方政府（引资方）签订的招商引资协议中，双方通常会约定两类引资方经济义务：一是货币支付义务，二是税费减免义务。

一、在招商引资协议、合作开发建设协议、PPP项目协议或其他类似的约定政府需要履行的货币支付义务主要包括以下几种：先征后返、列收列支、财政奖励或补贴等形式。

1.与纳税人的税收和缴费贡献挂钩，根据缴纳税费额留存于本级政府财政的比例计算得出的应当给予纳税人的财政奖补。

2.先征后返，是指企业依税法规定纳税或缴纳行政收费后，再由政府以财政支出的形式予以返还，常见于土地出让金等非税财政收入，因为税收的先征后返作为一项税收优惠，不能通过行政协议约定，严格说来不属于财政的货币支付义务，而属于本文第二类所述的税费减免义务。

3.按约定应支付的用于项目的配资款、投资款，常见于合作投资项目或联营项目。

4.按约定应支付的用于项目的贷款利息的补贴，相当于降低项目企业融资成本，变相规避对于贷款利率的限制，这种补贴通常只针对地方性金融机构，如本地城市商业银行、农村商业银行发放的贷款。

5.地方政府无偿提供给企业的专用于项目的专项补贴。

6.与纳税人约定的，如果纳税人达成某种目标（如上市，创造一定数量就业岗位等）时应当支付的奖励。上述义务如果作为协议条款列明，则当事企业当然可以认为这是行政协议中对方的真实意思表示。本案判决就支持了当事企业的这一项请求，并在二审中作出了比一审对当事企业更有利的裁判结论。

需要注意的是，目前并不是所有类似争议都能获得与本案类似的裁判结论，也发生过纳税人按照行政协议主张对方履行约定的财政返还或奖补义务不能得到法院支持的案例。如安徽省T公司与某县人民政府行政协议争议一案［案号：（2018）皖行终674号］。该案中T公司与县政府也签订了类似的行政协议，协议中第六条第2项、第3项、第4项依次约定：销售不动产营业税按规定标准征收后，奖励原告30%；土地增值税按规定标准征收后，奖励原告80%；企业所得税按规定标准征收后，县级留成部分（40%）全部奖励原告。上述协议未被履行，致使纳税人提起诉讼。

一审法院和二审法院均认为有关税收优惠政策中的奖励约定，实质为税收先征后返。能够得到人民法院支持的前提是该约定不违反法律的禁止性规定。《中华人民共和国税收征收管理法》第三条规定：税收的开征、停征以及减税、免税、退税、补税，依照法律的规定执行。任何机关、单位和个人不得违反法律、行政法规的规定，擅自作出税收开征、停征以及减税、免税、退税、补税和其他同税收法律、行政法规相抵触的决定。

由于各地方政府存在普遍的招商引资冲动，仍然普遍存在变动税收政策、开展先征后返的情况。2000年1月16日，国务院发布的《关于纠正地方自行制定税收先征后返政策的通知》（国发〔2000〕2号，以下简称“2号通知”），全文如下：

各省、自治区、直辖市人民政府，国务院各部委、各直属机构：

1994年实施的税制改革，进一步强化了税收法制，规范了税收管理，基本上遏制了越权减免税的现象。但是，最近一段时间以来，一些地方为了缓解企业困难或实现其他经济目的，违反有关规定，采取税收先征后返（也称列收列支）的办法，对企业已缴纳的税收予以返还。这种做法不仅扰乱了税收秩序，违背了统一税政、集中税权的原则，而且违背了公共财政的要求，削弱了财政调控能力，甚至形成了潜在的财政风险，必须采取有力措施，坚决予以制止。现就有关问题通知如下：

一、坚持依法治国，依法行政。各地区、各部门不得以先征后返或其他减免税手段吸引投资，更不得以各种方式变通税法和税收政策，损害税收的权威。要从全局高度，充分认识地方自行制定税收先征后返政策的危害性，统一思想，统一行动，迅速采取有效措施，认真检查纠正。各地区自行制定的税收先征后返政策，从2000年1月1日起一律停止执行。

二、根据现行有关税收管理权限的规定，除屠宰税、筵席税、牧业税的管理权限下放到地方外，其他税种的管理权限集中在中央，地方人民政府不得擅自在税收法律、法规明确授予的管理权限之外，更改、调整、变通国家税收政策。先征后返政策作为减免税收的一种形式，审批权限属于国务院，各级地方人民政府一律不得自行制定税收先征后返政策。对于需要国家财政扶持的领域，原则上应通过财政支出渠道安排资金。如确需通过税收先征后返政策予以扶持的，应由省（自治区、直辖市）人民政府向国务院财政部门提出申请，报国务院批准后才能实施。

三、各省（自治区、直辖市）人民政府要认真贯彻落实本通知精神，对本地区纠正自行制定税收先征后返政策的情况进行认真督查。凡拒不纠正继续擅自保留的，中央将相应扣减对该地区的转移支付和专项补助，并追究有关人员的责任。

各地区、各部门在抓紧清理税收先征后返政策的同时，要继续按照《国务院关于加强依法治税严格税收管理权限的通知》（国发〔1998〕4号）精神，清理和纠正本地区、本部门越权减免税和随意批准缓税、欠税、包税以及征收“过头税”等行为，整顿财税秩序。

各地区、各部门要在2000年3月31日前将本通知贯彻落实情况报告国务院，同时抄送财政部和国家税务总局。

国务院

二〇〇〇年一月十一日

根据以上规定，税收减免、返还等优惠政策必须由法律、行政法规作出明确规定，或者由省（自治区、直辖市）人民政府向国务院财政部门提出申请并得到国务院批准后才能实施。该案中，并无证据证明案涉协议中规定的税收返还优惠政策具备相关法律、法规依据或者得到了有权机关的合法授权。据此，原、被告双方于2003年4月18日签订的协议中有关税收先征后返的约定违反了《中华人民共和国税收征收管理法》第三条的规定，属于擅自作出的退税的决定，违反了法律的禁止性规定，亦属于2号通知中规定的扰乱税收秩序和违背统一税政、集中税权原则的行为，应属无效条款，被告无返还税款之义务。此外，国发〔2015〕25号文件虽规定了优惠政策继续履行，但该优惠政策不得违反法律、行政法规的规定，对于上述税收先征后返的政策或约定应不予支持。综上所述，本案原告要求被告履行协议，给付原告税收奖励的诉讼请求，依法不能成立。依据《中华人民共和国行政诉讼法》第六十九条规定，判决驳回T公司的诉讼请求。

由上述审判结果可见，与纳税义务挂钩的“税款返还”和其他“政府补助”都可以达到扶持企业发展、增加企业现金流入的目的，但法律性质是完全不同的。关于“税款返还”，一是因为政府补助的次序确定与企业实际缴纳税款金额挂钩，如本案中原被告签订《开发建设协议》中直接约定按实缴税款一定比例“奖励”；二是因为明确纳税人先缴纳税款，而后获得奖励的次序，因此，本案中虽然协议名为“奖励”，实际却被司法机关认定为属于“先征后返”。在“先征后返”的概念体系中，一旦地方政府无法履行协议中约定的返还义务，纳税人想要借助司法机制实现救济何其困难！按国发〔2015〕25号文件规定，与“税款返还”相比，其他“政府补助”只要符合两个条件，就可以由地方政府和相关部门批准后执行而无须报国务院批准（后者难度极大且周期漫长），并赋予相关招商政策以合法性：一是补助内容不涉及“税收或中央批准设立的非税收入”；二是补助支出不与企业缴纳的税收或非税收入挂钩。投资企业在获得政府承诺时也应注意，政府补助即使实际与企业的纳税贡献有关，相关协议条款也不能与实缴税款挂钩，特别是不能在协议中约定补助占实缴税款的比例，否则容易被法院认定为实质上的“税款返还”从而败诉。

关于上述判断，目前已经有很多地方发布文件予以规范。如《海南省人民政府办公厅关于规范产业扶持财税政策有关事项的通知》（琼府办〔2021〕18号）文件规定：“一、各市县政府、各部门以及有关园区今后在制定招商引资、产业培育和扶持政策时，一律不得签订或出台与企业缴纳税收直接挂钩的扶持政策……二、省政府对已经出台支持市县及园区的产业扶持政策，支持力度继续保持不变。市县政府及园区收到省财奖补资金后，不得将财政奖补资金与企业缴纳税收同非税收入挂钩直接奖励给企业……三、省财政厅要联合省发展改革委、省工业和信息化厅、省商务厅等有关部门，对各市县政府及各部门出台的招商引资、产业扶持财税政策进行清理，具体清理意见另行下发。各市县政府、各部门今后拟出台招商引资、产业扶持财税政策，要预先征求省财政厅的意见。省财政厅要会同相关部门加强对招商引资、产业扶持财税政策的监督检查。”

这类文件陆续出台说明地方政府招商引资在财政奖补方面的执行口径已经收紧，因此，企业签订此类协议必须特别注意相关条款被撤销的风险，如果有可能，应尽量提前规避。

二、在招商引资协议、合作开发建设协议、PPP项目协议或其他类似的约定政府需要履行的税费减免义务主要包括以下两种：

1.确认企业符合享受某种税收优惠的条件；

2.确认企业符合减免行政事业收费（如环境保护税的前身排污费）的条件。

如果作为协议条款出现这一类合同义务，则按照本案一审和二审法院的观点，是无效条款。因为享受税收优惠和行政事业收费减免条件不能单独约定，前者必须根据当时有效的税收政策法规来判定是否合规，后者必须根据当时有效的中央或地方有关行政事业收费的法规和规范性文件来判定是否合规。这种判断只能根据当事企业的实际经营情况才能得出结论，不可能在事先加以约定；即使当事企业事先作出的项目承诺与相关税收政策法规享受税费减免的前提一致，或企业承诺达成的条件超过了享受税收优惠的条件，行政协议中也不应作出这种约定，因为认定是否达到享受税收优惠条件的权力在税务机关，而且这种认定不能通过行政协议作出。

即使当事企业没有签订此类协议，只要符合税收优惠条件也可享受；即使当事企业签订此类协议，如果实际经营中发现没有享受到相关的税费减免或优惠，也不可能通过诉讼追究无效条款的履行义务。本案判决即为明证。虽然裁判中写明驳回X公司诉讼请求的理由是“因X公司并非是以免缴的方式履行合同约定，而是自行缴纳土地增值税和城镇土地使用税后要求返还。在X公司已经缴纳上述费用的情况下，其再要求返还，不符合合同约定”，但即使X公司没有就相关税费进行申报，或者申报税费后一直拒绝缴纳，在行政协议中作出承诺的A市地方政府也不可能履行“免征”相关税费的义务，因为该项义务的履行是和法律相冲突的。税务机关有权催缴此项税收、滞纳金并强制执行。

需要注意的是，上述行政协议条款虽然无效，但当事企业仍然可以通过申请事先行政裁定的方式达到锁定风险和维持信赖利益的目的，即提交具体的项目计划等文件，申请征收税费的有权机关判断如果项目按计划执行，能否享受税费优惠或税收减免。

从征收税费的有权机关角度来看，依当事企业申请作出事先裁定也不构成日后可能承担重大执法责任的风险。因为它们并不是就当事企业已经发生的实际经营行为作出判断，而是根据当事企业提供的项目计划等文件作出判断，这种判断仅仅是一种预测，与当事企业实际经营时能否享受税费优惠或税收减免无关。如果当事企业执行项目计划时发生偏差，导致不再符合享受税费优惠或税收减免的条件，则有权机关当然可以不受事先裁定的约束而拒绝当事企业享受税费优惠或税收减免。

例如，广州市南沙区税务局发布《复杂涉税事项税收事先裁定暂行办法（试行）》，以文件的形式对复杂涉税事项税收事先裁定的定义、范围、机构、申请与受理、审议与裁定、生效与执行等内容加以明确。根据该《暂行办法》，由广州市南沙区税务局经管的纳税人、将在南沙区开展业务的纳税人可以适用复杂涉税事项事先裁定制度。2019年底，广州南沙国际邮轮母港正式建成运营，该邮轮母港采用建设—经营—转让模式（Build—Operate—Transfer，即BOT）。邮轮母港BOT项目这样的新业态涉及的税务问题较为复杂，企业财务人员自行测算具体税务成本、衡量可能面临一定的税务风险，在做投资决策时存在很多顾虑。中交邮轮投资公司向广州市南沙区税务局申请税收事先裁定制度，取得税务机关出具的税收事先裁定意见书，明确存在税收不确定的事项，帮助企业放心作出决策。

本案的裁判结果形成的经验是：当事企业与地方政府或政府部门签订

类似协议时，最好包括以下内容或附件：

1.关于可能成为潜在税务争议事项的事前裁定结论（或会议纪要）；

2.如果行政主体一方作出了与当事企业实缴税费挂扣的财政奖补承诺，协议中或附件中应具体列出计算过程：奖补金额=实缴税额×地方留存比例×返还比例，也应写明返还的截止时限。

本案带来的另一个启示是：关于X公司是否为本案适格主体的认定问题。根据合同的相对性，民事诉讼的适格主体一般为签订合同的双方当事人，X公司并不是该合同书的签订方。但在行政诉讼中，与行政行为有利害关系的公民、法人或其他组织均有权提起诉讼。换言之，有权针对行政协议提起诉讼的主体需要与该协议具有法律上的利害关系，其不限于协议的签订者，还可以是协议的实际履行者。因此，法院以“X公司代替Z公司履行了合同义务，是涉案合同的实际履行主体，与被诉合同履行问题具有法律上的利害关系”为理由认定X公司依法具备提起本案诉讼的原告主体资格，是完全正确的。

以该案作为参考，以下当事方均享有诉权，可以根据类似招商引资，项目合作等方面的行政协议提起行政诉讼：

1.行政协议签约主体（如本案Z公司）；

2.替代签约主体履行全部合同义务的主体（如本案X公司）；

3.与该协议具有法律上的利害关系的其他当事人（如Z公司分立或被吸收合并之后继承Z公司权利的主体）。

【政策法规链接】

《税收征收管理法》第三条：“税收的开征、停征以及减税、免税、退税、补税，依照法律的规定执行；法律授权国务院规定的，依照国务院制定的行政法规的规定执行。

任何机关、单位和个人不得违反法律、行政法规的规定，擅自作出税收开征、停征以及减税、免税、退税、补税和其他同税收法律、行政法规相抵触的决定。”

《行政诉讼法》第十二条：“【行政诉讼受案范围】人民法院受理公民、法人或者其他组织提起的下列诉讼：……（十一）认为行政机关不依法履行、未按照约定履行或者违法变更、解除政府特许经营协议、土地房屋征收补偿协议等协议的。”

30. 鉴证过程中对税收风险失察，鉴证机构需要承担责任吗？

【基本案情】

H1会计师事务所（以下简称“H1”）、H2税务师事务所（以下简称“H2”）于2012年3月至2016年3月期间对B公司2011—2015年度的财务报表和所得税汇算清缴开展财务审计和税务审计，共作出9份审计报告和鉴证报告。上述报告均未指出B公司的财务报表和所得税汇算清缴中的违法问题，税务机关于2020年12月23日对B公司2011年1月1日至2016年12月31日增值税/企业所得税情况作出《税务处理决定书》，追缴增值税210 796.34元、城市维护建设税10 539.82元、教育费附加6 323.89元、地方教育附加4 215.93元，追缴2012年度企业所得税458 441.76元、2013年度企业所得税487 490.25元、2014年度企业所得税381 632.27元、2015年度企业所得税92 655.34元，共产生滞纳金950 231.3元。B公司认为自己委托H1、H2审计的目的之一是审核出自身纳税过程中的违法问题，但H1、H2未指出存在问题导致自己未及时缴纳相应的税收而产生滞纳金损失，故诉请H1、H2赔偿。

H1、H2提出的答辩意见认为：

1. B公司起诉已超过诉讼时效。两被告向B公司出具的审计报告及鉴证报告均完成于2016年3月16日前，并且根据向税务机关调取的B公司自查报告及相关资产稽查资料，B公司早在2016年已知晓其存在偷税漏税行为应补缴税款，故已超过了三年的诉讼时效期间。

2. 根据B公司与H1、H2签订的涉税鉴证业务约定书，H1、H2已完成委托事项，无须承担赔偿责任。

3. 鉴证过程中，B公司与H1、H2事务所沟通交换过意见，对鉴证报告事项无异议。

4. B公司要求H1、H2事务所承担赔偿责任缺乏事实和法律依据，且H1、H2为B公司提供五年服务，仅共收取64 000元费用，现B公司要求被告方赔偿全部滞纳金损失且返还服务费，不符合权利义务对等原则及公平原则。

5. H1、H2已尽责审查，产生滞纳金是B公司自身原因造成。

根据从税务机关调取的资料，证实B公司在税务评估过程中未能如实报送相关涉税资料，在调查过程中未能如实反映企业真实的经营状况，对税务机关依法进行的涉税调查不配合；税务处理决定书认定的违法事实部分，体现B公司记载的账目存在多处错漏，H1、H2作为鉴证机构无法查证这类问题；导致B公司补缴税款和滞纳金的税务处理决定书中调整事项，基本都是会计核算时未计入应计科目或使用第三方发票入账而产生，在B公司不主动告知实情情况下，H1、H2无法作出B公司存在税收核算错误的准确判断。

法院认定：B公司与H1、H2间存在财会服务合同关系，H1会计师事务所为B公司提供财务审计服务，H2税务师事务所为B公司提供税务鉴证服务。2012年3月至2016年3月期间，H1、H2两家事务所为B公司作出了五份《审计报告》，四份《企业所得税汇算清缴纳税申报鉴证报告》，其中H2税务师事务所在对B公司2013—2015年度的所得税鉴证中，共发现应调整所得税（包括调增、调减）总额288万余元。

2020年12月稽查部门对B公司作出《税务处理决定书》，认定企业具有漏税的违法事实，作出处理决定：追缴增值税210 796.34元、城市维护建设税10 539.82元、教育费附加6 323.89元、地方教育附加4 215.93元；追缴企业所得税2012年度458 441.76元、2013年度487 490.25元、2014年度381 632.27元、2015年度92 655.34元；滞纳金加收到检查入户日止。B公司实缴滞纳金共计950 231.3元。经统计，其中属于2013—2015年度与所得税补缴有关的滞纳金425 504.14元，其余部分为524 727.16元。B公司认为H1、H2在审计鉴证服务中有过错，为索赔滞纳金损失、要求返还服务费而诉至法院。

法院另查明，H2税务师事务所提供的B公司与其在2014—2016年每年对上一年度税务情况进行鉴证前签订的《涉税鉴证业务约定书》载明："委托事项：企业所得税年度汇算清缴核对；具体内容及要求：对企业所得税年度纳税申报表进行核对；甲方责任、义务：有责任保证会计资料及纳税资料的真实性和完整性；基于重要性原则……审核过程中的其他固有限制等，经乙方审核后仍然可能存在未被发现的风险，乙方出具的鉴证报告不能因此减轻甲方应当承担的法律责任；确保乙方不受限制地接触任何与委托事项有关的记录、文件和所需的其他信息，并答复乙方工作人员对有关事项的询问。乙方责任、义务：乙方应严格按照现行税收相关法律、法规和政策规定以及《注册税务师管理暂行办法》及其有关规定，本着独立、客观、公正的原则，对甲方提供的有关资料进行审核鉴证；乙方有责任在鉴证报告中指明发现的甲方违反国家法律法规且未按乙方的建议进行调整的事项；属于乙方原因未按时限完成委托事项并给甲方造成损失的，应当承担相应的赔偿责任。"上述三年约定书中约定的签约时间、完成时间分别为2014年3月3日、同年5月31日，2015年3月10日、同年12月31日，2016年2月27日、同年5月31日，实际作出报告的时间分别为2014年3月28日、2015年4月10日、2016年3月16日。被告H2税务师事务所收取B公司每年税务鉴证费9 000元。

【裁判结果】

法院认为：

1. 关于诉讼时效。B公司少缴税款事实虽发生于2011—2015年度，但因2020年12月税务行政机关才作出处理决定，如两被告对B公司所缴纳的上述期间税款的滞纳金损失负有赔偿责任，从B公司知道情况时起算，本案起诉不超过诉讼时效期间。

2. 关于H1会计师事务所的被告主体资格。B公司诉请两被告赔偿其迟缴税款造成的滞纳金损失，因会计事务所为B公司制作的是财务审计报告，与税收缴纳并无关系，故B公司将其作为被告无事实依据。

3. H2税务师事务所的责任问题。H2受B公司委托对其2011年、2013—2015年四个年度的所得税汇算清缴进行鉴证，并未对2012年度进行税务鉴证，B公司因所得税之外的增值税、城市维护建设税、教育费附加等问题被税务机关处理、处罚，亦与被告的涉税鉴证工作无关。B公司起诉时未将所得税和其他税种的补缴数额所产生的滞纳金加以区分而一并诉请被告赔偿，没有事实和法律依据。

H2对B公司2013—2015年度所得税汇算清缴鉴证的法律责任问题，本案主要的争议即在于H2对B公司迟延缴纳漏税产生的滞纳金损失是否负有赔偿责任。

第一，B公司在2013—2015年所得税有漏缴现象，作为税务鉴证机构的被告是否负有责任。

1.《涉税鉴证业务约定书》约定了属于H2的原因未按时限完成委托事

项并给B公司造成损失的，应当承担相应的赔偿责任，未约定由于其他原因造成损失应当承担赔偿责任。因H2已按约按时完成鉴证工作，三年中为B公司调整税款288万余元，故B公司诉请被告赔偿损失缺乏合同依据。

2.我国现行法律并未规定涉税鉴证业务是纳税申报过程中法定的前置事项，涉税鉴证业务的法律地位并不明确，对涉税鉴证服务的责任无明确的法律规定，故B公司、H2在《涉税鉴证业务约定书》中“经乙方审核后仍然可能存在未被发现的风险，乙方出具的鉴证报告不能因此减轻甲方应当承担的法律责任”的约定并未不合理地减轻或免除鉴证机构的责任，虽系格式条款，不能确认为无效。

3.根据税务处理决定书载明的事实，税务机关从2017年6月起经过三年六个月的查处，才将B公司2011—2015年度少缴的税款列出明细、汇总出结果，其中有关所得税部分少缴的税款经庭审中核对绝大部分属于“符合资本化条件的费用支出，未作纳税调整（俗称费用分摊年限问题）”的原因。该部分费用应缴税款的调整，如系简单明确不需详加调查、只通过发票资料即可直接发现，税务机关亦不需花三年多时间才作出结论，H2仅收取9 000元/年鉴证费，鉴证时间一般才两个多月，即使未发现上述问题，应当不属于明显过失。不能以税务机关花去三年多时间查清的事实为依据倒追H2的工作责任，亦不宜以税务机关的查处标准衡量H2的鉴证水平和能力。故不能认定H2对B公司相关年度所得税的漏缴负有责任。

第二，税务机关责令B公司支付补缴税款从应缴之日至检查入户之日的滞纳金，H2对该滞纳金的产生是否负有责任。H2在规定时限内完成每年的鉴证工作，与B公司交换意见双方无异议后，B公司以此作为参考标准缴税（如何缴纳最后决定权在于B公司），税务机关收税入库时税款种类、数额并未提出异议，H2的鉴证合同义务已履行完毕。只要H2未曾与B公司合谋过偷漏税款，也没有指使B公司逃税等损害国家利益的行为，其在正常鉴证工作完成后，对B公司被事后复查（相对于主动申报时的初查）中责令补缴的税款产生的滞纳金无义务给予赔偿。因为，税务机关如事后对B公司的税收进行查处，何时检查入户、检查的纳税年份、何时作出处理决定，决定追缴的税种、数额，滞纳金计算的起止日期，B公司在查处时的态度、补缴税款时间等决定滞纳金产生、数额的因素，H2均不知情亦无法控制，即使H2在鉴证过程中有过失且依合同依法律负有责任，B公司要求滞纳金损失全部由H2承担的诉请也是不合理的。在不能认定H2有鉴证过错责任的情况下，B公司要求H2赔偿或分担滞纳金损失的请求，法院更无理由予以支持。

综上所述，B公司诉请H1、H2赔偿滞纳金损失950 231.3元及利息，无事实和法律依据，应予驳回。H1、H2已按服务合同分别为B公司完成财务审计和税务鉴证服务，B公司诉请返还服务费71 000元，亦无事实和法律依据，法院亦不予支持。

《中华人民共和国民法典》施行前的法律事实引起的民事纠纷案件，适用当时的法律、司法解释的规定。本案事实发生于2017年前，故依照《中华人民共和国合同法》第一百二十四条、第一百零七条，《中华人民共和国民事诉讼法》第六十七条第一款的规定，判决如下：

驳回B公司的诉讼请求。

【税案评析】

财务审计和税务审计鉴证机构是否需要对被审计对象相关服务年度内存在的财务舞弊、税务风险及由此而引发的相关法律责任承担赔偿义务，是一个争议多年的话题。本案就是一起因此而产生争议的典型案例，其争议焦点可以简化为：H2税务师事务所是否应当对为B公司提供税务审计鉴证业务覆盖期间内发生的涉税风险承担赔偿责任。

要解析这一问题，首先需要探明税务审计鉴证业务的性质。虽然税务师提供的税务审计鉴证业务和注册会计师提供的会计审计鉴证业务有相似之处，但是法律责任是完全不同的。注册会计师提供鉴证业务是有《注册会计师法》作为明确法律依据的，该法第四十二条明确规定“会计师事务所违反本法规定，给委托人、其他利害关系人造成损失的，应当依法承担赔偿责任”，现实中也已经有多起会计师事务所未按规定开展鉴证服务被处罚和追究民事赔偿责任的案例，而税务师则没有类似的法律依据予以规制。根据国务院2014年8月12日印发的《关于取消和调整一批行政审批项目等事项的决定》（国发〔2014〕27号），取消11项职业资格许可和认定事项，其中包括注册税务师。《涉税专业服务监管办法（试行）》（国家税务总局公告2017年第13号）第四条也规定，涉税专业服务机构是指税务师事务所和从事涉税专业服务的会计师事务所、律师事务所、代理记账机构、税务代理公司、财税类咨询公司等机构。换言之，税务师不能提供会计审计鉴证业务，而会计师、律师却均可以提供税务鉴证业务。关于涉税鉴证机构承担责任的有关规定，见于《注册税务师管理暂行办法》和《涉税专业服务监管办法（试行）》，该两个文件一个是部门规章，另一个是部门规范性文件，级别较低，只能作为税务机关内部的处理依据，而不能作为法院裁判案件的法律依据。

如果本案中的H2税务师事务所的确存在《涉税专业服务监管办法（试行）》第十五条所规定的两种情形之一，即“违反税收法律、行政法规，造成委托人未缴或者少缴税款，按照《中华人民共和国税收征收管理法》及其实施细则相关规定被处罚的”，或“未按涉税专业服务相关业务规范执业，出具虚假意见的”，则确实可以由税务机关施加惩戒。

但是，H2税务师事务所是否承担民事赔偿责任，则只能根据H2税务师事务所与B公司签订的合同来确认。《企业所得税汇算清缴纳税申报鉴证业务准则（试行）》（国税发〔2007〕10号）的附件中，有“涉税鉴证业务约定书（参考文本）”，其中第三条写明“（二）乙方的义务……3.由于乙方过错导致甲方未按规定履行纳税义务的，乙方应当按照有关法律、法规及相关规定承担相应的法律责任”。但是这一合同只是样本，不是强制标准，而且即使H2税务师事务所按照这一合同签约，发生法律责任也属于民事责任范畴而不属于税务机关惩戒范畴。法院认定H2税务师事务所免责的关键理由之一，是“我国现行法律并未规定涉税鉴证业务是纳税申报过程中法定的前置事项，涉税鉴证业务的法律地位并不明确，对涉税鉴证服务的责任无明确的法律规定，故B公司、H2在《涉税鉴证业务约定书》中‘经乙方审核后仍然可能存在未被发现的风险，乙方出具的鉴证报告不能因此减轻甲方应当承担的法律责任’的约定并未不合理地减轻或免除鉴证机构的责任，虽系格式条款，不能确认为无效”，可见现行法律对涉税鉴证业务规定的缺失造成了这样的结果：涉税鉴证业务的合同约定自由程度远大于会计鉴证业务合同约定的自由程度。这是日后签署鉴证服务协议时，当事人必须注意的：对于涉税鉴证业务要有自负其责的准备，而不能把“税审鉴证中没有发现问题”等同于“企业没有涉税风险”。另外，本案裁判文书中法院指出：不宜以税务机关的查处标准衡量H2的鉴证水平和能力，也间接说明了税审鉴证报告不可能具有类似财务审计报告的增强预期使用者（如税务机关）信任程度的能力，否则，就会出现税务机关只要看到企业曾经接受过税审鉴证并获得无问题的鉴证报告就可以免予检查的情况，这显然是非常荒谬的。

【政策法规链接】

《注册税务师管理暂行办法》（国家税务总局令第14号）第四十三条：“税务师事务所有下列行为之一的，由省税务局予以警告或者处一千元以上一万元以下罚款，责令其限期改正；逾期不改正或者情节严重的，向社会公告。（一）未按照本办法规定承办相关业务的；（二）未按照协议规定履行义务而收费的；（三）未按照财务会计制度核算，内部管理混乱的；（四）利用执业之便，谋取不正当利益的；

（五）采取夸大宣传、诋毁同行、以低于成本价收费等不正当方式承接业务的；（六）允许他人以本所名义承接相关业务的。”第四十五条：“注册税务师和税务师事务所违反税收法律、行政法规，造成委托人未缴或者少缴税款的，由省税务局按照税收征收管理法实施细则第九十八条的规定处以罚款；情节严重的，撤消执业备案或者收回执业证，并提请工商行政管理部门吊销税务师事务所的营业执照。出现上款规定情形的，省局管理中心应当将处罚结果向总局管理中心备案，并向社会公告。”

《涉税专业服务监管办法（试行）》（国家税务总局公告2017年第13号）第四条：“涉税专业服务机构是指税务师事务所和从事涉税专业服务的会计师事务所、律师事务所、代理记账机构、税务代理公司、财税类咨询公司等机构。”第五条：“涉税专业服务机构可以从事下列涉税业务：

……

（三）专业税务顾问。对纳税人、扣缴义务人的涉税事项提供长期的专业税务顾问服务。

（四）税收策划。对纳税人、扣缴义务人的经营和投资活动提供符合税收法律法规及相关规定的纳税计划、纳税方案。

（五）涉税鉴证。按照法律、法规以及依据法律、法规制定的相关规定要求，对涉税事项真实性和合法性出具鉴定和证明。

（六）纳税情况审查。接受行政机关、司法机关委托，依法对企业纳税情况进行审查，作出专业结论。

前款第（三）项至第（六）项涉税业务，应当由具有税务师事务所、会计师事务所、律师事务所资质的涉税专业服务机构从事，相关文书应由税务师、注册会计师、律师签字，并承担相应的责任。”

《涉税专业服务监管办法（试行）》（国家税务总局公告2017年第

13号）第十五条："涉税专业服务机构及其涉税服务人员有下列情形之一的，由税务机关列为重点监管对象，降低信用等级或纳入信用记录，暂停受理所代理的涉税业务（暂停时间不超过6个月）；情节较重的，由税务机关纳入涉税服务失信名录，予以公告并向社会信用平台推送，其所代理的涉税业务，税务机关不予受理；情节严重的，其中，税务师事务所由省税务机关宣布'税务师事务所行政登记证书'无效，提请工商部门吊销其营业执照，提请全国税务师行业协会取消税务师职业资格证书登记、收回其职业资格证书并向社会公告，其他涉税服务机构及其从事涉税服务人员由税务机关提请其他行业主管部门及行业协会予以相应处理：

（一）违反税收法律、行政法规，造成委托人未缴或者少缴税款，按照《中华人民共和国税收征收管理法》及其实施细则相关规定被处罚的；

（二）未按涉税专业服务相关业务规范执业，出具虚假意见的。"